Tous ensemble 3

von Laurent Jouvet, Tournon; Marceline Putnai, Yvetot; Brigitte Schröder, Freiburg; Gudrun Tegethoff, Hannover; Kerstin Theinert, Schwäbisch Gmünd

Weitere Mitarbeit: Françoise Economides-Fincke, Bad Zwischenahn; Wolfgang Froese, Oldenburg; Ricarda Gümbel, Siegen; Heike Krüger, Vechta; Frank Maurer, Stuttgart; Andreas Nieweler, Detmold; Tobias Schnitter, München; Anita Schulz, Schönewalde; Marie-Christine Thiébaut, Strasbourg; Cornelia Thiessen-Westerhoff, Fulda; Silke Zacher, Lengefeld

---

Begleitende Materialien für Schülerinnen und Schüler:

Cahier d'activités, Klettnummer 523943
Cahier d'activités mit CD-ROM, Klettnummer 522923
Grammatisches Beiheft, Klettnummer 523942
Vokabellernheft, Klettnummer 523323
Schüler-CD mit Lektionstexten, Gedichten und Liedern, Klettnummer 523946
Klett Sprachtrainer Französisch (Software für Schülerinnen und Schüler), Klettnummer 523713

---

1. Auflage   1 5 4 3 2 | 2010 09 08 07

Alle Drucke dieser Auflage sind unverändert und können im Unterricht nebeneinander verwendet werden. Die letzten Zahlen bezeichnen jeweils die Auflage und das Jahr des Druckes.

Das Werk und seine Teile sind urheberrechtlich geschützt. Jede Nutzung in anderen als den gesetzlich zugelassenen Fällen bedarf der vorherigen schriftlichen Einwilligung des Verlages. Hinweis zu § 52 a UrhG: Weder das Werk noch seine Teile dürfen ohne eine solche Einwilligung eingescannt und in ein Netzwerk eingestellt werden. Dies gilt auch für Intranets von Schulen und sonstigen Bildungseinrichtungen. Fotomechanische oder andere Wiedergabeverfahren nur mit Genehmigung des Verlages.

Hinweis zu § 16 MarkenG: Alle in diesem Buch genannten Namen, Abbildung und sonstigen Unternehmenskennzeichen Dritter sind eingetragene Marken, Geschmacksmuster und Warenzeichen der jeweiligen Rechtsinhaber. Für jedes urheberrechtlich geschützte Material wurden die Rechte angefragt. Sollten dennoch an einzelnen Materialien Rechte Dritter bestehen, bitten wir um Mitteilung der Rechteinhaber.

© Ernst Klett Verlag GmbH, Stuttgart 2006.
Alle Rechte vorbehalten.
Internetadresse: www.klett.de

Redaktion: Bernd Binkle, Anne-Sophie Guirlet-Klotz, Burgunde Niemczyk

Gestaltung: Birgit Gaab
Illustrationen: Gilles Bonotaux, Paris; Patrick Deubelbeiss, Paris; Marine Ludin, Heidelberg; Helga Merkle, Albershausen; Myrtia Wefelmeier, Berlin
Umschlaggestaltung: Nikolaus Keller
Layout, Kartographie und Illustrationen: Christian Dekelver, Weinstadt
Satz: media office gmbh, Kornwestheim
Reproduktion: Meyle + Müller, Medien-Management Pforzheim
Druck: Firmengruppe APPL, aprinta druck, 86650 Wemding

Printed in Germany
ISBN-13: 978-3-12-523941-8
ISBN-10: 3-12-523941-9

Tous ensemble 3

für den schulischen
Französischunterricht

von

Laurent Jouvet
Marceline Putnai
Brigitte Schröder
Gudrun Tegethoff
Kerstin Theinert

Ernst Klett Schulbuchverlage
Stuttgart Leipzig

INHALTSVERZEICHNIS

Thema/Situationen	Kommunikative Schwerpunkte Lernstrategien	Grammatik	Seite
Personen und Handlungsorte			**8**

LEÇON 1

	Thema/Situationen	Kommunikative Schwerpunkte Lernstrategien	Grammatik	Seite
d'abord	**On cherche un guitariste!** Gitarrist gesucht!	Eine Suchanzeige schreiben	Vorentlastung: Die Relativpronomen *qui, que, où* (G 1)	**10**
1 A	**La première répétition** Die erste gemeinsame Probe	Seine Meinung äußern	Die Relativpronomen *qui, que, où* (G 1) Die unverbundenen Personalpronomen *moi, toi, lui, elle …* (G 2) Die Verben auf *-ir* mit Stammerweiterung *finir, choisir, réfléchir, applaudir* (G 3)	**11**
1 B	*Les Loustiks* **paniquent!** Ein Konzert, doch wo bleibt Johnny? Projet: Un reportage pour *Radio Plus* à Toulouse	Jemanden nach seiner Meinung fragen Stellung nehmen Eine Entscheidung treffen stratégie Vorbereitung auf eine Klassenarbeit	*tout* als Begleiter des Nomens *tout le, toute la …* (G 4)	**13**
sur place	⟨**Jeu: La rando de «Tous ensemble»**⟩ Wiederholungsspiel zu «Tous ensemble 2»			**16**

LEÇON 2

	Thema/Situationen	Kommunikative Schwerpunkte Lernstrategien	Grammatik	Seite
d'abord	**Les Lopez s'organisent …** Morgen kommt unser Austauschschüler		Vorentlastung: Die reflexiven Verben (G 5)	**18**
2 A	**A table!** Und was gibt es als Nachtisch?	Über das Essen reden Ausdrücken, dass man etwas nicht verstanden hat Nach dem Tagesablauf fragen	Die reflexiven Verben (G 5) Das Verb *boire* (G 6)	**19**
2 B	**Réviser ou s'amuser?** Pauken oder feiern?	Unbekannte Wörter umschreiben Jemandem etwas erklären Über die Schule sprechen	Der Infinitivsatz mit *pour* (G 7) *venir de faire qc. / être en train de faire qc.* (G 8)	**21**
2 C	**La semaine s'est bien passée.** Schulbesuch, Ausflüge und ein Abschiedsfest	Ereignisse in der Vergangenheit schildern stratégie Sich in Frankreich verständigen	Die reflexiven Verben *(passé composé)* (G 9)	**23**
sur place	⟨**Le collège Vercors**⟩ Ecoutez: On s'amuse à la fête d'adieu. (HV-Übung) Le bulletin d'Antoine			**25**

	Thema/Situationen	Kommunikative Schwerpunkte Lernstrategien	Grammatik	Seite
Plateau 1	⟨C'est la récré.⟩	(Histoires d'école)		**26**
	⟨On fait des révisions.⟩	(Übungen zur Wiederholung)		**28**
DELF 1	⟨On prépare le DELF.⟩	(Vorbereitung auf das DELF A2)		**31**

LEÇON 3

d'abord	Quand j'habitais à Arras … Wie werde ich ein Star?	Vorliebe / Abneigung / Wunsch ausdrücken	Vorentlastung: Das *imparfait* (G 10)	**32**
3 A	Les grands espoirs de Didier Warten und hoffen	Beschreiben, wie etwas war Informationen zusammenfassen	Das *imparfait*: die Bildung (G 10) Das *imparfait*: der Gebrauch (G 11)	**33**
3 B	Petit boulot dans le métro Kein Geld mehr und was nun?	Sein Bedauern ausdrücken  Geschichten erzählen	*Imparfait* und *passé composé* (G 12)	**35**
3 C	Didier entre en scène … Eine neue Chance	Sagen, wie man sich fühlt		**37**
sur place	⟨Paris, je t'aime.⟩ Chanson: Je suis venue à Paris. Poème: Le Mal du Pays Projet: Ecrire une chanson ou un poème			**39**

LEÇON 4

d'abord	Ecoute-moi bien, Laïla. Ein Streit unter Geschwistern	Jemanden auffordern, etwas zu tun Sich etwas verbitten Sich streiten	Vorentlastung: Der verneinte Imperativ (G 13) Der Imperativ mit einem Pronomen (G 14)	**40**
4 A	Calme-toi, Laïla. Sprich mit deinen Eltern!	Probleme schildern	Der Imperativ mit einem Pronomen (G 14) Adjektive auf *-if / -ive* (G 15)	**41**
4 B	Ne nous énervons pas. Es ist noch nichts entschieden	Jemanden loben Jemanden um etwas bitten Interesse bekunden Vermitteln Jemandem einen Rat geben	Der verneinte Imperativ (G 13) Der Imperativ mit einem Pronomen (G 14) Adjektive auf *-eux / -euse* (G 15)	**43**

trois **3**

	Thema/Situationen	Kommunikative Schwerpunkte Lernstrategien	Grammatik	Seite
4 c	**Chanson pour Laïla** Es geht um deine Zukunft!	Ausdrücken, dass einem etwas / jemand auf die Nerven geht Sich wehren **stratégie** Eine Person beschreiben		45
sur place	⟨J'étais prête pour ce grand rêve.⟩ Ecoutez: *Ma Philosophie* (HV-Übung) La chanteuse Amel Bent			47
Plateau 2 **DELF 2**	⟨C'est la récré.⟩ ⟨On fait des révisions.⟩ ⟨On prépare le DELF.⟩	(Les copains d'abord: Auszug aus einem Jugendroman) (Übungen zur Wiederholung) (Vorbereitung auf das DELF B1)		48 50 52

LEÇON 5

	Thema/Situationen	Kommunikative Schwerpunkte Lernstrategien	Grammatik	Seite
d'abord	**Quels métiers est-ce que tu connais?** Einen Beruf wählen	Berufe beschreiben	Vorentlastung: Themenbereich «Berufe»	54
5 A	**Choisir un stage** Erste Begegnung mit der Arbeitswelt	Interesse / Abneigung ausdrücken Vor- und Nachteile benennen	*avoir envie de + inf.*	55
5 B	**A la radio** *Jeunes-Lyon* Ein Bewerbungsgespräch	Ein offizielles Telefongespräch führen **stratégie** Umgang mit einem zweisprachigen Wörterbuch	Die indirekte Frage / Die indirekte Rede *(G 16)* *ne … personne (G 17)* Das Verb *savoir (G 18)*	56
5 C	**Mon stage dans une radio locale** Ein Praktikum bei einem Lokalsender	Einen Bewerbungsbrief schreiben Seinen Lebenslauf verfassen	Das Verb *savoir (G 18)* Der Gebrauch von *savoir* und *pouvoir (G 19)* Der Gebrauch von *en* (1) *(G 20)*	58
sur place	⟨La vie professionnelle en France⟩ La lettre de motivation et le CV de Julia Itinéraires de formation Je voudrais être boulanger.			60

4 quatre

	Thema/Situationen	Kommunikative Schwerpunkte Lernstrategien	Grammatik	Seite
	 **LEÇON 6**			
d'abord	**Tous ensemble en vacances!** Wir packen!	Miteinander vergleichen	Vorentlastung: Das Adjektiv: Steigerung und Vergleich Der Komparativ *(G 21)*	62
6 A	**Sur la route d'Avignon** Ein Kleinbus, ein Anhalter und ein großer Hund	Bedenken äußern Jemanden beruhigen Fragen, ob noch ein Platz frei ist	Der Komparativ *(G 21)* Der Superlativ *(G 21)* Die Steigerung des Adjektivs *bon* *(G 22)* Das Verb *conduire (G 23)* Der Artikel bzw. die Präposition bei Ländernamen *(G 24)*	63
6 B	**Une mauvaise surprise** Eine böse Überraschung auf dem Campingplatz	Jemandem seine Hilfe anbieten Einen Text zusammenfassen Sagen, woher man kommt und wohin man reist	Der Gebrauch von *y* und *en* (örtlich) *(G 25)*	65
6 C	**Où allez-vous?** Das könnte gefährlich werden!	Jemandem Vorwürfe machen Bedenken äußern Etwas ablehnen Eine Geschichte weitererzählen Über das Wetter reden	Die Inversionsfrage *(G 26)* Das Pronomen *chacun, chacune* *(G 27)* Das Adjektiv *vieux (G 28)*	68
sur place	⟨**Passion Avignon**⟩ Projet: Organisez votre voyage de classe.			71
Plateau 3	⟨**C'est la récré.**⟩ ⟨**On fait des révisions.**⟩	(Les jeunes et les médias) (Übungen zur Wiederholung)		72 74
DELF 3	⟨**On prépare le DELF.**⟩	(Vorbereitung auf das DELF B1)		77
MODULE 1	**L'amour avec un grand A!*** Liebe auf den ersten Blick		Das *plus-que-parfait (G 29)* Der Imperativ mit zwei Pronomen *(G 30)*	78
MODULE 2	**Mais qu'est-ce que tu fais Amandine?**** Krach mit den Eltern		Die Frage nach Personen *Qui est-ce qui …?/Qui est-ce que …? (G 31)* Die Frage nach Sachen etc. *Qu'est-ce qui …?/Qu'est-ce que …? (G 32)* Der Gebrauch von *ce qui/ce que* *(G 33)*	80

* Die Durchnahme dieses Moduls ist in dem Bundesland Hessen verbindlich.
** Die Durchnahme dieses Moduls ist in den Bundesländern Hessen und Bayern verbindlich.

cinq **5**

	Seite
Zoom sur la grammaire	82
G comme grammaire	84
Vocabulaire	112
Liste des mots / Wortliste	147
Pour faire les exercices du livre	182
Lösungen zu ⟨On fait des révisions.⟩	184
On dit-Pool	188
Stratégie-Pool	190
Metroplan	192
Stadtplan von Paris	193
Frankreichkarte	vordere Umschlagseite
Karte von Süd-Ost-Frankreich	hintere Umschlagseite

Erläuterungen

d'abord
Die *d'abord*-Seite dient der Vorentlastung der Lektionstexte. Sie ist **verbindlich**.

sur place
Das Angebot auf den *sur place*-Seiten ist **fakultativ**. Es beinhaltet u. a. authentische Materialien, Hörverstehensangebote, Projekte und Chansons.

on dit
„Was sagt man, wenn …": Die *On dit*-Übersicht fasst **Redemittel** für bestimmte Situationen noch einmal zusammen.

stratégie
Übungen, die durch *stratégie* gekennzeichnet sind, vermitteln Lerntechniken.

⟨ ⟩
Übungen bzw. Übungs- oder Grammatikteile in Winkelklammern sind **fakultativ**.

✎
Der Bleistift zeigt an, dass diese Übung **schriftlich** gemacht werden kann oder dass etwas notiert werden soll.

www
An dieser Stelle bietet es sich an, Informationen im **Internet** zu suchen.

🔊S
Der Text bzw. die Übung ist auf der **Schüler-CD** (Klettnummer 523946) zu hören.

🔊L
Der Text bzw. die Übung ist auf der **Lehrer-CD** (Klettnummer 523948) zu hören.

👥
Diese Übung bzw. dieser Übungsteil wird am besten in **Partnerarbeit** durchgeführt.

👥👥
An dieser Stelle bietet sich **Gruppenarbeit** an.

(G 1)
Verweist auf die entsprechenden Ziffern im **Grammatischen Anhang** im Buch oder im **Grammatischen Beiheft** (Klettnummer 523942).

💡
„**Entdeckendes Lernen**": Ein grammatisches Kapitel kann von den Schülern weitgehend selbstständig erarbeitet werden.

🎲
Eine Übung mit **spielerischem** Charakter.

🗂
Die **Karteikarte** zeigt an, dass Gelerntes (z. B. die Redemittel der *On dit*-Übersichten) auf Karteikarten festgehalten werden sollte.

▽
Diese Übung / dieser Übungsteil ist ziemlich **leicht** und kann zur Differenzierung eingesetzt werden.

△
Diese Übung / dieser Übungsteil ist ziemlich **schwierig** und kann zur Differenzierung eingesetzt werden.

VOC
In dieser Übung (bzw. diesem Übungsteil) ist ein Schwerpunkt **Vokabelarbeit**.

DICO
Hier empfiehlt es sich, ein Wörterbuch zu benutzen.

Salut!

Willkommen im dritten Jahr Französisch mit

T ous ensemble.
Vielleicht seid ihr in den Ferien sogar nach Frankreich gefahren …
O der in ein anderes Land, in dem man Französisch spricht.

U nd … habt ihr euch bereits auf Französisch verständigen können? Ihr wisst ja – mit
S prachen kommt man überall zurecht und findet schnell neue Freunde!

E uer Band 3 enthält Neues und Bekanntes: Wie in *Tous ensemble* 1 und 2 gibt es
spannende Texte und gute Übungen.
N eue Lernstrategien zeigen euch, wie man leichter und effizienter lernt.
Und am Ende der Lektionen findet ihr wieder die informativen
S ur place-Seiten, die euch direkt nach Frankreich „entführen".

E twas Besonderes sind die *Plateau*-Phasen: die *récré*-Seiten mit unterhaltsamen Texten und
lustigen Comics, die *révisions*-Seiten mit Wiederholungsübungen und Lösungen.
M it den DELF-Seiten könnt ihr euch auf die internationale Sprachprüfung vorbereiten.

B and 3 hat einiges zu bieten!

L iebe Schülerinnen und Schüler – das Autorenteam wünscht euch viel Spaß beim Lernen und
E ntdecken mit Tous ensemble!

Tous ensemble

LEÇON 1

 d'abord   **On cherche un guitariste!**

Estelle Toulouse	Notre groupe joue à la Fête de la Musique **qui** est déjà dans un mois et notre guitariste est parti: on panique! Alors, on cherche un super musicien **qui** joue du pop-rock. Ça t'intéresse? Réponds vite! Estelle … (et *Les Loustiks*)
Johnny Toulouse	Salut! Je suis le guitariste **que** vous cherchez! ☺ Je connais beaucoup de chansons **qu'**on peut jouer ensemble! Johnny ☺
Estelle	Génial! Rendez-vous vendredi à 20 h, dans la salle Dorémi **où** on répète: 3 rue de Belfort! Estelle

a **Qui**, **que** (**qu'**) et **où** sont ici des pronoms relatifs. Ils remplacent des personnes, des choses ou des endroits (Orte).

… **qui** est déjà dans un mois
… **qui** joue …
… **que** …
… **qu'** …
… **où** …

qui = la Fête de la Musique
qui = …
…

- Trouvez cette personne, cette chose ou cet endroit pour chaque pronom.
- Qu'est-ce qu'on trouve <u>après</u> **qui** et après **que** dans la phrase: le sujet ou le verbe?
- Quelle est la <u>fonction</u> (Funktion) de **qui** et de **que** dans la phrase: le sujet ou l'objet?
- Et qu'est-ce qu'on trouve <u>après</u> **où**?

Regardez G 1 et vérifiez (überprüft) vos réponses.

b *Complétez.*

Voilà Johnny **?** écrit un e-mail. | Estelle lit le message **?** Johnny lui écrit. | Johnny répète les chansons **?** il connaît. | Johnny va à la salle **?** le groupe va répéter.

c *Complétez les phrases avec* **qui**, **que**, **où** *et les réponses du texte.*

Tobias

Le 21 juin, il y a une fête **?** on adore en France.
Il s'appelle **?** .
Johnny aime la musique **?** le groupe joue.
L'adresse, c'est **?** .

Adina

C'est la **?** . Sur Internet, Estelle trouve un guitariste **?** lui répond.
C'est du **?** . Estelle lui donne l'adresse de la salle **?** le groupe répète.

10 dix

1A

d'abord   texte   atelier   sur place

🔊 La première répétition

▶ **Avant la lecture**

Regardez la photo et le titre.
Qu'est-ce que les jeunes vont faire?

1 Vendredi soir, 20 h 10: les musiciens du groupe *Les Loustiks* sont dans la salle Dorémi où ils vont répéter. Ils attendent Johnny, le nouveau guitariste qu'Estelle a trouvé sur Internet. Roland est énervé, il veut commencer sans Johnny qui est en retard.

2 20 h 20: Johnny arrive enfin. Il embrasse tout de suite Estelle.
Johnny: «Salut! C'est toi, la belle Estelle, pas vrai?»
Estelle: «Bonjour! Euh … c'est toi le nouveau guitariste?»
Johnny: «Oui, c'est moi, Johnny! Tu vas voir, je vais euh … on va mettre de l'ambiance!»
Estelle, qui est un peu gênée, pense que c'est un vrai frimeur. Elle lui présente les autres musiciens du groupe: «Alors, elle, c'est Dany, elle est à la batterie. Lui, c'est Louis, il joue de la guitare basse. Au clavier, voilà Roland. C'est lui le chef de notre groupe. Et moi, je suis la chanteuse.»
Roland: Salut, Johnny! Nous commençons les répétitions à huit heures et nous finissons à dix heures, compris?
Johnny: Ouais ouais, c'est bon …

3 20 h 30: *Les Loustiks* préparent leurs instruments, puis Roland dit: «Bon maintenant, je choisis une chanson que vous connaissez bien: «Je reste encore» de *Superbus*».
Après cette chanson, les musiciens choisissent ensemble d'autres morceaux. Ça marche bien avec Johnny et *Les Loustiks* sont contents. Johnny le remarque … Alors, quand ils commencent le dernier morceau, Johnny oublie les autres et joue fort! Trop fort! Beaucoup trop fort!
Quand il a fini, Louis applaudit! Mais les autres, eux, ne disent rien: ils sont très en colère …
Roland: Johnny! Ça ne va pas, non? Pourquoi tu joues comme ça, tu n'es pas seul …
Dany: Ouais! Tu joues beaucoup trop fort! On n'entend même plus ma batterie!
Johnny, qui est vexé, prend sa guitare. Il leur dit qu'il est désolé et qu'il doit partir.

4 Sur son scooter, Johnny réfléchit: «Oh là là! Ces filles, elles ne sont pas sympas … Et Roland le petit chef, lui, il n'est pas marrant … Louis au moins, il est cool … Mais je ne sais pas si …»

onze **11**

1A d'abord   texte   **atelier**   sur place

▽ 1 Comprendre le texte
◁ *Après la lecture*

Qui est-ce?
1. **Elle** chante dans le groupe. → C'est Estelle.
2. **Il** choisit la première chanson.
3. **Il** embrasse la chanteuse.
4. Johnny pense qu'**il** est cool.
5. On n'entend plus **sa** batterie.
6. **Il** explique quand les répétitions finissent.
7. **Elle** présente les musiciens du groupe.
8. **Il** trouve que Johnny joue très bien.

✎ 2 A partir du texte
◁ *Après la lecture*

a *Cherchez les informations que vous trouvez sur les quatre Loustiks dans le texte.*

b *Comment est-ce que les Loustiks trouvent Johnny? Dites pourquoi.*

3 Voilà Johnny qui arrive. (G1)

Faites des phrases avec **qui**, **que**, **où**.

1. Toulouse est une ville …
   - [?] plaît bien aux touristes.
   - [?] Louis aime beaucoup.
   - [?] Dany a beaucoup de copains.

2. *Les Loustiks* sont dans la salle Dorémi …
   - [?] est à Toulouse.
   - [?] ils attendent Johnny.
   - [?] ils répètent.

3. Voilà Johnny, le nouveau guitariste, …
   - [?] Estelle trouve très frimeur.
   - [?] est en retard.
   - [?] Dany n'aime pas trop.

4 Eux, ils sont nuls! (G2)

Complétez avec les **pronoms toniques** *(betonte Personalpronomen).*

| moi | toi | lui / elle |
| nous | vous | eux / elles |

1. Après son départ, Johnny réfléchit …

Mais ce n'est pas vrai! [?], je ne joue pas trop fort! Louis, [?], il a applaudi. Mais les autres, [?], ils n'ont pas aimé quand j'ai joué.
Et les filles, [?], elles ne sont pas très gentilles avec moi. Dany, elle me déteste! [?], elle est vexée parce qu'on ne l'entend plus! Mais [?], je voudrais bien jouer dans ce groupe …

2. *Les Loustiks* réfléchissent aussi …

Roland: Alors, qu'est-ce que tu penses de notre superstar Louis? [?], tu le trouves génial, non? Et [?], les filles, vous le trouvez comment?
Dany: [?], nous trouvons que c'est un vrai frimeur! … Mais bon, il joue très bien …
Roland: [?] aussi, j'ai trouvé un guitariste: Pablo. Je l'ai invité pour jouer vendredi à 19h …

5 *Les Loustiks* choisissent leur guitariste. (G3)

Une semaine plus tard, dans la salle Dorémi …

Regardez d'abord G3, puis complétez avec les verbes.

| finir [F] | applaudir [A] |
| choisir [C] | réfléchir [R] |

A huit heures, *Les Loustiks* [F] la répétition avec Pablo. Un peu plus tard, Johnny arrive. Roland [R] et lui dit: «Ecoute Johnny, ce soir, le groupe doit prendre une décision: on doit [C] entre toi et
5 Pablo. [R] bien, si tu joues trop fort … » Johnny [F] vite son coca et ils commencent la première chanson. Cette fois, Johnny pense aux autres et joue super bien: le groupe [A]!

Après la répétition, Johnny part. Roland demande: «Alors, vous [C] Johnny ou Pablo?» 10
Dany: «J'ai [R]: Pablo est sympa, mais Johnny joue mieux. Moi, je le [C].» Estelle ajoute: «Et ce soir, il a super bien joué. Tu le [C] aussi, Louis?» Louis: «Oui, bien sûr!» Roland dit: «Alors, si vous êtes d'accord, nous le [C] comme guitariste!» … 15
Et *Les Loustiks* [A]!

12 douze

| d'abord | texte | atelier | sur place | **1B** |

> *Avant la lecture*
> **a** *Cherchez des informations sur la Fête de la Musique à la page 115 de votre livre ou sur Internet.*
> **b** *Est-ce qu'il y a aussi des Fêtes de la Musique en Allemagne? Trouvez des informations.*

Les Loustiks paniquent!

1 Aujourd'hui, c'est le premier jour de l'été! A Toulouse, comme partout en France, c'est aussi le jour de la Fête de la Musique. Quelle ambiance! Il y a des parents avec leurs enfants qui regardent des jongleurs. On voit quelques musiciens qui jouent du raï. Et sur la Place du Capitole, il y a un concert de Zebda. *Les Loustiks*, eux aussi, vont jouer …

5 **2** Depuis un mois, ils répètent toutes les semaines et ils espèrent que tout va bien marcher ce soir. Ils ont apporté tous leurs instruments de musique et ils ont installé tout le matériel devant le magasin de musique de la rue Peyrolières. Ils sont presque prêts …

3 *Roland:* Mais où est Johnny?
Louis: Vous croyez qu'il a oublié?
10 *Estelle:* Peut-être. On peut l'appeler, mais je n'ai pas son numéro sur moi.
Dany: Attends. Moi, je crois que je l'ai.
Dany téléphone à Johnny qui ne répond pas.
Roland: Ce n'est pas vrai! … Il nous reste un
15 quart d'heure et lui, il joue la star qui arrive à la dernière minute!
Estelle: Ouais, tu as raison! Il exagère!
Dany: Mais, on ne peut pas commencer sans lui!
Louis: De toute façon, on n'a pas de courant.
20 Le magasin est fermé et la vendeuse qui a la clé n'est pas encore là.
Roland: Ce n'est pas possible!
Pas de vendeuse, pas de clé, pas de courant et … pas de guitariste! *Les Loustiks* paniquent …

25 **4** Vingt minutes plus tard:
Estelle: Roland, mais fais quelque chose! Il faut trouver une solution!
Roland: Je n'ai pas de solution, moi! Il faut attendre.
30 *Dany:* Regardez qui arrive!
Roland: Johnny, te voilà enfin!
Estelle: Johnny, tu as la clé. Mais, c'est super!
Johnny, excité, leur explique que Léa, la vendeuse du magasin, est tombée malade.
35 Elle lui a téléphoné et il est allé chercher la clé chez elle.
Roland: Bravo, Johnny! Merci beaucoup!
Estelle: On peut vraiment compter sur toi.

40 **5** A neuf heures, *Les Loustiks* commencent le concert. D'abord, il y a peu de gens qui les écoutent. Mais, très vite, les jeunes autour d'eux dansent et applaudissent. Quelle ambiance! C'est une soirée que *Les Loustiks* ne vont pas
45 oublier!

treize **13**

1B d'abord · texte · atelier · sur place

▽ 1 Comprendre le texte
◁ Après la lecture

Roland et Johnny racontent …
Mettez d'abord les phrases de Roland dans l'ordre, puis les phrases de Johnny.

Roland
1. Nous avons installé le matériel devant le magasin de musique.
2. Alors, on a paniqué.
3. Mais il est enfin arrivé avec la clé.
4. On lui a téléphoné, mais il n'a pas répondu.
5. J'ai demandé: «Mais où est Johnny?».

Johnny
1. Elle m'a donné sa clé.
2. Alors, j'ai pris mon scooter.
3. Elle m'a téléphoné.
4. Et me voilà.
5. La vendeuse est tombée malade.
6. Je suis allé chez elle.

2 A partir du texte
◁ Après la lecture

VOC **a** *Faites un filet de mots (Wortnetz) autour de «la musique». (Pour vérifier si vous avez trouvé tous les mots, relisez les textes A et B).*

 b *Faites un résumé du texte B au présent. (Pour vous aider, regardez à la page 190.)*

la musique

C'est le 21 juin, il y a beaucoup de gens dans les rues de Toulouse. *Les Loustiks* sont presque …

3 Un concert avec eux, c'est super! *(G 2)*

Après le concert, *Les Loustiks* rangent le matériel.

Complétez avec **moi, toi,** …

Roland: Je crois que nous pouvons être contents de Johnny. Avec ? , on a eu de la chance! Alors, Johnny, tu continues avec ? ?
Johnny: Bien sûr! Vous pouvez compter sur ? !
5 Vous savez, j'ai déjà joué avec deux groupes, mais avec ? , ça n'a pas vraiment marché … Je préfère jouer avec ? .
Estelle et Dany: Génial!

Roland: Dis Johnny, tu as la clé de Léa sur ? ? Je vais chez ? maintenant. Tu viens avec ? ? 10
Johnny: Non, Estelle et Dany m'offrent un verre! Je vais fêter notre premier concert avec ? ! Mais, tiens, voilà la clé. Dis bonjour à Léa.
Roland: D'accord. A vendredi pour la répétition. Je compte sur ? , *Les Loustiks*! 15
Louis: Roland, je viens avec ? si tu veux …

4 Les jeunes dansent toute la soirée. *(G 4)*

David Fouquet, un jeune reporter, veut écrire un article sur la Fête de la Musique à Toulouse.
Il va voir *Les Loustiks* et il prend des notes. *Faites des phrases avec les formes de* **tout**.

1. Les musiciens ont répété
2. Ils ont apporté
3. Les jeunes ont installé
4. Quelle ambiance! Ici,
5. *Les Loustiks* jouent
6. Aujourd'hui, à Toulouse,

tout le
toute la
tous les
toutes les

semaines pendant un mois pour cette soirée.
matériel devant un magasin de musique.
instruments de musique.
jeunes dansent avec *Les Loustiks*.
chansons qu'ils connaissent.
ville chante et danse.

5 Projet: Un reportage pour *Radio Plus* à Toulouse

*Travaillez en groupe, il y a quatre rôles: un reporter et trois jeunes qui lui répondent.
Comment est la Fête de la Musique? Qu'est-ce qu'ils pensent de l'ambiance? …
Enregistrez (nehmt auf) le reportage.*

d'abord   texte   **atelier**   sur place   **1B**

 6 on dit ———— Discuter et prendre une décision ————

So drückt ihr eure Meinung aus
Moi, je crois que … parce que …
A mon avis … / De toute façon …
J'ai bien réfléchi et …

So nehmt ihr Stellung
Tu as raison! / Tu as tort!
Je trouve que tu exagères! / Ce n'est pas possible!
Je suis d'accord. / Je ne suis pas d'accord avec toi.

So fragt ihr nach einer Meinung
Et toi, qu'est-ce que tu penses de …?
Et vous, vous trouvez ça comment?
Tu peux m'expliquer? / Pourquoi est-ce que …?

So entscheidet ihr in der Gruppe
Nous devons trouver une solution. / …
prendre une décision. / Il faut choisir ….
Alors, qu'est-ce que vous choisissez?

 A vous   Une Fête de la Musique dans votre collège, pourquoi pas? *Discutez et prenez des décisions.*

7 La musique des Loustiks

a *Décrivez le dessin.*

 b *Ecoutez et écrivez dans votre cahier: qui parle? Puis, dites qui **aime** et qui **n'aime pas** la musique des Loustiks.*

 8 stratégie ———— Vorbereitung auf eine Klassenarbeit ————

Schreibt für jede Lektion Merkzettel, die ihr immer parat habt – außer in der Klassenarbeit. :-)
- **Texte:**   Notiert euch 2 oder 3 **Schlüsselwörter** zu jedem Textabschnitt. Schreibt dann eine knappe **Zusammenfassung** des Textes.
- **Vocabulaire:** Schreibt euch aus dem Lektionsvokabular die **Vokabeln** heraus, die ihr schwierig findet.
- **Grammaire:**   Schaut in den grammatischen Anhang und schreibt euch **Beispielsätze** heraus, die ihr euch gut merken könnt.
- **On dit:**   Sucht in den Texten und auch in den *On dit*-Übungen die Sätze und Wendungen heraus, die ihr besonders **nützlich** findet.

A vous   *Erstellt einen Merkzettel für die Lektion 1.*

quinze **15**

1 — sur place

Un jeu: La rando de «Tous ensemble» (pour 2–4 joueurs)

Départ

1 Lis les nombres: 1200 + 452 font …

Lis les nombres: 1456 + 399 font …

2 Mets au passé composé: *rencontrer*
je ?
nous ?
vous ?

Mets au passé composé: *prendre*
tu ?
nous ?
ils ?

3 C'est où?

C'est où? Qu'est-ce qu'on fait là?

4

5 A Méribel, on peut faire …

A Biarritz, on peut faire … et …

20 Complète avec un adjectif: Il est ?.

Complète: Elle est ?.

19

18 Fais la phrase avec «ne … plus».
– Les Dadidas sont toujours à la mode?
– Non, elles …

Fais la phrase avec ne … plus.
– Vous avez encore ce jean en 36, madame?
– …

17 Au petit-déjeuner, Clément prend ? pain avec ? confiture.

Au petit-déjeuner, Lucie prend ? chocolat, ? eau et ? pomme.

16 Réponds à la question:
– Tu peux m'aider, s'il te plaît?
– Oui, …

Réponds à la question:
– Est-ce que tu peux faire quelque chose pour moi?
– Pardon, mais je ne …

Spielregeln (für 2–4 Spieler):

Der Spieler mit der höchsten Augenzahl fängt an, der mit der niedrigsten führt ein „Punkteprotokoll". Setzt eure Spielsteine entsprechend der gewürfelten Augenzahl. Auf jedem Feld habt ihr die Wahl zwischen **leichteren, blauen** und **schwierigeren, roten** Aufgaben: Für die **blauen** Felder bekommt ihr **einen Punkt**, für die **roten** sogar **zwei Punkte** – aber natürlich nur, wenn die Antwort richtig oder die Aufgabe gut erfüllt ist. Darüber entscheiden die anderen Mitspieler. (Wenn ihr euch nicht sicher seid, ob eine Lösung richtig ist, schaut ein Spieler auf Seite 186 nach.) Kommt ihr auf ein **grünes Feld**, habt ihr Glück gehabt! Ihr bekommt **einen bis drei Punkte** geschenkt, je nach Anzahl der dargestellten Figuren. Wer zuerst 20 Punkte hat, gewinnt. Bravo! Die anderen spielen weiter um den zweiten und dritten Platz.

21 Complète avec «ce»:
? fille est une petite peste.

Complète avec «ce»:
? minijupe et ? anorak sont géniaux.

22

23 Complète avec «tout le»:
Louis passe ? soirée à la maison.

Complète avec «tout le»:
Je fais du scooter ? journée avec ? copains.

24 Voilà ? et ?.

Voilà Pierre, il porte ?, ?, ? et ?.

25

26 Il y a ? km entre Toulouse et Saint-Malo.

Toulouse – Saint-Malo
750 km

Il y a ? km entre Toulouse et Salzbourg.

Toulouse – Salzbourg
1399 km

27 Qu'est-ce qu'il y a sur la table?

Qu'est-ce qu'il y a sur la table?

16 seize

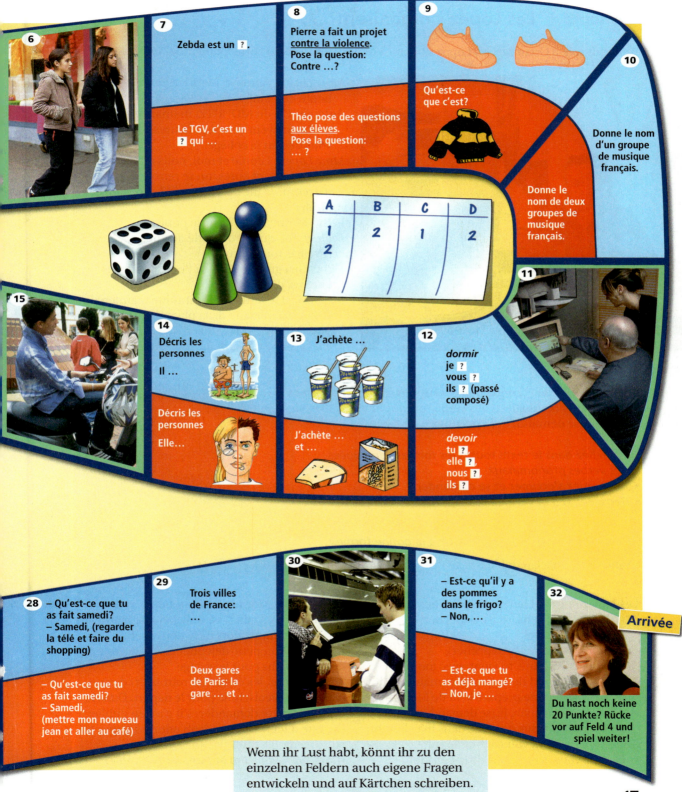

LEÇON 2

 d'abord Les Lopez s'organisent …

Vendredi soir, à Grenoble, les Lopez s'organisent pour l'arrivée du correspondant d'Antoine.

Mme Lopez: Antoine, Maurice arrive à quelle heure demain?
Antoine: On dit MO-RITZ, maman! Nos corres d'Ulm arrivent vers sept heures. On a rendez-vous devant le collège. 5
Mme Lopez: Léonie et moi, nous nous occupons des courses et après, on se retrouve au collège, d'accord? Je me demande si Moritz aime le poulet. 10
Félix: Mmm! Moi, j'aime le poulet!
Léonie: Toi, quand on parle de bouffe, tu te réveilles tout de suite.
Félix: Gna gna gna. Toi, tu t'occupes de tes affaires, d'accord? 15
M. Lopez: Ça suffit! Aidez Antoine maintenant! Il faut encore faire de la place dans sa chambre pour Moritz.
Mme Lopez: Et vous vous dépêchez un peu.

 a **je me demande …**, **nous nous occupons** … sont des formes conjuguées (konjugiert) des verbes pronominaux (reflexive Verben) **se demander** et **s'occuper**.

- Cherchez dans le texte **toutes les formes** conjuguées des verbes pronominaux.
- Conjuguez **s'occuper** et **se demander**.
- Regardez G 5 et vérifiez vos réponses.

je	?	demande
tu	te	?
tu	?	occupes
on	?	?
?	?	occupons
?	vous	?
ils	?	organisent

b *Mettez* **les verbes pronominaux** *à la bonne forme.*

Samedi matin à Grenoble …

Les Lopez finissent leur petit-déjeuner.
M. Lopez: Allez, Félix, tu (se dépêcher)? Finis ton chocolat.
Félix: Oui, oui … Je (se dépêcher).
Mme Lopez: Antoine, tu viens avec moi? Nous (s'occuper) de ta chambre maintenant, on n'a pas encore préparé le lit de Moritz.
Antoine: Mais maman, je (se demander) vraiment si on va avoir assez de place dans ma chambre.
Mme Lopez: On va voir ça tout de suite. Félix et Léonie, vous (s'occuper) de la cuisine?

… et à Ulm

Aujourd'hui, Moritz part à Grenoble avec sa classe. Il (se réveiller) vers six heures. Moritz est un peu en retard, alors il (se dépêcher).
Il finit vite son petit-déjeuner et il (s'occuper) des sandwichs pour le voyage.
A sept heures, les élèves (se retrouver) devant la Essinger-Realschule pour le départ. Dans le bus, Moritz (se demander) s'il n'a rien oublié: sa carte d'identité, le cadeau pour les Lopez et son argent. Il a tout.

Alors, au revoir Ulm et bonjour Grenoble!

18 dix-huit

2A

d'abord **texte** atelier sur place

🔊 A table!

> **Avant la lecture**
> Qu'est-ce que vous savez des repas en France?

1 19 h 30: Moritz arrive chez les Lopez et Antoine lui montre l'appartement. Léonie et ses parents s'occupent du repas. Une heure plus tard, tout le monde se retrouve dans la cuisine.
On se met à table. D'abord, il y a une salade de tomates, puis monsieur Lopez apporte le poulet et les carottes.

2 *M. Lopez:* Voilà. Tu te sers, Moritz? Attention, c'est chaud!
Léonie: Dis, Moritz, notre prof d'allemand nous dit toujours que vous n'avez pas cours l'après-midi. C'est vrai, ça?
Moritz: Pardon. Est-ce que tu peux parler … moins vite?
Antoine: Toi, tu vas à l'école l'après-midi?
Moritz: Non, je n'ai pas cours l'après-midi, sauf le mardi.
Léonie: Chez nous, c'est différent. Au lycée, nos cours finissent tous les jours à cinq heures.
Moritz: Mmm! Madame Lopez, le poulet est bon!
Mme Lopez: Oh! Merci. Qu'est-ce que vous mangez le soir en Allemagne? C'est pareil?
Antoine: Vous mangez un repas froid, non?
Moritz: Oui, le soir, on mange souvent du pain avec du beurre et du … Comment est-ce qu'on dit en français?
Léonie: Ah! Je sais! Tu veux dire de la charcuterie. C'est *Wurst* en allemand.
Moritz: Oui! Et on ne mange pas si tard chez nous!

3 Léonie va chercher le fromage et les parents se servent encore un verre de vin.
M. Lopez: Mais, tu ne bois pas ton verre d'eau, Moritz?
Moritz: A la maison, nous buvons du … en anglais, on dit «apple juice».
Antoine: Attends, on a du jus de pomme, je vais le chercher!
Félix: Maman, qu'est-ce qu'il y a comme dessert?
Mme Lopez: Finis d'abord ton fromage! Après, il y a quelque chose que tu aimes beaucoup: de la mousse au chocolat!

4 22 h 30: les deux garçons sont dans la chambre d'Antoine.
Moritz: Oooh. J'ai trop mangé! Tu as vu mon …
Antoine: … ton ventre? Pas de souci! Demain, on se lève tôt et on visite Grenoble à vélo, O.K.?
Moritz: Super! Bon, je vais dans la salle de bains.
Moritz se douche, met son pyjama et se couche. Il dit bonne nuit à Antoine. Il trouve que les Lopez sont vraiment très sympas.

1 Comprendre le texte

Répondez aux questions.

1. Qui s'occupe du repas du soir?
2. Qu'est-ce que les Lopez mangent ce soir?
3. Chez les Lopez, qu'est-ce qu'on boit à table?
4. Qu'est-ce que Moritz boit chez lui?
5. Qu'est-ce que Moritz fait après le repas?
6. Qu'est-ce que les garçons vont faire dimanche?

◀ **Après la lecture**

dix-neuf **19**

2A   d'abord   texte   **atelier**   sur place

2 A partir du texte    Après la lecture

a La France n'est pas l'Allemagne. *Trouvez les différences (Unterschiede) dans le texte et écrivez-les dans votre cahier.*

b **A vous** Qu'est-ce que vous mangez le soir?

 c Le lendemain, Léonie téléphone à sa copine Sophie. Elle lui dit que le correspondant de son frère est arrivé. *Ecoutez le dialogue. Comment est-ce qu'elle trouve Moritz? Et son copain Max? Notez les mots-clés.*

3 Le matin de Léonie   (G 5)

*Complétez avec les **verbes pronominaux**.*

1. Léonie **?**, mais elle reste au lit.
2. *Mme Lopez:* Léonie, tu **?**? *Léonie:* Oui, maman, je **?** tout de suite!
3. Léonie va dans la salle de bains et se **?**.
4. *Mme Lopez:* Léonie et Antoine, vous **?**, s'il vous plaît!
5. Léonie, Antoine et Moritz **?** à table pour le petit-déjeuner.
6. *Antoine:* Tu peux partir, Léonie, Moritz et moi, nous **?** de la vaisselle.
7. Léonie **?** parce qu'elle est en retard.
8. Vingt minutes plus tard, Léonie et sa copine Juliette **?** dans le bus.

se réveiller
se lever (2x)
se doucher
se dépêcher
se mettre
s'occuper
se dépêcher
se retrouver

A vous Qu'est-ce que vous faites le matin? *Racontez.* Je me réveille à … . Puis, je … . Après, je … .

4 Vous buvez du thé?   (G 6)

 *Faites un poème avec le verbe **boire**.*

> Je bois du coca.
> Tu …
> …
> …
> …
> Ils boivent … et c'est la fin!

bois ✓
boit
bois
buvez
boivent ✓
buvons

le vin
le coca ✓
le chocolat
le jus de citron
le jus d'ananas
le café

5 Oui ou non?   (G 5)

Exemple: – Tu te lèves à six heures?   – Oui, je me lève à six heures.
                          – Non, je **ne** me lève **pas** à six heures, … je me lève à … .

 a *Posez les questions à votre voisin / à votre voisine qui répond. Puis changez de rôle.*

1. Est-ce que tu te réveilles à cinq heures?
2. … tu te dépêches dans la salle de bains?
3. … tu t'occupes de la vaisselle à la maison?
4. … tes parents s'occupent de tes notes?
5. … vous vous mettez à table à 10 heures le soir?
6. … tu te douches le soir? (… ou le matin?)
7. … tu te couches à neuf heures?
8. Tes copains et toi, est-ce que vous vous retrouvez l'après-midi?

b *Choisissez quatre questions. Puis, posez ces questions à d'autres élèves dans votre classe.*

20 vingt

| d'abord | texte | atelier | sur place | **2B** |

Réviser ou s'amuser?

> **Avant la lecture**
> Vos correspondants arrivent dans deux semaines. Qu'est-ce que vous organisez pour leur séjour?

1 Moritz est vraiment content de son séjour. Il s'entend bien avec Antoine et Grenoble lui plaît beaucoup. Lundi, les Allemands ont passé la journée au collège. Et le lendemain, ils ont fait une randonnée avec leurs profs dans le Parc du Vercors.
Mercredi, tous les jeunes se retrouvent à quatorze heures au Jardin de Ville. Ils prennent le téléphérique pour aller au fort de la Bastille.

2 *Antoine:* C'est beau, Grenoble, tu ne trouves pas, Moritz?
Moritz: Oui, c'est beau. Mais c'est dommage, on part déjà samedi.
Luc: Mais, il y a encore la fête d'adieu jeudi soir!
Antoine: Moi, je ne peux pas venir. J'ai une interro de maths vendredi et je dois réviser.
Luc: Mais, Antoine, arrête avec cette interro! On va s'amuser à la fête!
Antoine: Non, ce n'est pas possible. Le prof est super sévère. Avec lui, j'ai déjà eu une bulle et deux heures de colle parce que j'ai pompé pendant une interro. Et mon bulletin de notes, c'est la cata!

Moritz: Bulle? Colle? Pomper? Je ne comprends rien.
Luc: Alors, une bulle, c'est quand tu as zéro. Et une colle, c'est quand tu dois rester à l'école le mercredi après-midi pour faire des exercices.
Antoine: Et pomper, c'est quand tu copies sur ton voisin pendant une interro. Alors, tu vois, jeudi, je dois réviser.

3 Jeudi, 19h: Antoine est en train de faire ses exercices de maths. Moritz se prépare pour la fête: il se douche et s'habille. Monsieur Lopez lui dit qu'il doit rentrer à la maison avant onze heures.

4 Quatre heures plus tard, les jeunes s'amusent toujours à la fête où il y a une super ambiance! Et Antoine? Lui, il vient de finir ses exercices quand son père entre dans sa chambre. Il est déjà onze heures et quart et Moritz n'est pas encore rentré. Antoine téléphone à Luc qui ne répond pas. Antoine explique à son père qu'ils sont peut-être en train de danser et qu'ils n'entendent pas. «Ce n'est pas très grave, ils vont bientôt rentrer», dit Antoine. Mais monsieur Lopez se fait quand même du souci.

1 Comprendre le texte

> **Après la lecture**

a *Lisez les phrases suivantes et dites si c'est* **vrai** *ou* **faux**. *Corrigez les phrases fausses.*

1. Moritz ne s'entend pas bien avec Antoine.
2. Le prof de maths d'Antoine est très sympa.
3. Antoine a eu un zéro en maths.
4. Antoine et Luc vont à la fête avec Moritz.
5. Antoine reste à la maison pour réviser.
6. Antoine téléphone à Léonie.

b *Qu'est-ce que les correspondants font le lundi? Et le mardi? Et le mercredi? Et le jeudi?*

vingt et un **21**

2B   d'abord   texte   **atelier**   sur place

2 A partir du texte
◀ *Après la lecture*

a Antoine ne peut pas aller à la fête d'adieu. *Expliquez son problème.*

b Que fait Antoine jeudi soir? Et Moritz?

c Moritz n'est pas rentré chez les Lopez à onze heures? *Imaginez pourquoi.*

d Qu'est-ce que va faire Monsieur Lopez?

3 A l'école

VOC a *Faites un filet de mots dans vos cahiers autour du mot «école». Cherchez d'abord les mots dans le texte B, puis ajoutez les mots que vous connaissez déjà.*

b *Utilisez le filet de mots pour décrire l'école de vos rêves:* Dans mon école de rêve, il n'y a pas …

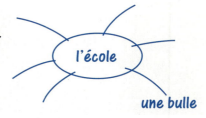

4 Chez les Lopez   (G 7)

pour + infinitif

*Reliez les phrases avec **pour**. Exemple:* Moritz cherche son portable **pour** téléphoner à sa mère.

Moritz cherche son portable.
Antoine va dans sa chambre.
Félix va dans la cuisine.
Léonie prend son scooter.
Moritz va dans la salle de bains.
Monsieur Lopez se met devant la télé.
Madame Lopez va au salon.

— **pour** —

Il se douche.
Il fait ses exercices de maths.
Elle va chez une copine.
Il regarde un film.
Il mange un sandwich.
Il téléphone à sa mère.
Elle lit un livre.

5 Qu'est-ce qu'il va faire?   (G 8)

Racontez la journée de Moritz.

Exemple:
A 7 h, Moritz **vient de** se réveiller. Il **est en train de** se lever. Après, il **va se** doucher.   *Continuez.*

 7h00
 7h30
 8h00
 8h30 Après, Moritz va au collège.

 14h00
 14h15
 14h30
 15h30 Après, il va boire un café.

22 vingt-deux

2c

d'abord texte atelier sur place

🔊 La semaine s'est bien passée.

Et voilà, les corres sont partis. La semaine s'est très bien passée! Nous nous sommes quittés un peu tristes. Avec madame Durand, notre prof d'allemand, nous avons mis quelques photos du séjour sur la page Internet de notre collège.

Lundi, au collège
5 C'est le premier jour à l'école pour nos corres. Le matin, nous avons eu cours avec le prof de maths! A midi, tout le monde s'est retrouvé à la
10 cantine. Quelle surprise pour les corres!

Mardi, dans le Vercors
20 Les corres ont fait une petite randonnée dans le parc du Vercors. Madame Keck, leur prof de français est tombée et elle s'est blessée au pied.
25 Mais notre prof de sport a trouvé la solution!

Mercredi, en ville
L'après-midi, nous nous
35 sommes retrouvés pour monter au fort de la Bastille. Le soir, nous sommes allés à un concert de Diam's. Le lendemain, les corres se sont
40 reposés un peu.

1

2

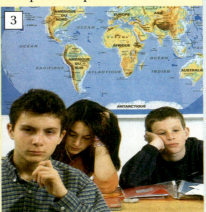
3

4

5

6

Jeudi, la fête d'adieu
20 h 30 Malika et Zoé se sont occupées de la musique.
15 Certains élèves ont dansé toute la soirée, mais d'autres sont restés près de notre super buffet froid.

23 h 45 Moritz a adoré la fête. Il s'est beaucoup amusé, donc il a oublié l'heure.
30 Tout à coup, le père d'Antoine est arrivé. Bien sûr, Moritz s'est excusé.

24 h 00 Monsieur Lopez s'est très vite calmé. Notre fête lui a beaucoup plu! Et il est resté … pour
45 danser et s'amuser.

2c   d'abord   texte   **atelier**   sur place

1 Comprendre le texte
Après la lecture

Regardez les photos (1–6) du texte C et lisez ces six phrases. Quelle phrase va avec quelle photo?

- **a** Les Allemands sont en cours de maths.
- **b** Tout le monde s'amuse bien à la fête.
- **c** Les Allemands adorent les repas de la cantine!
- **d** Aïe! J'ai mal au pied!
- **e** Oh là là! Le père d'Antoine arrive!
- **f** Il a très faim, Moritz!

2 A partir du texte
Après la lecture

Il est une heure du matin. Moritz et monsieur Lopez rentrent à la maison. Antoine se réveille.

Prenez le rôle de Moritz et racontez la soirée.
Exemple: On s'est bien amusés. Les filles …

3 Jeu de rôles: Une semaine à Grenoble

Choisissez une situation.
Ecrivez un dialogue et présentez-le.

- **a** Vous êtes à la cantine avec vos copains.
- **b** Dimanche, vous faites une rando dans le Vercors.
- **c** Vous faites du shopping à Grenoble.

4 Quel voyage! (G 9)

Moritz écrit un e-mail à Antoine.

Conjuguez les verbes pronominaux au passé composé.

! Attention à l'accord du participe passé!

vous	vous	êtes	amusés/amusé**es**
ihr	habt	euch	amüsiert

Salut, Antoine!
Ça va? Moi, je viens d'arriver à Ulm. Je vais te raconter comment notre voyage **(se passer)**. D'abord, le bus n'a pas pu partir parce que Bernd et Jens **(se lever)** trop tard! Ils **(se dépêcher)**, mais ils sont quand même arrivés avec une heure de retard. Après, Julia a oublié sa carte d'identité chez sa corres. Bien sûr, elle **(s'excuser)**, mais on a encore perdu du temps. Dans le bus, toute la classe **(s'amuser)**! Les filles **(se lever)** pour chanter un rap de Diam's, mais Frau Keck a crié et elles **(se calmer)**. Ensuite, j'ai dormi un peu. Et quand je **(se réveiller)**, j'ai entendu Frau Keck: „Noch eine Stunde bis Ulm." Et toi? Tu **(s'amuser)** en maths, aujourd'hui?!

5 stratégie — Sich in Frankreich verständigen

Ihr versteht nicht, was euer Gesprächspartner/eure Gesprächspartnerin sagt.

Euch fehlt ein französisches Wort? Kein Problem! Hier sind ein paar Tipps:

- Ihr könnt eine Definition geben (z. B. Nichte): C'est la fille de ma sœur.
- … das Wort umschreiben (z. B. Pony): C'est un petit cheval.
- … es durch sein Gegenteil erklären (z. B. kalt): C'est le contraire de «chaud».
- … es in einer anderen Sprache ausdrücken: On dit «airport» en anglais.
- … es durch Mimik erklären (z. B. Kamm): (Du tust so, als ob du dich kämmst.)
- … es zeigen (z. B. in einem Laden): Je voudrais … ça, s'il vous plaît.

a Welche Strategien benutzt Moritz?

b A vous Alle schreiben ein französisches Wort auf einen Zettel. Dann muss jede(r) erklären oder darstellen, was auf dem Zettel steht. Und die anderen raten!

24 vingt-quatre

| d'abord | texte | atelier | **sur place** | **2** |

⟨Le collège Vercors⟩

🔊 On s'amuse à la fête d'adieu.

a *Ecoutez bien les trois dialogues.* Qui parle avec qui?

b *Ecoutez encore une fois. Lisez les phrases suivantes et dites si c'est **vrai, faux** ou **pas dans le texte**.*
1. Chez les Lopez, Moritz ne mange pas assez.
2. Malika aime le rock mais elle préfère le rap.
3. M. Lopez veut danser avec Mme Keck.
4. Mme Keck ne connaît pas cette danse.
5. Au buffet, Mme Keck veut boire un verre d'eau.
6. Luc n'aime pas la musique.
7. La corres de Zoé s'appelle Eva.
8. Zoé aime beaucoup Luc.

c *Répondez maintenant aux questions suivantes:*

Dialogue 1: Qu'est-ce qu'il ne faut pas raconter à Madame Lopez?
Dialogue 2: Quelle idée n'est pas bonne? Pourquoi?
Dialogue 3: Pourquoi est-ce que le séjour à Ulm va être super? Donnez deux raisons.

Le bulletin d'Antoine

Collège Vercors
11 Rue André Argouges
38100 GRENOBLE

BULLETIN DU ___deuxième___ TRIMESTRE

___Antoine Lopez___   Né(e) le 11/04/1994

Classe ___4E___

Prof. principal: **M. Jolivet**

Matières / Professeurs	Elève – Moyenne	Classe			Appréciations des professeurs
		Moy.	Max.	Min.	
Mathématiques / M. Uturald	7,5	12	18,5	7,5	Elève indiscipliné, résultats très insuffisants. Attention!
Physique-chimie / Mlle Mourot	8,5	12,1	16,65	8,15	Très faible. Doit faire des efforts!
Sciences et Vie de la Terre / M. Jolivet	10,5	14	16,5	10	Des difficultés. Doit poursuivre ses efforts.
Histoire-Géographie / Mme Barbier	14	14,4	16	12,8	Sérieux. Les résultats sont corrects dans l'ensemble.
Français / Mme Etienne	16	15,5	18	13	Très bons résultats. Elève actif.
Allemand LV1 / Mme Durand	14	13	17,5	7,5	A bien progressé. Poursuivre ainsi.
Anglais LV2 / M. Pérignon	13	14	17,5	10	Résultats corrects. Attention aux bavardages.
Arts Plastiques / Mme Nivel	11,5	15	20	10	Travail peu soigné. Ne fait pas d'efforts.
Education musicale / Mlle Jouvet	14	14,1	19,4	6	Bon élève, surtout en flûte.
Technologie / M. Fauvel	10,5	14,2	17,3	9,3	Résultats moyens. Peut mieux faire.
Education physique et sportive / Mme Rapeneau	17	15,5	19	13	Très bon élève. Agréable et motivé. A l'esprit d'équipe.
Vie scolaire / M. Desassis					

Appréciation de l'équipe pédagogique: Antoine a fait un bon trimestre. Les matières scientifiques restent à travailler sérieusement.

Le CPE

a En France et en Allemagne, les bulletins de notes sont différents. *Regardez le bulletin d'Antoine et comparez avec votre «Zeugnis».*

b Est-ce qu'Antoine est un bon élève? Dans quelles matières est-ce qu'il a des bonnes notes? Des mauvaises notes?

vingt-cinq **25**

‹C'est la récré.›

Histoires d'école

Premier Amour

8 septembre
Il y a une nouvelle élève dans notre classe.
Elle s'appelle Sylvie. Mme Delibes lui a dit
de s'asseoir à côté de moi.

17 septembre
Sylvie m'a donné une gomme.
Je lui ai donné mon stylo à plume.

8 octobre
Sylvie est malade. J'irai chez elle pour lui
porter les devoirs.

13 octobre
Sylvie est revenue ce matin.
Après la classe, je l'ai raccompagnée jusque
chez elle.

2 décembre
J'ai écrit un poème pour Sylvie.
Je l'ai jeté.

29 décembre
Vacances. Elle me manque.

17 janvier
Sylvie ne veut plus que je la raccompagne
après la classe.

18 janvier
Je l'ai vue à la bibliothèque.
Elle parlait à Rocco.

20 janvier
J'ai écrit à Sylvie.

21 janvier
Elle a demandé à changer de place.
Elle est au premier rang maintenant.

30 juin
Je l'aime toujours . . .

Tiré de: Friot, Bernard (1991): *Histoires pressées*, Toulouse: Milan, p. 107–109

Blagues d'école

Un professeur explique à ses élèves:
– Dans la vie, il faut poser des questions.
Une élève demande simplement:
– Pourquoi?

> **s'asseoir** sich hinsetzen – **une gomme** ein
> Radiergummi – **un stylo à plume** ein Federhalter
> – **j'irai** ich werde gehen – **raccompagner**
> begleiten – **jusque chez elle** bis nach Hause –
> **jeter** wegwerfen – **manquer** fehlen – **elle parlait**
> sie sprach – **un rang** eine Reihe

C'est le premier jour de classe et le nouveau
professeur fait la connaissance de ses élèves.
– Et toi, comment est-ce que tu t'appelles?
– Martin.
– Ecoute, quand tu me parles, tu dois dire
  Monsieur.
– Ah bon, très bien …
– Encore une fois. Comment est-ce que tu
  t'appelles?
– Monsieur Martin!

« C'est la récré. »

Zap Collège

L'uniforme au collège

L'année dernière, je suis allé en Angleterre avec ma classe. J'ai été choqué: là-bas, tous les élèves sont habillés de la même manière. Les filles portent des jupes grises, même en hiver et les garçons des cravates! Ça m'a fait bizarre. Personnellement, je préfère m'habiller comme je veux.

Dimitri, 15 ans, Suisse

Je trouve que les marques jouent un rôle trop important dans mon collège: toutes les filles ne parlent que de ça!
Et les garçons s'y mettent aussi! Alors, l'uniforme pourquoi pas, mais pitié, pas de jupes.

Annabelle, 14 ans et demi, France

Avant, je voulais toujours avoir des affaires de marques. Mais, depuis que j'ai été rackettée à la sortie du collège, je trouve que c'est mieux d'être habillés tous pareil.
Comme ça, il n'y a plus de différences entre les élèves. Tout le monde est à égalité, personne n'est discriminé à cause de l'argent, parce que les vêtements de marques, ça coûte cher.

Mélanie, 13 ans, Belgique

Chacun d'entre nous a une personnalité différente. Porter l'uniforme au collège, c'est vouloir éviter qu'on se moque des élèves qui ne peuvent pas s'acheter des vêtements de marque. Mais moi, je pense que le plus important, c'est le respect de l'autre. Alors, uniforme ou pas, le problème n'est pas là.

Pierre, 14 ans, Québec

En Grande-Bretagne, les collégiens portent l'uniforme. Qu'en pensent les 13–15 ans d'autres pays?

a *Relisez les textes. Qui est pour ou contre l'uniforme? Justifiez vos réponses.*

b *Et toi, est-ce que tu es pour ou contre l'uniforme au collège? Pourquoi?*

	Pour	Contre	Autre	Justifiez
Di				
An				
Mé				
Pi				

vingt-sept 27

⟨On fait des révisions.⟩

Hier kannst du den Stoff der Lektionen 1 und 2 wiederholen. Kontrolliere deine Lösungen auf der Seite 184.

1 En français

Tu es dans la famille de ton correspondant / ta correspondante. Vous rentrez le soir à la maison. Tu parles avec madame Bernard dans la cuisine. *Jouez la scène et changez de rôle.*

Toi	Madame Bernard
1. Du begrüßt sie und fragst, ob du etwas zu trinken haben kannst.	Bien sûr. Il y a du jus de pomme dans le frigo.
2. Du siehst, dass sie das Essen vorbereitet und fragst, ob du den Tisch decken sollst.	Oui, s'il te plaît.
3. Du fragst, wo die Teller sind.	Elles sont sur la petite table derrière toi.
4. Du sagst, dass du nach Gabel und Messer suchst.	Tiens, les voilà. … Qu'est-ce que vous avez fait aujourd'hui?
5. Du erklärst, dass ihr eine kleine Wanderung gemacht habt.	Où est-ce que vous êtes allés?
6. Du antwortest, dass ihr im Vercors wart.	Est-ce que ça t'a plu?
7. Du antwortest, dass du nicht so gerne wanderst, aber dass es trotzdem schön war.	Et qu'est-ce que vous allez faire demain?
8. Du antwortest, dass ihr morgen eine Fete vorbereitet.	Bien. Quand est-ce que vous allez faire la fête? Et où ça?
9. Du antwortest, dass ihr am Freitag Abend im Collège feiern werdet.	Vous allez bien vous amuser.

VOC

2 Cherchez l'intrus

a *Qu'est-ce que vous voyez sur les images?*

b *Dans chaque colonne (Spalte), il y a un intrus. Trouvez-le et expliquez votre choix.*

⟨On fait des révisions.⟩

3 Toute la semaine des correspondants (G 4)

Complétez les phrases suivantes.
Exemple: Lundi, on a montré **tout le** collège aux corres.

tout le/l'	toute la/l'
tous les	toutes les

1. Mardi, les corres ont passé ? journée dans le parc du Vercors.
2. Mercredi, nous avons passé ? après-midi au fort de la Bastille.
3. Nous avons visité presque ? rues de Grenoble.
4. Jeudi, Moritz a rêvé pendant ? heure de maths.
5. Et le soir, j'ai fait ? exercices de maths.
6. Moritz a fini ? le fromage du buffet à la fête d'adieu.
7. Samedi, ? les corres sont partis.

4 Après le concert (G 1)

Complétez les phrases avec qui, que, qu', où.

1. *Les Loustiks* cherchent un restaurant
2. Johnny connaît une pizzeria
3. Estelle,
4. *Les Loustiks* parlent des répétitions
5. Roland a trouvé une nouvelle salle
6. Il parle aussi des morceaux
7. Il a un CD
8. Louis connaît un garçon

que
qui
qu'
où

ils peuvent aller manger.
n'est pas très loin.
n'a pas faim, commande seulement une salade.
ils vont faire cet été.
ils peuvent répéter.
il veut jouer pour leur prochain concert.
son frère lui a donné.
écrit des textes.

5 Avec eux, ça marche super bien! (G 2)

Complétez les phrases avec les pronoms toniques.

moi toi lui elle	nous vous eux elles

Quelques jours après la Fête de la Musique, Johnny et Estelle rencontrent un copain de Johnny.

Johnny: Salut Quentin! Comment ça va?
Quentin: Bien merci, et ? ?
Johnny: ? aussi, ça va. Tiens, je te présente Estelle. C'est ? , la chanteuse des *Loustiks*.
5 *Quentin:* Salut, Estelle! Johnny m'a dit qu'il est super content de jouer avec ? . Vous avez eu du succès avec ? à la Fête de la Musique?
Estelle: Oui, beaucoup de succès!
Johnny: Je suis content de jouer avec *les Loustiks*. 10
  Ça marche bien avec ? . Et ? ?
  Tu joues toujours avec les *Fantastiks*?
Quentin: Ben, ? , nous n'avons pas eu votre chance. Nos deux chanteuses sont tombées malades. Et sans ? , ça a été difficile. 15
Estelle: Oh, c'est dommage pour ? !

6 Quand il faut choisir … (G 3)

Complétez avec les formes des verbes choisir C *, applaudir* A *, réfléchir* R *et finir* F *.*

Antoine et Luc veulent aller au cinéma avec Moritz.
Ils R . Ils doivent C un film facile.

Antoine: Alors, quel film est-ce qu'on C ? Tu as R ?
Luc: On peut essayer le film avec Leonardo ? Il commence à 16 h 30.
5 *Antoine:* Et à quelle heure est-ce qu'il F ? Nous devons rentrer manger à la maison.
Luc: Vers 20 heures. Alors, Moritz, tu es d'accord avec le film que nous C ?
Moritz: Oui, d'accord pour le film avec Léonie!
Antoine et Luc rigolent. Ils A Moritz qui est très rouge!

vingt-neuf **29**

⟨On fait des révisions.⟩

7 Une journée comme les autres

Utilisez les verbes pronominaux pour écrire une petite histoire. L'élève qui écrit la première phrase donne ensuite sa feuille à son voisin / à sa voisine qui continue. Vous pouvez écrire l'histoire au passé composé ou au présent.

s'habiller	s'occuper
se dépêcher	se lever
se péparer	se doucher

8 … pour faire des exercices (G 7)

Complétez les phrases avec **pour** + verbe.

Exemple: Antoine prend son cahier **pour faire** ses exercices de maths.

Moritz va dans la salle de bains …   Léonie va au café avec ses copains …   Léonie prend son portable …   Léonie et sa copine vont au cinéma …   Mme Lopez va au supermaché …

9 Moritz chez les Lopez (G 8)

*Tu choisis une image. Ton voisin / Ta voisine fait une phrase avec **aller faire / être en train de / venir de**.*
Exemple: – Image 3.
   – Moritz vient de faire sa valise.

30 trente

Auf dieser Seite könnt ihr euch auf das DELF A2 vorbereiten.

1 Quand les jeunes parlent entre eux.   **Hören und verstehen**

Vous allez entendre quatre conversations.
A chaque dialogue correspond un sujet de conversation.   *Exemple:* Dialogue 1 >> sujet …

a) la mode   b) les profs   c) les sorties
d) les garçons   e) les nouvelles stars   f) les parents

2 Séjour en France   **Lesen und verstehen**

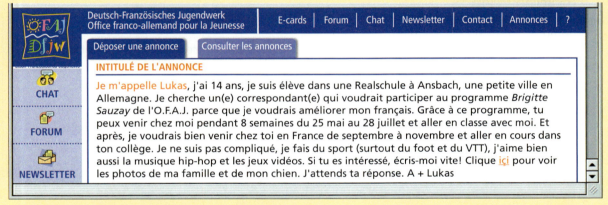

Lisez le texte de Lukas et donnez la réponse correcte.

1. Ce document est:
a) la lettre d'un ami?
b) un article sur Internet?
c) une petite annonce?

2. Le programme Brigitte Sauzay permet:
a) de passer des vacances en France?
b) de participer à un échange individuel?
c) de connaître des jeunes des pays européens?

3. Si vous cliquez à l'endroit indiqué, qu'est-ce que vous allez voir?

3 Les échanges, ça change la vie!   **Verstehen und schreiben**

Répondez positivement à Lukas. Vous vous présentez (nom, âge, ville, famille, activités préférées).
Posez-lui deux questions complémentaires sur lui, sa famille ou sa région.

4 Faire connaissance et sortir   **Über sich und sein Umfeld sprechen**

a Un(e) jeune Français(e) est arrivé(e) dans votre école. Il/Elle va passer 15 jours dans votre ville qu'il/elle ne connaît pas encore. *Vous allez lui parler: vous vous présentez; vous lui parlez de votre école, de vos copains de classe, de vos profs. Il/Elle vous pose des questions sur les visites et les sorties à faire. Vous lui proposez de lui faire visiter un endroit de votre choix. Il/Elle accepte.*

b Ce soir, vous voulez sortir avec des copains. Vous téléphonez à un copain/à une copine.
Vous discutez du programme de votre soirée.

trente et un **31**

LEÇON 3

 d'abord   Quand j'habitais à Arras …

Aline Gauthier prépare un reportage pour *Radio Nova* sur les jeunes à Paris. Aujourd'hui, elle rencontre Didier (18 ans). Il est arrivé à Paris il y a quelques mois.

5 *Didier:* J'habitais à Arras avec mes parents et ma sœur. Mon père criait pour rien, ma mère partait très tôt le matin et revenait très tard le soir.
A.G.: Ta sœur et toi, vous vous entendiez
10 comment?
Didier: Pas super. Emma et moi, nous ne parlions pas souvent ensemble.
A.G.: Et au lycée, comment ça se passait?
Didier: Oh! Je détestais le lycée! Mais j'adorais
15 le club de théâtre. Là, j'oubliais tout.
A.G.: Tu rêvais de devenir acteur?
Didier: Oui, c'est ça. Mais mes parents, eux, me disaient toujours: «D'abord l'école!». Alors un jour, quand j'ai lu une annonce sur
20 Internet pour un casting, j'ai pris quelques affaires, mes 400 € et je suis parti.

| Les offres de casting |
| Détails de l'offre |

CASTING TV

Début du casting: 6.04 / Fin du casting: 6.04

Annonce du 25.03

Nous cherchons des jeunes acteurs entre 16 et 20 ans pour une série télé.
Audition le mardi 6 avril en studio à Paris, 97 rue Brunel, 8e arrondissement.

Renseignements par e-mail: taoprod@casting.fr

Internet

a *J'habitais* et *il criait* sont des formes des verbes **habiter** et **crier** à **l'imparfait**. L'imparfait est un temps du passé (Vergangenheit).
Cherchez les verbes à l'imparfait dans le texte (lignes 5 à 18) et complétez la grille.

j'habit**ais** / je …	nous …
tu …	vous …
il cri**ait** / elle …	ils …

Pour vérifier la règle, regardez G 10.

b *Cherchez l'infinitif et la première personne du pluriel au présent de: j'habitais, il criait, elle revenait, tu rêvais, ils disaient.*
Exemple: j'habitais: habit**er** > nous habit**ons** > j'habit**ais**.
Trouvez la règle: comment est-ce qu'on conjugue ces verbes à l'imparfait?

c *Conjuguez les verbes **partir** et **se retrouver** à l'imparfait.*

d *Mettez les verbes entre parenthèses (in Klammern) à l'imparfait. Imaginez les réponses de Didier.*

Aline

1. Est-ce que tes parents *(aimer)* le club de théâtre où tu *(jouer)*?
2. Est-ce qu'ils te *(donner)* de l'argent de poche?
3. Est-ce que tu *(discuter)* beaucoup avec ta sœur?
4. Tes copains et toi, vous *(se retrouver)* souvent après l'école?
5. Est-ce que tu *(sortir)* avec eux pendant le week-end?
6. Est-ce que tu *(rêver)* déjà de devenir acteur à Paris?

Didier

Non, mes parents ne …
Oui, …
Non, …
Oui, …
Non, …
Oui, …

 e *Ecrivez sur une carte «passé composé» et sur une autre carte «imparfait». Ecoutez les quatre dialogues et montrez la bonne carte quand c'est le **passé composé** ou **l'imparfait**.*

| passé composé | imparfait |

32 trente-deux

3A
d'abord   texte   atelier   sur place

🔊 Les grands espoirs de Didier

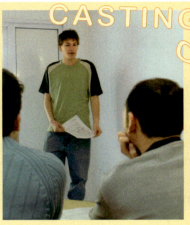

1 Lundi 5 avril, Didier a pris le train pour Paris parce qu'il voulait se présenter au casting. Il est arrivé à la gare du Nord vers midi. D'abord, il a acheté un plan de la ville et des tickets de métro.
Puis, il est allé à l'auberge de jeunesse près de la place de la République où il y avait encore de la place. Didier avait tout l'après-midi pour se préparer. Alors, il est allé chez le coiffeur et ensuite, il s'est acheté un nouveau jean.

2 Mardi matin, Didier s'est levé à cinq heures parce qu'il ne pouvait plus dormir. A huit heures, quand il est arrivé rue Brunel, au moins soixante garçons attendaient devant le numéro 97. A onze heures, on a enfin appelé Didier. Il a dû lire un texte et le jouer devant le jury. «Merci Didier, on va vous appeler», lui a dit un monsieur. Et Didier a noté son numéro de portable sur une longue liste. Quand il est rentré du casting, il n'était plus très sûr de lui. Il avait même le cafard.

3 Pour se changer les idées, Didier sortait beaucoup avec les jeunes qui passaient comme lui quelques jours à l'auberge de jeunesse. Vendredi soir, ils ont fait la rando Pari Roller. Le lendemain, ils ont trouvé un restaurant à Château-Rouge où le couscous était gratuit tous les samedis soirs. Et le dimanche, ils sont allés à une fête un peu bizarre dans les Catacombes. Les jeunes découvraient Paris et s'amusaient beaucoup. Didier commençait à se sentir bien, mais il attendait toujours un message du jury qui n'arrivait pas.

4 Un matin, Didier a vu qu'il avait un message sur son portable: «Allô Didier, nous sommes désolés, mais …». Didier est resté un moment sans bouger. Son rêve venait de s'écrouler. Il n'avait plus d'espoir, plus d'argent, mais il ne voulait pas rentrer à Arras. Il voulait rester à Paris et se débrouiller tout seul. Mais comment?

1 Comprendre le texte

◀ *Après la lecture*

*Reliez les phrases avec **mais** ou **parce que/qu'**.*

1. **Didier est allé à Paris …** → **parce que/qu'** → … il voulait se changer les idées.
2. Didier est arrivé à l'heure au casting … → … il n'arrivait pas …
3. Didier sortait beaucoup … → **il voulait devenir acteur.**
4. Ses copains et lui s'amusaient bien … → **mais** → … soixante garçons étaient là avant lui.
5. Didier attendait toujours un appel … → … son rêve venait de s'écrouler.
6. Didier est resté un moment sans bouger … → … ils découvraient Paris.

trente-trois 33

3A   d'abord   texte   **atelier**   sur place

2 A partir du texte

◀ *Après la lecture*

Vous connaissez déjà bien Paris. Mais pour Didier, tout est nouveau.

Trouvez sur la carte page 193 les endroits (Orte) où Didier est allé. Ensuite, cherchez des informations sur un endroit de votre choix et résumez-les pour les autres.

3 Avant le casting (G 10)

Mettez les verbes à l'imparfait.

avoir	→ nous **av**ons	→ nous **av**ions
être	→ nous sommes	→ nous **ét**ions
faire	→ nous **fais**ons	→ nous **fais**ions

1. Avant le casting, Didier *(être)* très énervé et il *(avoir)* peur. 2. Il y *(avoir)* beaucoup d'autres garçons qui *(être)* déjà là. 3. Didier n'*(être)* vraiment pas sûr de lui. 4. Les autres garçons *(être)* très cool. 5. Ils ne *(se faire)* pas de souci.

4 Avec les copains, le temps passait vite … (G 10, 11)

Regardez d'abord G 10, 11 et mettez les verbes à l'imparfait.

1. Tous les soirs, je *(sortir)* avec mes copains. Nous *(aller)* au quartier des Halles où nous *(manger)* un sandwich. 2. Nous *(découvrir)* toujours des nouvelles choses. 3. Nous *(aimer)* beaucoup cette ville. 4. A Paris, on *(pouvoir)* s'amuser toute la nuit. 5. Tout *(être)* très cher pour moi. Je ne *(avoir)* plus beaucoup d'argent. 6. Mais moi aussi, je *(vouloir)* m'amuser. 7. Je ne *(dire)* rien et je *(faire)* comme mes copains, mais je *(commencer)* à me faire du souci. 8. Je *(devoir)* trouver une solution …

5 Les premiers mois de Grégory à Paris (G 12)

Grégory Duroc vient de Tours. Lui aussi, il raconte son histoire à Aline.

 a *Comparez les deux paragraphes.* Quand est-ce qu'on utilise l'imparfait / le passé composé?

 b *Est-ce qu'il y a des mots ou des expressions qui vous ont aidé à trouver la règle? Faites une liste de ces mots.*

| l'imparfait | le passé composé |
| tous les lundis, je prenais | un soir, j'ai rencontré |

c *Pour vérifier la règle, regardez G 12.*

Tous les lundis, je prenais le train pour aller travailler à Paris. Je restais là toute la semaine. Tous les matins, j'allais au travail très tôt et je quittais le bureau vers neuf heures, le soir. Après, je rentrais chez moi et je ne sortais presque jamais. J'avais toujours un peu le cafard, mais …

… **un soir**, j'ai rencontré un groupe de jeunes très sympas. D'abord, ils m'ont offert un verre, et ensuite, on est allés manger une pizza. Le samedi suivant, ils m'ont invité à une fête chez Luc, un de leurs copains. Là, on a beaucoup dansé … C'est comme ça que j'ai trouvé des amis à Paris.

6 Mamie raconte! C'était comment, avant? (G 12)

Nous sommes en 2065 et vos petits-enfants vous posent des questions.

Imaginez un petit dialogue que vous allez jouer ensuite devant la classe. Utilisez l'imparfait et le passé composé.

– Dis, mamie, quand tu avais 14 ans …?
– Ecoute, quand j'étais jeune, …
– Et c'était comment dans ton école …?
– Eh ben, en 2006, j'étais en …
– Et papi, quand est-ce que tu l'as rencontré?
– Nous nous sommes rencontrés en août 2010, nous avions 20 ans.   *Continuez.*

34 trente-quatre

Petit boulot dans le métro

> **Avant la lecture**
> Donnez un titre à chaque photo.

1 Mercredi 23 juin, métro Pont de Sèvres – Mairie de Montreuil. Quand il est entré dans la voiture, personne ne l'a remarqué. Il portait un jean usé, un pull noir et gris, et il avait l'air fatigué.
5 Il a commencé à parler aux voyageurs: «Bonjour, je ne vais pas vous raconter ma vie, je ne vais pas chanter de chanson, je veux seulement vendre *Trottoir*, le journal des SDF.»
Il a regardé les voyageurs. Certains dormaient,
10 d'autres lisaient. Personne n'a tourné la tête, personne n'a acheté son journal.

2 Tout à coup, il a craqué! Il a laissé tomber tous ses journaux et il a lancé par terre les pièces qu'il avait dans ses poches. Mais les gens ne le
15 regardaient toujours pas. Alors, il a crié: «Je vous énerve? Vous ne voulez pas m'écouter, c'est ça?»

3 Personne n'a réagi. Les gens qui dormaient ne se sont même pas réveillés. Mais quand il a commencé à pleurer, une petite fille s'est
20 levée et a ramassé toutes les pièces. Sa mère la regardait, mais ne disait rien. Puis, la petite fille est allée vers l'homme qui pleurait encore, la tête entre les mains. Elle lui a rendu son argent, mais l'homme n'a rien dit.
25 Quand le métro est arrivé à Trocadéro, la mère de la petite fille s'est levée: «Viens, Lola! On sort ici!»

4 Pendant que le métro repartait, Lola a demandé: «Maman, pourquoi est-ce que les gens n'ont pas aidé le monsieur? Et toi, pourquoi
30 est-ce que tu n'as rien fait non plus?» Sa mère lui a répondu: «Oh, Lola! Tu m'énerves avec tes questions! D'accord, c'est triste, mais on ne peut rien faire!»

5 Une station plus tard, Didier est sorti.
35 «Mais qu'est-ce que je suis devenu? Je rêvais d'une nouvelle vie, d'argent, je voulais être une star. Et maintenant, je vends ces journaux! Je ne peux pas continuer ce boulot! Je dois trouver autre chose …»

trente-cinq 35

3B   d'abord   texte   **atelier**   sur place

1 Comprendre le texte

Après la lecture

*Lisez les phrases suivantes et dites si c'est **vrai, faux** ou **pas dans le texte**.*

1. Dans le métro, Didier chantait des chansons.
2. Les gens ne le remarquaient pas parce qu'ils dormaient.
3. Quand il a commencé à crier, les gens ont réagi.
4. Le mercredi, Didier commençait son travail très tôt.
5. La mère de Lola a dit à sa fille: «Ramasse les pièces, Lola.»
6. Quand Lola a rendu l'argent à Didier, il lui a donné une pièce.

2 A partir du texte

Après la lecture

a *Relisez les lignes 34 à 39 et regardez la photo n° 4. A votre avis, qu'est-ce que Didier va faire?*

b *Dans un e-mail, Didier raconte sa vie à Paris à son copain Fred. Ecrivez l'e-mail de Didier.*

3 Dans le métro (G 12)

a *Lisez les **lignes 1 à 26** du texte B. Trouvez les verbes du premier plan (Vordergrund) et les verbes du second plan (Hintergrund). Pour vous aider, regardez G 12.*

b *Lisez le texte suivant et mettez les verbes au* **passé composé** *ou à l'***imparfait***.*

Vordergrund: Il est entré dans la voiture.

Hintergrund: Il portait un jean.

Aline raconte: 1. Ce matin, je *(prendre)* le métro pour aller au travail. 2. Quand je *(sortir)* à la station Bastille, un homme *(voler)* mon sac. 3. Il *(être)* grand et il *(porter)* un pull rouge. 4. Je *(crier)* mais les gens *(ne rien faire)*. 5. Dans mon sac, il y *(avoir)* 200 €. 6. L'homme *(partir)* très vite. 7. Moi, je *(être)* très en colère. 8. Et je *(vouloir)* aller tout de suite au commissariat. 9. Tout à coup, dans la rue de Charonne, je *(voir)* le voleur dans un magasin. 10. Il *(être en train de)* essayer des vêtements. 11. Alors, je *(entrer)* dans le magasin …

c *Imaginez une suite.*

4 stratégie — Geschichten erzählen

Mit dem **passé composé** könnt ihr Ereignisse in der Vergangenheit erzählen.
Mit dem **imparfait** könnt ihr jetzt auch den Hintergrund der Ereignisse schildern.

Passé composé = **Ereignisse**, die im **Vordergrund** ablaufen.

Ort / Zeit präzisieren	• Un jour, … / Ce matin, … / Mais cette fois, …
Spannung einbauen	• Tout à coup, … / Mais un jour, …
Handlungskette schildern	• Alors, … / Puis, … / Ensuite, …

Imparfait = Hintergrund, der **die Begleitumstände** näher beschreibt.

Beschreibung von **Zeit**	• C'était l'été … / En 2004, j'avais …
Umständen	• C'était les vacances … / C'était une grande maison.
Orten	• Nous étions à Saint-Malo …
Personen	• Cette fille était belle. / J'avais 10 ans …
Wiederholung von **Aktionen**	Nous allions **tous les jours** … / **chaque matin** …

A vous *Racontez une histoire:* Quand j'avais 12 ans … / Le week-end dernier …

| d'abord | texte | atelier | sur place | **3c** |

 Didier entre en scène …

▶ *Avant la lecture*
Regardez les photos. Faites le portrait de la femme qui parle à Didier.

1 Quelques semaines plus tard, Didier travaillait toujours dans le métro, mais il ne vendait plus de journaux. Tous les matins, il s'installait au même endroit, à la station Saint-Michel, et présentait
5 son spectacle. Il racontait des histoires drôles ou il jouait des petits sketchs. Et il commençait à avoir du succès. Quand il enlevait son chapeau à la fin du spectacle, les gens l'applaudissaient et lui donnaient de l'argent. Parfois, des touristes
10 prenaient des photos.

2 Didier reconnaissait déjà quelques personnes dans le public. Parmi elles, une jeune femme, que Didier trouvait très jolie, venait souvent l'écouter.
15 Un jour, après le spectacle, elle est allée vers lui et lui a parlé: «Bonjour, je m'appelle Lauretta. Je suis venue t'écouter plusieurs fois et je trouve que tu as vraiment du talent. Moi aussi, je fais du théâtre. En ce moment, je monte une pièce
20 pour le Théâtre du Renard. On cherche encore un acteur. Si tu veux, on va boire un café, je vais t'expliquer.»

1 Comprendre le texte

◀ *Après la lecture*

Reliez les phrases et mettez-les dans le même ordre que dans le texte.

1. Tous les matins,
2. Souvent,
3. Quelques semaines plus tard,
4. Parfois,
5. Et
6. Un jour,

a) il s'installait au même endroit.
b) des touristes prenaient des photos.
c) elle lui a même proposé un rôle dans une pièce.
d) Lauretta est allée vers lui et elle lui a parlé.
e) Didier travaillait toujours dans le métro.
f) une jeune femme venait l'écouter.

2 A partir du texte

◀ *Après la lecture*

a *Faites un filet de mots autour de «spectacle». Ajoutez les mots que vous connaissez déjà.*

b La chanteuse Hélène Ségara a commencé un peu comme Didier et maintenant, elle est devenue une star.
Ecoutez-la et répondez aux questions:
1. Pourquoi est-ce qu'Hélène a arrêté l'école?
2. Comment est-ce que ses parents ont réagi?

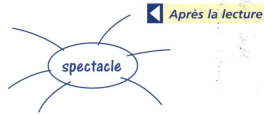

3. Où est-ce qu'elle a commencé à chanter?
4. Comment est-ce que c'était, sa vie à Paris?
5. Pourquoi est-ce qu'elle a eu de la chance?

trente-sept **37**

3c d'abord — texte — **atelier** — sur place

3 on dit — Parler de ses émotions

Quand Didier arrive à Paris:	«J'ai la pêche, je suis en forme.»
Avant le casting:	«Je suis très stressé.»
Après le casting:	«J'ai le cafard.»
A Paris, avec ses copains:	«Je me sens bien.»
Quand Didier écoute le message:	«Mon rêve s'est écroulé, je suis déprimé.»
Didier ne veut plus vendre ses journaux:	«Je craque.»
Et quand Lauretta lui offre un café … et un rôle:	«Je suis très content. Merci beaucoup.»

 Ecoutez les quatre dialogues. Quelles émotions expriment (ausdrücken) les gens que vous entendez?

4 Pour la première fois, Didier rentre à Arras … (G 12)

a Au mois de novembre, Didier rentre à Arras où il retrouve son copain Fred. Didier lui raconte toute son histoire.

Mettez les verbes entre parenthèses au passé composé ou à l'imparfait.

Fred: Non, ce n'est pas vrai? Tu *(devenir)* acteur!
Didier: Ben oui … Je vais t'expliquer: cet été, je *(vendre)* des journaux dans le métro. Mais
5 ce boulot *(être)* nul, je ne *(gagner)* rien parce que les gens ne *(acheter)* pas mes journaux. Un jour, dans le métro, je *(craquer)*: je *(lancer)* mon argent par terre, je *(crier)* et je *(pleurer)*. Alors là, je *(prendre)* une décision: je ne
10 *(pouvoir)* plus continuer comme ça!
Fred: Ah bon … et tu *(trouver)* tout de suite un théâtre qui te *(proposer)* un rôle?
Didier: Non, pas tout de suite! D'abord, je *(travailler)* dans le métro. Tous les matins, je *(aller)* à la station Saint-Michel et je *(raconter)* des histoires drôles, je *(jouer)* des petits sketchs. Et c'est comme ça qu'un jour, je *(rencontrer)* Lauretta.
Fred: Lauretta, qui est-ce?
Didier: C'est une fille super qui fait du théâtre. Quand on *(se rencontrer)*, elle *(être en train de)* préparer une pièce pour le Théâtre du Renard. Elle *(chercher)* encore un acteur.
Fred: Ah! Tu *(avoir)* de la chance. Alors, ça marche pour toi maintenant!

15

20

25

b *Justifiez pour chaque verbe pourquoi vous avez choisi le passé composé ou l'imparfait (Hintergrund- oder Vordergrund). L'exercice 5 (page 34) peut vous aider.*

5 Comment c'est, la vie à Paris?

Pour son reportage, Aline Gauthier rencontre d'autres jeunes qui habitent à Paris.

 a *Ecoutez les dialogues. Faites une grille dans votre cahier: qu'est-ce que les jeunes aiment à Paris? Et qu'est-ce qu'ils n'aiment pas? Notez les mots-clés.*

b ***A vous*** *Faites un reportage dans votre classe.*

Exemple: Comment c'est, la vie dans votre ville / chez vous?

	Paris ☺	Paris ☹
Seb		
Rachida		
Jürgen		
Louis		

38 trente-huit

| d'abord | texte | atelier | **sur place** | **3** |

«Paris, je t'aime.»

Je suis venue à Paris
(Auteur: Jean-François Porry – compositeurs: Jean-François Porry/ Gérard Salesses – Editions Abédition)

*Je suis venue à Paris
Seule un beau soir
Je n'avais pour seule amie
Que ma guitare*

5 *{Refrain}
Car mon rêve
C'est de chanter*

*En arrivant sur le quai
Blanc de la gare*
10 *J'avais un cœur qui battait
Rempli d'espoir*

{Refrain}

*Un jour peut être
Je serai vedette*
15 *Je suis venue à Paris
Pour le savoir
J'ai quitté tous mes amis
Sans au revoir*

*{Refrain}
Un jour peut être* 20
*Je serai vedette
Je ferai chanter Paris
Seule un beau soir
En jouant une mélodie
Sur ma guitare* 25

{Refrain}

*Oui mon rêve
C'est de chanter.*

Ecoutez le texte.
Quelle(s) émotion(s) est-ce qu'Hélène exprime?
Quel est le rêve d'Hélène? Et vous, quel est votre rêve?
Racontez.

Le Mal du Pays *(Michel Boucher)*

*J'en ai marre de Paris
Avec son ciel tout gris.
La banlieue et ses autos
J'en ai par-dessus le dos!*

*Je suis parti en bateau
Où il fait toujours beau.
J'ai trop eu le mal de mer
Et je veux revoir la terre!*

*Je suis parti ultra loin
Pour des vacances sans fin.
Mais j'ai eu le mal du pays,
J'aimerais bien revoir Paris!*

Ecoutez le texte. Pourquoi est-ce que l'auteur (Autor) veut quitter Paris? Et pourquoi est-ce qu'il veut revenir à Paris? Et vous, est-ce que vous avez déjà voulu partir de chez vous? Est-ce que vous avez déjà eu le mal du pays (Heimweh)?   *Racontez.*

Projet: Ecrire une chanson ou un poème

Ecrivez une chanson ou un poème sur Paris ou sur une ville que vous aimez. Choisissez un membre de votre groupe pour faire le jury. Le jury doit choisir la meilleure chanson ou le meilleur poème.

LEÇON 4

d'abord Ecoute-moi bien, Laïla.

Ce lundi matin, Laïla regarde la cité qui se réveille. Elle habite en Seine-Saint-Denis, le 93, une banlieue de Paris. Aujourd'hui, elle a mis le T-shirt qu'elle a acheté samedi avec sa copine Fatou. Laïla est prête pour aller au collège quand son frère Aziz entre dans sa chambre …

Aziz: Mais, c'est quoi ce look? Enlève ce T-shirt tout de suite.
Laïla: Ne crie pas, les petites vont pleurer.
10 Aziz: Ecoute-moi bien, Laïla. Quand papa n'est pas là, c'est moi le chef. Mets un pull maintenant et occupe-toi de tes sœurs.
Laïla: Laisse-moi tranquille.
Aziz: Ne me parle pas sur ce ton et pour la
15   dernière fois: ne t'habille pas comme ça.

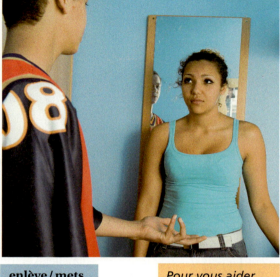

a Vous connaissez déjà **l'impératif positif** (bejahter Imperativ).
*Comparez avec **l'impératif négatif** (verneinter Imperativ): Qu'est-ce que vous remarquez?*

b *Mettez les verbes suivants à **l'impératif négatif**: enlève, mets, regardons, répondez, partez.*

c *Complétez la grille. Qu'est-ce qui se passe avec les pronoms?*

d *Ecoutez. Quand vous entendez un verbe à l'impératif, levez la main.*

e *Regardez les images et faites des phrases à l'impératif avec les verbes suivants.*

| enlève / mets | *Pour vous aider,* |
| ne crie pas | *regardez G 13, 14.* |

impératif positif	impératif négatif
écoute-**moi**	ne **m'**écoute pas
occupe-**toi**	?
laisse-**moi**	?
?	ne **me** réponds pas
?	ne **t'**habille pas

se lever

réveiller tes sœurs

finir vos chocolats

ne pas oublier vos sandwichs

ne pas s'habiller comme ça

ne pas sortir comme ça

me répondre

mettre la musique moins fort

40 quarante

d'abord — texte — atelier — sur place   4A

🔊 Calme-toi, Laïla.

...agence de pub...

▶ **Avant la lecture**
Regardez la première photo.
A votre avis, pourquoi est-ce que Laïla pleure?

1 Vers huit heures, Laïla retrouve son amie Fatou devant le collège.
Fatou: Salut, Laïla. Mais … tu pleures? Il s'est passé quelque chose?
Laïla: C'est à cause d'Aziz. Il a encore été agressif avec moi. Ce matin, j'ai mis mon nouveau T-shirt, et il s'est énervé.
Fatou: Aziz! Mais il se prend pour qui? Il traîne toute la journée dans la cité …
Laïla: Oui, mais à la maison, il joue toujours au caïd.
Fatou: Si tu n'es pas d'accord avec Aziz, dis-lui.
Laïla: Mais ce n'est pas si facile. Chez toi, c'est différent. Toi, tes parents te laissent tranquille, tu as un copain et tu peux même sortir le soir.
Fatou: Mais qu'est-ce que tu imagines? Crois-moi, mes parents n'ont pas toujours été comme ça. Entre mon père et mes grandes sœurs, ce n'était vraiment pas facile. Moi, j'ai eu de la chance parce que je suis née dix ans plus tard …

2 *Laïla:* Zut! Ça sonne déjà, dépêchons-nous. Est-ce que tu viens chez moi après le collège?
Fatou: Non, je ne peux pas. Mais tu peux venir avec moi si tu veux. Je vais à l'atelier hip-hop de la MJC. Avec Manu et Alice, on va écrire une nouvelle chanson.
Laïla: Non, désolée. Ecrivez-la sans moi. Aujourd'hui, je dois rentrer tôt.

3 A la fin du cours de français, monsieur Rousseau, rend la dernière interro.
M. Rousseau: Laïla, excellent travail, comme toujours.
Quelques garçons rigolent et font des remarques idiotes.
M. Rousseau: Ça suffit maintenant. Calmez-vous et écoutez-moi plutôt. Il faut commencer à préparer votre stage du mois de juin. Voilà quelques adresses qui peuvent vous aider. Venez me voir si vous avez des questions.

4 Pendant la récré, Laïla va voir monsieur Rousseau.
Laïla: Monsieur Rousseau, j'ai regardé votre liste. Le stage dans l'agence de pub m'intéresse beaucoup, mais …
Laïla regarde son prof, un peu pensive.
M. Rousseau: Qu'est-ce qui ne va pas, Laïla? Ah, oui, je comprends. Tu dois d'abord discuter avec tes parents, c'est ça? Je vais te donner un conseil. Explique-leur que tu veux vraiment faire ce stage, mais laisse-les réfléchir un peu. Donne-moi ta réponse vendredi.

quarante et un **41**

4A d'abord   texte   **atelier**   sur place

1 Comprendre le texte
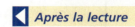 Après la lecture

Retrouvez les phrases. Puis, mettez-les dans le bon ordre.

Vers huit heures,	Fatou va écrire une chanson	le prof de français.
Pendant la récré,	monsieur Rousseau	devant le collège.
A la fin du cours de français,	préparer les stages	à l'atelier hip-hop de la MJC.
Après le collège,	Laïla retrouve Fatou	du mois de juin.
Monsieur Rousseau veut	Laïla va voir	rend la dernière interro.

2 A partir du texte
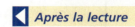 Après la lecture

a *Donnez un titre à chaque partie du texte.*

 b *Laïla décrit dans son journal intime sa journée au collège. Qu'est-ce qu'elle écrit?*

3 Il faut aider Laïla! *(G 14)*

Devant la MJC, Fatou retrouve Manu et Alice, ses copines de l'atelier hip-hop. Fatou est très excitée.

Mettez les verbes à l'impératif positif. Exemple: Nous devons **l'aider.** >> **Aidons-la.**

1. *Manu:* Mais Fatou, qu'est-ce que tu as? Tu dois **te calmer** et **nous expliquer**.
2. *Alice:* Oui, tu dois **nous** raconter ton problème.
3. *Fatou:* Ben, c'est Laïla … Aziz a encore été agressif avec elle. Nous devons **l'aider**.
4. *Alice:* Tu as raison. Nous devons **nous occuper** d'elle. Mais tu as une idée?
5. *Fatou:* Vous devez **me laisser** réfléchir …
6. *Alice:* Tu connais ses parents. Tu peux aller **leur parler** …
7. *Manu:* Nous devons **nous dépêcher**, l'atelier vient de commencer.

VOC 4 Restez actifs! *(G 15)*

a *Utilisez quatre de ces adjectifs pour décrire les images:*
sportif, actif, passif, agressif, naïf, pensif.

actif / active
actifs / actives

 b *Faites quatre autres phrases avec ces adjectifs. Lisez vos phrases devant la classe. Les autres doivent dire si l'adjectif est* **masculin** *ou* **féminin**, *s'il est singulier ou pluriel.*

42 quarante-deux

| d'abord | texte | **atelier** | sur place | **4 B** |

 Ne nous énervons pas.

> ▶ *Avant la lecture*
> Laïla explique à ses parents qu'elle veut faire un stage.
> Comment est-ce qu'ils vont réagir?

1 Le soir, vers 19 heures, la famille Khadra se met à table. Laïla est un peu excitée parce que …
Laïla: Aujourd'hui, j'ai eu 18 en français!
M. Khadra: Bravo, ma fille! Nous sommes fiers de toi.
Laïla: Papa … je peux te demander quelque chose? J'ai trouvé un stage dans une agence de publicité à Paris. Ça m'intéresse vraiment et le prof de français peut m'aider.
Aziz: La pub? Tu rigoles? Papa, ce n'est pas sérieux! La pub, ce n'est pas un métier pour Laïla!
M. Khadra: Aziz, ne me raconte pas d'histoires. Tu ne connais même pas ce métier.
Laïla: Merci, papa! Aziz raconte n'importe quoi. La pub, c'est un métier super. On rencontre des gens intéressants et puis on apprend beaucoup de choses.

2 *M. Khadra:* Laïla, je n'ai pas encore dit oui. Et puis la publicité, ce n'est pas notre monde.
Aziz: Papa a raison. La publicité, c'est un monde de menteurs.
Laïla: Papa, surtout ne le crois pas!

Aziz: Moi je pense qu'une femme doit d'abord s'occuper de sa famille.
Laïla: Arrête, Aziz.
M. Khadra: Ne vous disputez pas. Je dois encore réfléchir. Et toi, Aziz, laisse Laïla tranquille.

3 A dix heures, Laïla et sa mère boivent un thé.
Mme Khadra: Ne t'inquiète pas Laïla. Je vais parler à ton père. Aziz, lui, il est jaloux. Ne l'écoute pas. Il n'est pas méchant. Mais pour lui, ce n'est pas facile. Il cherche du travail depuis des mois. Il est malheureux.
Laïla: D'accord, mais ce n'est pas une raison pour s'énerver comme ça. Quand j'ai parlé du stage, il est devenu furieux. Il me donne des ordres, il est toujours derrière moi.
Mme Khadra: Ecoute Laïla, moi, je n'ai pas eu ta chance. Je me suis mariée à ton âge. Je ne connaissais même pas ton père. Tu dois être patiente et courageuse.
Laïla: Mais … et papa … s'il n'est pas d'accord?
Mme Khadra: Ton père est un homme intelligent. Il va comprendre que ce stage est une chance pour toi!

quarante-trois **43**

4B d'abord   texte   **atelier**   sur place

1 Comprendre le texte
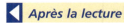
Après la lecture

*Lisez les phrases suivantes et dites si c'est **vrai**, **faux** ou **pas dans le texte**.*

1. Aziz connaît des gens qui travaillent dans la pub.
2. M. Khadra pense que les femmes ne doivent pas travailler.
3. M. Khadra ne veut pas donner sa réponse tout de suite.
4. Aziz ne veut pas travailler.
5. Aziz est agressif avec sa sœur parce qu'il est jaloux et malheureux.
6. Mme Khadra s'est mariée à 22 ans.
7. Laïla va pouvoir faire le stage dans l'agence de pub.

2 A partir du texte

Après la lecture

a *Regardez les photos du texte B et décrivez la famille Khadra.*

 b *Cherchez des informations sur Aziz et décrivez son caractère (Charakter).*

 c *Monsieur et madame Khadra discutent du stage de Laïla. Qu'est-ce qu'ils disent?*

3 Ne l'achète pas. *(G 14)*

Mettez les verbes entre parenthèses à l'impératif négatif. Remplacez les mots en rouge par leurs pronoms.

Exemple:
Fatou veut **le dernier CD** de Kyo. Manu lui dit: «**Ne l'**achète **pas**. Il est nul.»

1. **M. Khadra** est en train de regarder la télé. Laïla dit à ses sœurs: «Ne … (déranger).»
2. **Mme Khadra** dort. M. Khadra dit à ses filles: «Ne … (réveiller).»
3. Fatima veut manger **tous les chocolats**. Sa mère lui dit: «Ne … (manger).»
4. Aziz veut prendre **le T-shirt** de Laïla. Elle lui dit: «Ne …(prendre).»
5. **Malika** veut raconter une histoire à Laïla. Fatima dit à Laïla: «Ne …(écouter).»
6. M. Rousseau veut parler **aux parents de Laïla**. Elle lui dit: «Ne … (parler).»

VOC 4 Qui est furieux?

a *Pour chaque image, trouvez le bon adjectif et faites une phrase.*

jaloux / **jalouse**   jaloux / **jalouses**
sérieux / **sérieuse**   sérieux / **sérieuses**

a) jaloux   b) malheureux   c) furieux   d) courageux   e) sérieux

 b *Pour vous corriger, écoutez.*

| d'abord | texte | atelier | sur place | 4C |

Chanson pour Laïla

Le lendemain, quand Laïla rentre chez elle, il y a une lettre pour elle sur la table de la cuisine. Elle la prend, va vite dans sa chambre et ferme la porte. Elle ouvre l'enveloppe, trouve un CD et lit:

Chanson pour Laïla

9-3!
dans la Seine-Saint-Denis c'est pas comme à Paris
c'est une toute autre vie, ici tout est tout gris
dans la cité les mecs / sont pas intelligents
les dealers les frimeurs / peuvent être très méchants

Refrain
Réveille toi / Laïla
Ta vie est à toi / c'est toi qui fais tes choix / crois-moi

9-3!
dans la Seine-Saint-Denis c'est pas comme à Paris
c'est une toute autre vie, ici tout est tout gris
ne vous laissez pas faire / les filles restez fières
oui, battez-vous et restez sûres de vous

Refrain

9-3!
dans la Seine-Saint-Denis c'est pas comme à Paris
c'est une toute autre vie, ici tout est tout gris
ne montre pas ta peur / fais comme tes sœurs
continue ton chemin, pense à demain

Ne te retourne pas
Refrain

1 Comprendre le texte

◀ *Après la lecture*

Répondez par «oui» ou par «non».

Les copines de Laïla pensent …
1. que certains garçons de la cité sont dangereux.
2. que les filles de la cité ne doivent pas êtres passives.
3. que les filles doivent se battre avec les garçons.
4. qu'il ne faut pas montrer sa peur.
5. que Laïla doit faire son stage.
6. que Laïla n'a pas le choix.

2 A partir du texte

◀ *Après la lecture*

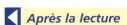

a Dans sa chanson, Fatou décrit un peu la vie en Seine-Saint-Denis. Qu'est-ce qu'elle écrit? *Cherchez d'autres informations dans la leçon ou sur Internet et faites une liste.*

b La chanson a beaucoup plu à Laïla. Est-ce que vous avez aimé la chanson aussi? *Dites pourquoi.*

△ c A votre avis, qu'est-ce que Laïla va faire?

A vous Faites quatre groupes. Chaque groupe choisit une partie de la «chanson pour Laïla» et le lit devant la classe. Comme Fatou, Manu et Alice, vous pouvez dire le texte en rythme (rhythmisch).

quarante-cinq **45**

4C   d'abord   texte   **atelier**   sur place

VOC **3 Elles n'ont pas peur.**

Remplacez les parties soulignées (unterstrichene Satzteile) par les expressions à droite.

> être courageux   se faire du souci
> être déprimé   se disputer   être triste
> être furieux   être malheureux

1. Nadine n'est pas rentrée. Sa mère s'inquiète.
2. Pierre a perdu son portable. Il est en colère.
3. A Paris, Didier est tout seul. Il a le cafard.
4. Clément et Lucie ne s'entendent pas bien.
5. Charlotte et Marie veulent faire un voyage autour du monde. Elles n'ont pas peur.

4 on dit _____ **J'en ai marre!** _____

Man soll dich in Ruhe lassen.	Dir geht jemand auf die Nerven.	Dir gefällt etwas nicht.
Laisse-moi tranquille.	Tu te prends pour qui?	J'en ai marre.
Fiche-moi la paix.	Oh! Tu me casses les pieds.	Ça m'énerve!
Occupe-toi de tes affaires.	C'est quoi ton problème?	C'est nul.
Va voir ailleurs.	Tu rigoles?	J'en ai ras le bol!

A vous *Imaginez une situation où vous pouvez utiliser ces expressions. Et jouez-la.*
Exemple: Tu vas danser avec tes copains. Un garçon casse les pieds à une copine. Tu l'aides.
Toi: Qu'est-ce que tu veux? C'est ma copine. Laisse-la tranquille. / *Le garçon:* …

5 stratégie _____ **Eine Person beschreiben** _____

Wenn ihr eine Person beschreiben wollt, müsst ihr verschiedene Aspekte berücksichtigen. Ihr habt bereits gelernt, das Äußere einer Person zu beschreiben, und ihr kennt jetzt auch einige Adjektive, mit denen ihr eine Person charakterisieren könnt.

Aussehen: (s. Stratégie-Pool, S. 191)
Charakter: il / elle est gentil(le) / méchant(e) / il / elle est calme / agressif(ive)
Herkunft: il / elle est né(e) en France …
Vorlieben /Abneigungen: il / elle aime / adore … il/elle déteste …
Hobbys: il / elle fait du tennis / de la guitare …

Schaut euch die Fotos an. Sucht euch eine Person aus und erstellt ein Porträt mithilfe der Angaben im Kasten.

1  2  3  4

Wenn ihr wissen wollt, wer diese Personen tatsächlich sind, schaut auf S. 187 (Lösungen) nach.

d'abord   texte   atelier   **sur place**   **4**

⟨J'étais prête pour ce grand rêve.⟩

 Amel Bent raconte au magazine Okapi son histoire.
La nouvelle star des jeunes Français vient de la banlieue parisienne.

RENCONTRE *Musique*

Amel Bent

"J'étais prête pour ce grand rêve!"

J'adore chanter en public. Petite, c'était devant la famille. Je me voyais sur scène, dans une robe noire à la Mariah Carey. Je rêve de grandes salles. Très grandes: le Zénith et même plus. Je veux plein de monde!

Elle est née le jour de la Fête de la Musique, il y a vingt ans.

Chanter a toujours fait partie de mon équilibre. J'ai su très tôt plein de chansons par cœur. Mais en même temps, j'étais une bonne élève. Le lycée, c'était aussi important que mes premières scènes à la MJC.

Je passais le mercredi à la salle de quartier, près de chez moi à La Courneuve: on a fait des supers duos avec les copines! Avec ma copine Jennifer, on a même chanté à Douarnenez pour la Fête de la sardine. Ça marque!

J'habite toujours à la maison et je n'ai pas envie de grandir. Mes origines algériennes et marocaines sont ma fierté. Ça ne veut pas dire renier la France. Je suis française de naissance, parisienne, courneuvoise! Lorsqu'on a deux cultures, pourquoi choisir?

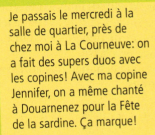

Foto © JM Lubrano

a Amel Bent a beaucoup de points communs avec Laïla, Fatou et leurs copines. *Trouvez-les.*

 b *Ecoutez maintenant la chanson d'Amel Bent. Comparez-la avec la chanson de Fatou, Manu et Alice.* Qu'est-ce que vous préférez?

‹‹C'est la récré.››

Les copains d'abord

Anne-Laure, 14 ans, vient de déménager à Paris avec ses parents. Au collège, elle s'est fait deux nouveaux copains.

1 Deux jours après la rentrée, Manu est venu me voir dans la cour et m'a dit: «Si tu veux te faire accepter ici, tu dois changer de nom.» J'étais nouvelle. J'arrivais de province. On avait déménagé pendant l'été, mes parents et moi, et je ne connaissais personne. «… T'as un petit air à la Ally McBeal … Moi, c'est Manu. Et l'autre mec, derrière, s'appelle JB.»

2 Depuis, je suis Ally pour tout le monde. Du moins au collège. Et on est devenus copains, Manu, JB et moi. On a déjeuné une fois ensemble à la cantine et, le lendemain, ils m'ont gardé une place à leur table, puis une place en classe.
On a ensuite échangé nos adresses, nos téléphones …

3 Avant, à Saint-Martin, je n'avais pas vraiment d'amis, je ne sortais presque jamais. En tout cas, on ne m'invitait pas à des boums. Mais ça ne me gênait pas puisque je ne savais pas ce que c'était. Maintenant, c'était différent. J'avais des amis et je faisais partie d'une bande. Je crois que c'était ça que mes parents ne comprenaient pas. Quand Manu ou JB me téléphonaient trois fois dans la soirée, ou quand c'était moi qui les appelais, ils me disaient: «Quel besoin as-tu de les appeler puisque tu les vois demain?» Quel besoin? Mais un besoin vital!

Ally n'a jamais raconté à Manu et JB qu'elle joue du violoncelle.

4 Je ne l'ai pas dit au début et maintenant c'est trop tard. Pour mes copains, je suis comme eux, j'ai quatorze ans, j'écoute du rap, je rêve d'aller à un concert à Bercy. Et puis, dans mon ancien collège, j'ai trop souffert d'être exclue. Personne ne me parlait, ne m'invitait à des fêtes. Tout ça parce que, un jour, la prof de musique m'avait demandé de venir avec mon violoncelle et de jouer devant la classe. Je ne te dis pas le fiasco. Ils n'écoutaient même pas. Pour eux, la musique classique, c'était nul! Non, franchement, je n'ai pas envie de revivre ça. Je préfère me taire.

D'après le roman de Josette Chicheportiche, *Une si petite fugue,* Syros jeunesse, 2004

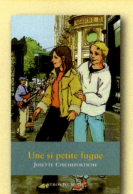

a Comment est-ce qu'Anne-Laure est devenue la copine de Manu et JB?

b Anne-Laure adore sa nouvelle vie. Pourquoi? *Donnez trois raisons.*

c Anne-Laure n'a jamais raconté à Manu et JB qu'elle fait de la musique. Pourquoi?

À vous
1. Est-ce que tu as déjà été nouveau / nouvelle dans une classe / une école? Comment est-ce que tu t'es fait des copains / copines?
2. Imaginez une situation où on doit cacher quelque chose (etwas verheimlichen) à ses copains / à ses parents.

---

la rentrée der Schulbeginn nach den Ferien – **la cour** der Pausenhof – **accepter** akzeptieren – **de province** aus der Provinz – **on avait déménagé** wir waren umgezogen – **je ne connaissais personne** ich kannte niemanden – **garder** hier: freihalten – **échanger** austauschen – **une bande** eine Clique – **quel besoin as-tu?** hier: warum musst du? – **puisque** da – **un besoin vital** hier: ein lebenswichtiger Grund – **le violoncelle** das Cello – **ancien** ehemalig – **souffrir d'être exclu(e)** darunter leiden, ausgeschlossen zu sein – **elle m'avait demandé** sie hatte mich gefragt – **le fiasco** das Fiasko – **la musique classique** die klassische Musik – **franchement** ehrlich gesagt – **je n'ai pas envie de revivre ça** ich habe keine Lust, das noch einmal zu erleben – **se taire** schweigen

Hier kannst du den Stoff der Lektionen 3 und 4 wiederholen. Kontrolliere deine Lösungen auf den Seiten 184–185.

1 En français

Tu passes une semaine à Paris avec ton copain dans une auberge de jeunesse. Vous partagez votre chambre avec Marc, un garçon de Bruxelles. *Ton copain ne parle pas le français, alors tu traduis (übersetzt).*

Toi	Marc
1. Dein Freund möchte wissen, was Marc in Paris macht.	Je suis là pour faire un stage à *Radio Nova*.
2. Dein Freund findet das toll und will wissen, wie er das Praktikum gefunden hat.	J'ai rencontré une reporter de *Radio Nova* à Bruxelles où elle faisait un reportage. Je lui ai parlé et voilà!
3. Er möchte wissen, ob er schon lange in Paris ist.	Depuis trois jours.
4. Er möchte wissen, ob er viele Leute in Paris kennt.	Non. Je connais seulement Aline, la reporter de Radio *Nova*. Demain, je vais avec elle pour faire un reportage sur les restaurants pas chers de Paris.
5. Du fragst, ob er schon das Restaurant *Marocco* kennt, wo es am Freitagabend Couscous umsonst gibt.	Non, je ne le connais pas. C'est dans quel quartier?
6. Du sagst, dass du das nicht weißt, aber dass ihr euch hier um 19.00 Uhr mit Freunden treffen werdet. Du fragst, ob Marc mitkommen will.	Ouais, je veux bien. C'est une bonne idée.

△ ## 2 Une coiffure de star

Regardez et racontez l'histoire au présent. Utilisez les mots sous les images.

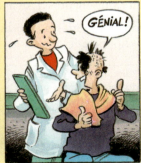

| **bracelet** – ne pas gagner d'argent – boulot – cafard – idée | devenir coiffeur – premier client – coiffure bizarre | adorer – trouver génial – dire merci – avoir du talent | salon de coiffure – succès – devenir – star de la mode |

Dans le couloir du métro, un jeune homme vend des **bracelets** …   *Continuez.*

⟨On fait des révisions.⟩

3 Au Sénégal, on était heureux! *(G 10, 11)*

Les parents de Fatou parlent de leur vie au Sénégal. *Mettez les verbes du texte à l'imparfait.*

Mme Magema: Nous *(être)* heureux au Sénégal, tu ne trouves pas?

M. Magema: C'est vrai, mais la vie n' *(être)* pas facile non plus.

Mme Magema: Tu as raison. Ma mère et moi, nous *(s'occuper)* de la maison. Je *(travailler)* beaucoup. Nous *(se lever)* très tôt. Mais ma mère *(chanter)* toute la journée. Et moi, j' *(aimer)* beaucoup l'écouter.

M. Magema: Oui, je sais. Je *(passer)* devant votre maison souvent avec mes copains. Nous *(écouter)* ta mère … et nous *(aimer)* aussi te regarder. Mais toi, tu *(être)* fière!

Mme Magema: Moi aussi, j' *(avoir)* envie de te parler mais je *(ne pas devoir)* vous regarder. Mon père *(dire)* souvent que toi et tes copains, vous *(ne pas être)* sérieux avec les filles et que vous *(faire)* des bêtises …

M. Magema: Et toi, alors? A chaque fête du village, je te *(voir)* danser avec ton cousin. J' *(être)* jaloux …

4 Maman, raconte-moi ton histoire. *(G 12)*

Mettez les verbes du texte à l'imparfait ou au passé composé.

Fatou: Maman, tu *(avoir)* quel âge quand tu *(venir)* à Paris?

Mme Magema: Ton père et moi, nous *(être)* très jeunes. J' *(avoir)* 17 ans et lui 20.

Fatou: Et pourquoi est-ce que vous *(venir)* en France?

Mme Magema: Tu sais, nous *(ne pas avoir)* beaucoup d'argent. Et quand ta sœur Aminata est née, nous *(prendre)* notre décision.

Fatou: Et quand tu *(arriver)* à Paris, comment est-ce que tu *(trouver)* la France?

Mme Magema: Quand je *(descendre)* de l'avion, j' *(pleurer)*. Tout *(être)* gris et triste! Mais ton oncle et ta tante *(habiter)* déjà ici depuis des années. Ils *(aider)* tout de suite ton père. Il *(trouver)* un travail très vite.

Fatou: Et toi, comment est-ce que tu *(se sentir)*?

Mme Magema: J' *(avoir)* souvent le cafard mais j' *(rencontrer)* d'autres femmes dans la cité. Et puis, j' *(commencer)* à travailler, moi aussi. Et maintenant, ma vie est ici!

5 Quelles vacances! *(G 13, 14)*

Rémi et ses copains font du camping près d'Arcachon. Mais Rémi n'imaginait pas ça!

Regardez les images et mettez les phrases en gras à l'impératif.
Exemple: Tu l'apportes. → Apporte-le.

Rémi, où est le pain? **Tu l'apportes** s'il te plaît? **Tu te dépêches** un peu!

Rémi, **tu nous achètes** du coca. Et **tu me prends** aussi le journal.

Oh, voilà notre voisin! Rémi, **tu lui expliques** qu'on fait la fête?

Vous me laissez tranquille! Je pars. **Vous vous débrouillez** sans moi.

⟨On fait des révisions.⟩

6 Laïla doit prendre une décision.

Aujourd'hui, c'est le dernier jour du stage de Laïla. Le chef de l'agence de pub veut lui parler.

VOC *Complétez le dialogue avec les mots suivants:*

choix   chance   cité   banlieue   stage   facile   conseil   ordres   talent

M. Grossou: Laïla, tu as beaucoup de ? , tu sais.
Laïla: Ah bon, vous croyez vraiment?
M. Grossou: Oui, tout le monde le dit dans l'agence. Alors voilà, si tu veux, tu peux continuer ton ? pendant les vacances.
Laïla: Merci, mais mon frère …
M. Grossou: Ton frère ne peut pas tout le temps te donner des ? .

M. Grossou: Je vais te donner un ? : ne laisse pas les autres prendre la décision pour toi.
Laïla: Monsieur, dans la ? où j'habite, les filles n'ont pas toujours le ? . Les garçons leur font peur.
M. Grossou: Ecoute, moi aussi, j'ai habité la Seine-Saint-Denis. Je connais bien la ? . Ce n'est pas ? , mais aujourd'hui, je t'offre une ? . Tu dois décider toute seule.

7 Tous différents! *(G 15)*

a *Regardez les dessins et lisez les petits textes.* Qui dit quoi? Quel texte va avec quelle image?

1. Julien Sorel
2. Nicolas Sarco
3. Emma Bovaro
4. Anne Ténardier

a) Bon, d'abord, je prépare l'interro pour demain. Ensuite, je fais mon exposé sur Berlin. Je veux des super notes!

b) Mais pourquoi est-ce qu'il ne me laisse jamais tranquille? Je voudrais vraiment partir …

c) Je vais me préparer ce soir. J'ai une super idée pour le casting! Ils vont voir et bientôt je vais enregistrer mon premier CD.

d) Leur équipe est très bonne mais nous allons gagner, c'est sûr! De toute façon, il y a toujours une solution.

b *Choisissez une personne et décrivez-la. Utilisez les adjectifs de la liste suivante:*

agressif   sérieux   méchant   patient   intelligent   pensif   jaloux   malheureux   courageux

c Quinze ans plus tard, qu'est-ce que les quatre jeunes sont devenus? *Choisissez une personne et imaginez une petite histoire.*

«On prépare le DELF.»

Auf dieser Seite könnt ihr euch auf das DELF B1 vorbereiten.

Lesen und verstehen

1 Nous sommes là pour aider.

a *Lisez d'abord les textes. Puis complétez dans votre cahier le tableau en cochant (X) la bonne réponse.*

En 2005, en France, il y avait 85600 SDF et plus de trois millions de personnes mal-logées. La fondation Abbé Pierre a pour mission, depuis 1987, d'aider ces personnes en difficulté. Elle trouve de l'argent pour créer ou rénover des logements. Elle organise aussi des actions pour faire réagir les gens et les hommes politiques. La Fondation se bat pour le droit à un logement acceptable pour tous.

Le Secours Populaire date de 1945. En France, il aide les familles en difficulté.
Il leur donne à manger, des vêtements et s'occupe aussi de l'éducation des enfants. Il organise des événements culturels et sportifs et en plus, il offre aux enfants, aux familles et aussi aux personnes âgées la possibilité de partir en vacances.
Dans le reste du monde, le Secours Populaire travaille pour le développement et la formation.

Le joueur de Tennis Yannick Noah a créé l'association «Les Enfants de la terre» en 1988.
Il aide, dans le monde entier, des enfants qui ont des difficultés dans la vie. En France, il les accueille dans des «maisons-tendresse» où ils peuvent vivre dans une ambiance familiale. Chacune de ces maisons a une capacité de 10 à 15 lits. En 2003, l'association a fondé sa 5e maison en France.

Quelle association …	Fondation Abbé Pierre	Secours Populaire Français	Enfants de la Terre
1. existe depuis plus de 60 ans?			
2. finance la création ou la rénovation de logements?			
3. organise des vacances pour les familles en difficulté?			
4. s'occupe surtout des jeunes?			
5. travaille surtout en France?			

b *Dans votre cahier, complétez les phrases suivantes:*
1. Les «maisons-tendresse» sont des endroits pour ? .
2. En France, en 2005, il y avait ? personnes sans domicile fixe.
3. Pour le Secours Populaire, ? des jeunes est un aspect très important.

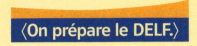

2 Sans travail et sans argent

Lesen und verstehen

a *Lisez le texte.*

> Tu penses peut-être que la pauvreté n'existe qu'en Afrique ou en Asie. Regarde autour de toi et tu vas voir que la pauvreté concerne aussi beaucoup de personnes en France. Aujourd'hui en France, 700 000 personnes ont moins de 650 euros par mois pour vivre. Tu as sûrement déjà vu des SDF dans la rue ou dans le métro. La pauvreté a plusieurs visages:
> 5 elle concerne surtout les jeunes de moins de 25 ans qui n'ont jamais travaillé, les femmes seules avec des enfants ou encore des gens qui sont sans travail depuis longtemps. Souvent, l'argent des aides ne suffit pas pour avoir un appartement, pour aller chez le médecin ou même pour payer la cantine. C'est pourquoi de nombreuses associations proposent des repas gratuits ou un lit pour une nuit. Elles organisent aussi des sorties ou des vacances
> 10 pour les enfants. Ces associations fonctionnent grâce à des gens qui donnent beaucoup de leur temps et beaucoup de leur cœur.

b *Répondez par* **vrai (V)**, **faux (F)** *ou* **on ne sait pas (?)**. *Si c'est vrai ou faux, écrivez la phrase qui justifie votre réponse.*

1. La pauvreté existe partout dans le monde, mais presque pas en France.
2. Beaucoup de gens en France n'ont pas assez d'argent par mois pour vivre.
3. La pauvreté concerne aussi les personnes qui ont plus de 60 ans.
4. En France, on ne s'occupe pas des gens qui n'ont pas beaucoup d'argent.

🔊 3 La solidarité, c'est l'affaire de tous!

Hören und verstehen

Vous allez entendre un texte deux fois, avec de courtes pauses.

1. Vous écoutez:
   a) un reportage à la radio?
   b) un flash d'informations?
   c) une publicité?

2. Le 17 octobre, c'est la journée:
   a) la journée de l'information sur Europe 1?
   b) la journée internationale des associations?
   c) la journée de lutte contre la pauvreté?

3. En quelle année est-ce que Coluche a fondé son association:
   a) en 1945?   b) en 2001?   c) en 1985?

4. Notez l'adresse Internet de son association.

4 Vive la solidarité!

Verstehen und schreiben

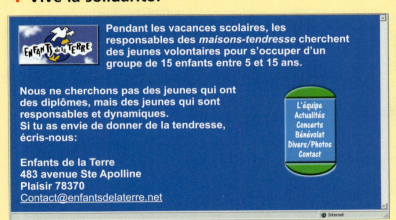

Vous avez lu l'annonce des **maisons-tendresse** *sur Internet. Vous écrivez un e-mail ou une lettre pour leur offrir votre aide. Vous proposez de passer quelques semaines pendant vos vacances dans une* **maison-tendresse** *pour vous occuper des enfants, mais aussi pour améliorer votre français.*
(80–100 mots environ)

cinquante-trois **53**

LEÇON 5

d'abord   Quels métiers est-ce que tu connais?

 a *Vous connaissez déjà quelques métiers. Ecoutez ces quatre scènes. De quel métier est-ce qu'on parle? Complétez le tableau (die Tabelle) dans votre cahier.*

Quel métier?	Quelle activité?	Où?
un/une commissaire	il/elle fait des enquêtes.	dans …
une …		

 b *Lisez les six fiches-métier et complétez votre tableau.*

Des fiches-métier

Cuisinier(ère)

Travail: Préparer les repas dans un restaurant ou une cantine.

Qualités: Aimer la propreté, travailler vite, aimer travailler en équipe.

Formation: CAP, BEP ou BTS

Professeur des écoles

Travail: Enseigner le français, les maths, l'histoire, etc. à des enfants de 6 à 11 ans.

Qualités: Aimer travailler avec des enfants, être patient(e) et créatif(ive).

Formation: Bac + 3

Mécanicien(ne)

Travail: Travailler dans un garage, réparer les voitures …

Qualités: Etre adroit(e), aimer s'occuper des voitures.

Formation: CAP, BEP ou bac pro

Animateur(trice) à la radio/télé

Travail: Présenter des émissions à la radio ou à la télé.

Qualités: S'intéresser à l'actualité, aimer parler en public.

Formation: Bac + 2 ou stages

Employé(e) de banque

Travail: S'occuper de l'argent des clients. Donner des conseils aux clients.

Qualités: Etre sérieux(se), aimer le contact avec les clients.

Formation: BEP ou bac + 2

Infirmier(ère)

Travail: Soigner les malades, travailler aussi la nuit.

Qualités: Aimer le travail en équipe, aimer aider les autres.

Formation: Bac + 3

! Vous pouvez trouver des informations sur les différentes formations à la page 61.

  A vous *Un/Une élève décrit un métier. Les autres doivent deviner de quel métier l'élève parle. Changez de rôles.*

Anna: Tout le monde me connaît. Je présente des émissions à la télé. Quel est mon métier?
Ole: Tu es une animatrice à la télé.

54 cinquante-quatre

5A

d'abord **texte** atelier sur place

🔊 Choisir un stage

1 Armelle Legrand et ses copains vont au collège *Jean Zay*, à Lyon. Comme tous les élèves de 3e, ils doivent faire un stage d'une semaine dans une entreprise pour découvrir le monde du travail. Ils vont au CDI pour lire les fiches-métier et trouver des idées pour leur stage.

2 *Armelle:* Alors, vous avez trouvé un métier qui vous intéresse?
Diego: Pfff … je ne sais pas encore. Cuisinier, pourquoi pas?
Paul: Toi, cuisinier?
Diego: Ben oui, j'aime faire la cuisine.
Julie: Oh! Dis plutôt que tu aimes bien manger!
Diego: Ah! Ah! Moi, je fais la cuisine au moins, pas comme toi!
Julie: De toute façon, la cuisine, ça ne m'intéresse pas.
Eric: Alors, qu'est-ce que tu veux faire?

3 *Julie:* Je veux devenir secrétaire.
Eric: Quoi? C'est ça ton rêve: faire le café et les photocopies?
Julie: Mais non! Ma mère est secrétaire, elle organise toute la vie du bureau: les rendez-vous, les réunions …
Eric: Oh, mais quand même, travailler dans un bureau … Moi, je n'ai pas envie. Je veux devenir infirmier.
Julie: Pour ça, il faut passer un concours après le bac.

Armelle: Oui, ma sœur est infirmière. Elle doit souvent travailler la nuit. Le boulot est super dur et mal payé.

4 *Paul:* Moi, j'ai envie de gagner beaucoup d'argent et d'avoir un travail qui me plaît. Je veux être informaticien. En plus, j'adore réparer les ordinateurs et installer les programmes.
Armelle: Ben moi, j'ai envie d'être connue. Je voudrais être animatrice à la télé. C'est mon rêve!
Julie: Animatrice à la télé? Non mais, écoutez-la, elle rêve!
Armelle: Si, c'est possible, crois-moi. Il suffit de faire beaucoup de stages. Pour commencer, je vais chercher dans une radio locale.

✏️ 1 Comprendre le texte

Quels métiers intéressent Diego, Julie, Eric, Paul et Armelle? Pourquoi? *Faites une grille.*

◀ **Après la lecture**

	Quel métier?	Pourquoi?
Diego		

2 A partir du texte

a Dans le texte, il y a deux métiers qui ne sont pas dans la partie «d'abord». *Trouvez-les. Décrivez le travail et les qualités qu'il faut.*

◀ **Après la lecture**

b Les jeunes parlent aussi des inconvénients de certains métiers. *Cherchez-les et complétez avec vos arguments.*

👥 3 Et vous, qu'est-ce que vous avez envie de faire?

Thomas: Moi, j'ai envie de devenir cuisinier parce que j'aime faire la cuisine. Et toi, Julia, qu'est-ce que tu as envie de faire?

Julia: Moi, j'ai envie de devenir journaliste, parce que … *Continuez.*

cinquante-cinq **55**

5B d'abord texte atelier sur place

A la radio *Jeunes-Lyon*

> **Avant la lecture**
> *Ecoutez le dialogue entre Jonathan et Armelle.* Qui est Jonathan? Pourquoi est-ce qu'Armelle lui téléphone?

1 Mercredi après-midi, Armelle arrive à la radio *Jeunes-Lyon*. Comme c'est son premier entretien pour un stage, elle est un peu nerveuse. En plus, elle ne connaît personne. Armelle se présente à l'assistant et demande si elle peut voir le directeur. L'assistante lui répond qu'il est dans son bureau.

2 *Jonathan:* Oui, entrez.
Armelle: Bonjour.
Jonathan: Salut, Armelle! Alors, tu veux faire un stage chez nous? Tu aimes la radio?
Armelle: Oui … je voudrais savoir comment ça marche. Qui fait les programmes? Qui prépare les émissions? Où est-ce que vous trouvez les informations? …
Jonathan: C'est bien, je vois que les médias t'intéressent.
Armelle: Beaucoup. Vous savez, au collège, on a un journal, *Zay, la pêche!* Je fais partie du groupe qui écrit les articles. Chaque semaine, on fait des reportages … Mais, mon grand rêve, c'est de devenir animatrice à la télé.
Jonathan: Animatrice à la télé? Tu as vraiment de l'ambition.

Armelle: Je sais, ça va être dur. Mais je crois que ça vaut la peine d'essayer.

3 L'assistante entre dans le bureau. Elle a l'air stressé.
Audrey: Excuse-moi, Jonathan. J'ai une question. Est-ce que tu as informé tout le monde pour l'émission *Bouge à Lyon*?
Jonathan: Oui, je crois que je n'ai oublié personne.
Audrey: Et qui va présenter la météo de midi?
Jonathan: C'est peut-être quelque chose pour Armelle? Est-ce que tu sais parler au micro?
Armelle: Je ne l'ai jamais fait mais je veux bien essayer.
Jonathan: On va voir ça … Viens, maintenant, je vais te présenter à l'équipe.

4 Jonathan présente Armelle aux collègues. Dans le studio, il y a Myriam, l'animatrice et Guillaume, le technicien. Jonathan raconte à Armelle qu'ils sont huit personnes à la radio, dont six qui n'ont pas de salaire. Ils savent que la radio n'a pas beaucoup d'argent. Mais comme le travail leur plaît, ils continuent quand même.

1 Comprendre le texte

 Après la lecture

Complétez les phrases suivantes.

1. Armelle est un peu nerveuse parce que …
2. Armelle se présente à la radio et demande …
3. Audrey lui répond …
4. Armelle fait partie …
5. Armelle veut bien essayer de …
6. A la radio, il y a huit personnes, dont …

d'abord　　　texte　　　**atelier**　　　sur place　　　**5B**

2 A partir du texte

 Après la lecture

 VOC a *Relisez le texte B et la fiche-métier à la page 54. Faites un filet de mots autour de «radio».*

b *Pour chaque partie du texte, trouvez deux idées importantes et faites un résumé. Pour résumer un texte, regardez à la page 190.*

3 Qu'est-ce qu'ils ont dit? (G 16)

Dans les parties 2 et 3 du texte B, choisissez cinq phrases et mettez-les au discours indirect.

Exemple:

| Jonathan: Alors, tu veux faire un stage chez nous? | → Jonathan demande si Armelle/elle veut faire un stage chez eux. |
| Jonathan: Tu as vraiment de l'ambition. | → Il dit qu'Armelle/elle a vraiment de l'ambition. |

4 on dit ──── Prendre contact par téléphone avec une entreprise ────

So führt ihr ein Telefongespräch mit einer Firma.

L'entreprise

Allô, radio *Jeunes-Lyon* (ici Sonia).

Vous désirez?

(+) Un instant s'il vous plaît./Oui, ne quittez pas./Je vous le/la passe tout de suite.

(−) Monsieur …/Madame … n'est pas là pour le moment/est en réunion/est en rendez-vous. Rappelez plus tard./Je peux prendre un message?

Max

Allô, bonjour Max Bücher à l'appareil / au téléphone.
Est-ce que je peux parler à monsieur …/madame … ?/
Est-ce que monsieur …/ madame … est là?

Est-ce que vous pouvez me donner son numéro de ligne directe? A quelle heure est-ce que je peux rappeler?/Oui, merci …

 Ecoutez le dialogue: dites qui parle et décrivez la situation.

 A vous *Ecrivez un dialogue: élève A appelle une entreprise pour un stage. Elève B répond. Jouez le dialogue, puis changez de rôle.*

5 Non, je ne veux rien. (G 17)

Elève A pose des questions. Elève B répond.

Exemple: – Est-ce que tu veux quelque chose? → – Non merci, je ne veux rien.

A	vouloir quelque chose	B	ne rien
	voir quelqu'un		ne personne
	aller souvent au théâtre		ne jamais
	travailler encore		ne plus
	avoir déjà fait tes devoirs de maths		ne pas encore
	connaître tout le monde ici		ne personne

5c d'abord **texte** atelier sur place

Mon stage dans une radio locale

Armelle veut présenter son stage sur Internet. Voilà son site!

Lundi, Jonathan, le directeur, a passé une heure avec moi. Il m'a expliqué que la radio *Jeunes-Lyon* gagne de l'argent avec les publicités. En plus, la ville de Lyon l'aide aussi.

Il me manque le dernier CD de Zen Zila. Qui l'a pris?

Wahid, est-ce que toi aussi tu sais jouer d'un instrument?

Non, moi je sais seulement chanter.

Mardi, j'ai aidé Guillaume à la technique. Il programme les émissions, la musique et les pubs. Je ne le savais pas, mais c'est vraiment compliqué. Il a été patient avec moi.
A la fin, j'ai programmé une pub toute seule.

Mercredi, Myriam a fait une interview de Zen Zila. J'ai pu rester dans le studio avec eux. Wahid, le chanteur, et Laurent, le guitariste, sont très sympas. Ils m'ont offert un CD avec un autographe de Wahid!

Bon appétit!

Ton gâteau est très bon.

Tu en veux encore?

Jeudi, j'ai présenté la météo de midi. J'étais nerveuse. J'ai dit «bon appétit» au lieu de «bon après-midi». La honte! Mais j'avais tellement faim! Myriam et Guillaume ont bien rigolé, mais ils m'ont quand même dit: «bravo!».

Vendredi, pour mon dernier jour de stage, j'ai fait un gâteau au chocolat. J'étais contente, tout le monde en a pris deux fois.
Je vais revenir. J'en ai vraiment envie parce que l'ambiance à la radio m'a plu.

1 Comprendre le texte

Après la lecture

Cherchez les «*intrus*» parmi les mots suivants.

Lundi: ville, directeur, radio, site Internet.
Mardi: émission, musique, argent, technique.
Mercredi: interview, studio, programme, CD.

Jeudi: présenter, avoir faim, offrir, rigoler.
Vendredi: gâteau, dernier jour, météo, ambiance.

58 cinquante-huit

| d'abord | texte | **atelier** | sur place | **5c** |

2 A partir du texte   ◀ *Après la lecture*

a *Qui fait quoi à la radio **Jeunes-Lyon**? Relisez le texte et faites une grille.*

b *Vous voulez faire une interview avec une personne connue. Préparez vos questions.*

3 Tu ne peux pas ou tu ne sais pas? *(G 18, 19)*

a *Regardez le dessin. Dans quelle situation est-ce qu'on emploie **savoir** ou **pouvoir**?*

b *Complétez le texte avec **savoir** ou **pouvoir** au présent. Puis, traduisez les phrases.*

Exemple:
Pierre **sait** faire du ski, mais il ne **peut** pas.

1. Est-ce que tu veux venir à la piscine avec moi? – Non, je ne ? pas parce que je dois rester avec mon petit frère. – Et ton petit frère, il ne ? pas venir avec nous? – Non, il ne ? pas nager. 2. Est-ce que tu ? jouer de la guitare? – Non, je ne ? pas, je n'ai jamais appris. 3. Tes parents ? nous aider pour faire cet exercice? – Non, ils ne ? pas parler l'allemand. 4. Tu ? venir chez moi cet après-midi pour réparer mon vélo? – Quoi? Tu ne ? pas réparer ton vélo tout seul?

4 J'ai fait du gâteau. Tu en veux? *(G 20)*

A la radio *Jeunes-Lyon*, tout le monde apporte son repas de midi. *Regardez la table et utilisez **en** pour faire des petits dialogues.*

Exemple:
Myriam: Armelle, tu prends du café / de la glace?
Armelle: Oui, j'en prends. / Non, je n'en veux pas.

5 stratégie   Umgang mit einem zweisprachigen Wörterbuch

Hier seht ihr, wie man ein zweisprachiges Wörterbuch benutzt.

① — ② — ③ — ④ — ⑤

Travail *m* [tRavaj] ⟨Plural: travaux⟩ ❶ Arbeit; **se mettre au travail** sich an die Arbeit machen; **travail manuel** Handarbeit; **les travaux ménagers** die Hausarbeit ❷ **les travaux** die Bauarbeiten; **les travaux publics** die Bauarbeiten im öffentlichen Auftrag; **travaux d'urbanisme** städtebauliche Maßnahmen; «**Travaux!**» «Bauarbeiten!» ❸ *(Ergebnis)* Werk ❹ *(Arbeit an etwas)* Bearbeitung ▸ **se tuer au travail** sich totarbeiten
♦ **travail à la chaîne** Fließbandarbeit

Zu jedem Eintrag gibt es folgende Angaben:
① **die richtige Schreibweise** (l'orthographe)
② **die Wortart:** *m* = Nomen ist männlich; *f* = Nomen ist weiblich; *adj* = Adjektiv; *v* = Verb
③ **die Aussprache** (la prononciation)
④ **die Pluralform** und / oder **die weibliche Form**
⑤ **die Übersetzungsmöglichkeiten**
Im Wörterbuch stehen in der Regel auch Wortverbindungen, Beispielsätze und Redewendungen.

Definition aus Express Wörterbuch, PONS

A vous *Cherchez dans votre dictionnaire les mots qui sont de la même famille que **travail**.*

cinquante-neuf **59**

5 〈La vie professionnelle en France〉

La lettre de motivation et le CV de Julia

Julia veut faire un stage dans un journal français. Elle prépare une lettre de motivation et un CV.

Tennis magazine
54 bis rue de Dombasle
F-75015 Paris

Julia Schmidt
Bussenstr. 76
D-70184 Stuttgart
j.schmidt@bmx.de
tél: (0049) 71 14 46 78 91

Stuttgart, le 20 janvier 2007

Madame, Monsieur,

Cette année, je dois faire un stage qui correspond à mon projet professionnel. Je suis élève en 9e dans une école allemande. Votre journal m'intéresse beaucoup parce que j'aime le sport et je voudrais devenir journaliste. J'ai déjà fait un stage à la rédaction du journal allemand «Sport heute». Je voudrais en faire un aussi dans un journal français pour améliorer mes connaissances de la langue. Est-ce que c'est possible pour vous de m'accueillir dans votre équipe du 25 au 29 mai 2007?
Dans l'attente de votre réponse, je vous prie d'agréer, Madame, Monsieur, l'expression de mes sentiments respectueux*.

J. Schmidt
Pièce jointe: CV

Julia Schmidt
15.08.1992 (Kassel)

Projet Professionnel:
Journaliste sportif

Formation:
2006–2007: 9e classe (3e française); préparation de la Realschulabschlussprüfung en 2008 (brevet des collèges)

Expériences professionnelles:
juillet 2006: stage à la rédaction du journal «Sport heute»
Animatrice d'une équipe de basket

Compétences informatiques:
Microsoft office
Filemaker

Langues:
Allemand: langue maternelle
Anglais: niveau avancé
Français: DELF niveau B1

Loisirs:
tennis; basket; guitare; photographie

---

a Vous avez trouvé une offre de stage ou un petit boulot qui vous intéresse. *Préparez votre lettre de motivation et votre CV comme Julia.*

b Il vous manque certains mots pour préparer votre lettre et votre CV? *Cherchez-les dans votre dictionnaire.*

! Pour faire un stage ou un petit boulot l'été en France, vous pouvez trouver des offres (Angebot) sur Internet. Et si vous avez besoin d'autres informations utiles, regardez le site de l'OFAJ.

* Abschließende Formel in einem Brief, entspricht „mit freundlichen Grüßen".

d'abord   texte   atelier   **sur place**   **5**

Itinéraires de formation

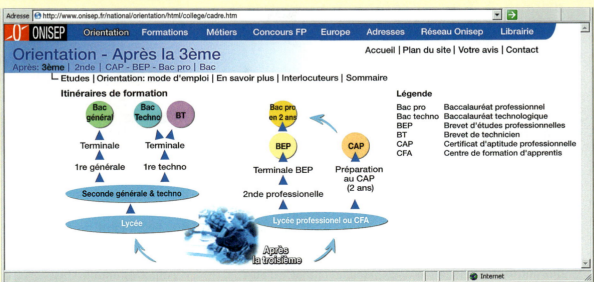

🌐 Cherchez les itinéraires de formation possibles chez vous. Comparez avec le système français.

Je voudrais être boulanger.

Je voudrais être boulanger car j'aime faire des gâteaux et me lever tôt ne me pose pas de problème.

Eric, 14 ans, Reims

MÉTIER

La réponse de Maud, 21 ans, en formation à Caen

«**Travailler la nuit, ça ne me dérange pas du tout:** il y a une ambiance particulière, tout le monde dort, il fait noir … En plus, j'aime le travail de la pâte. C'est tactile: il y en a des douces, des molles, des fermes. On doit apprendre à les reconnaître au toucher.
Ce métier, c'était un rêve de petite fille, mais ça ne faisait pas sérieux. Alors j'ai d'abord fait un bac S, puis une formation aux Beaux-Arts. Mais finalement, je suis revenue à mon rêve.
La boulangerie, cela demande de la rigueur, de la patience, il faut être organisé, mais on produit tout de suite quelque chose de concret.»

■ Pour devenir boulanger, tu peux passer un CAP, un BEP ou un bac pro en lycée professionnel ou dans un CFA (centre de formation des apprentis).

Eric sait maintenant que, pour devenir boulanger, il a plusieurs possibilités. *Trouvez-les.*
Et vous? Qu'est-ce que vous voulez devenir? Qu'est-ce qu'il faut faire pour ça?

LEÇON 6

d'abord   Tous ensemble en vacances!

Didier, Lauretta et sa troupe partent pour Avignon.
Steve: Je suis **plus grand que** Lauretta alors je monte devant.
Lauretta: Ah non, Steve! Je suis **plus petite que** toi, mais je connais bien la route!
Didier: Et puis Steve, je ne peux vraiment pas conduire quand tu es à côté de moi.

Les Loustiks mettent leur matériel dans la voiture.
Johnny: Nos guitares sont **aussi lourdes que** le clavier de Roland!
Dany: C'est pour ça que Roland et moi, on part en voiture avec les instruments.
Roland: Johnny, tu as de la chance de partir en train. Tu vas être **moins fatigué que** nous.

Armelle et Julie vont à Argelès. Elles sont bien installées dans le train.
Armelle: J'adore prendre le train. Pas toi?
Julie: Bof. Je préfère faire du stop, c'est **moins** cher.
Armelle: Mais c'est **plus** dangereux. Moi, je n'aime pas ça.

a *Traduisez les phrases suivantes.*

Steve est **plus** grand **que** Lauretta.
Les guitares de Louis et Johnny sont **aussi** lourdes **que** le clavier de Roland.
Prendre le train, c'est **moins** dangereux **que** faire du stop.

 b *Trouvez la règle du comparatif (Komparativ).*

Pour vérifier la règle, regardez G 21.

c *Regardez les images et complétez les phrases avec le comparatif.*

! Faites attention à l'accord des adjectifs.

Didier ? (⇔ grand) ? Steve.
Roland et Dany ? (↗ fatigué) ? Estelle.
Armelle ? (↘ courageux) ? Julie.
Les filles ? (↗ petit) ? Johnny.

62 soixante-deux

6A
d'abord　　texte　　atelier　　sur place

🔊 Sur la route d'Avignon

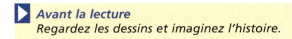
Avant la lecture
Regardez les dessins et imaginez l'histoire.

1 Lauretta et sa troupe de théâtre vont à Avignon pour présenter leur nouvelle pièce. Le festival d'Avignon est le plus connu de France. Les meilleures troupes jouent dans les salles de la ville et les troupes les moins connues jouent dans la rue.

Steve: Didier, ne conduis pas trop vite. Avec cette pluie, on va avoir des problèmes.
Lauretta: Calme-toi, Steve. Didier et moi, nous conduisons très bien. Tiens, on va écouter la radio, ça va te changer les idées.

« ... voilà, c'était la météo du week-end ... ».

Didier: Zut, on a raté la météo. J'espère qu'à Avignon, le temps n'est pas aussi mauvais qu'à Paris.

2 Vers midi, il pleut toujours. Ils s'arrêtent sur une aire d'autoroute pour manger et pour prendre de l'essence. Pendant que Didier fait le plein, un jeune homme s'approche de lui.

Luc: Salut! Est-ce qu'il y a encore un peu de place dans votre char?
Didier: Dans notre char?
Luc: Euh, je veux dire: dans votre voiture. Tu sais, au Québec, nous avons quelques mots qui sont différents.
Didier: Ah, tu es canadien? Où est-ce que tu veux aller?
Luc: A Argelès. Je fais du stop depuis ce matin et personne ne veut m'emmener. J'en ai marre.
Didier: Euh ... on peut t'emmener à Avignon, mais j'espère que tu n'as pas trop de bagages.
Luc: Non ... mais je voyage avec mon meilleur ami. Cadix!

Luc siffle et un très gros chien arrive.

3 Toute la troupe est d'accord pour emmener Luc et Cadix qui s'installent alors dans le minibus.

Steve: Hé, ho! Ça ne va pas? Ton chien est tout mouillé.
Didier: Il peut aller à côté de Lauretta, elle adore les chiens.
Luc: Lauretta, c'est un nom italien?
Lauretta: Oui, je suis née en Italie.
Luc: Moi, je viens du Québec.
Lauretta: Tiens, c'est drôle. Steve, lui, il vient des Etats-Unis.
Steve: Comment tu as fait pour prendre l'avion avec ton chien?
Luc: Cadix n'est pas venu avec moi, on s'est rencontrés sur la route.

4 Quand Didier et ses copains arrivent à Avignon vers 15 heures, il fait beau: 26 degrés et un ciel bleu sans un nuage! Ils déposent d'abord Luc et son chien à la gare, puis ils vont à l'auberge de jeunesse.

6A   d'abord   texte   **atelier**   sur place

1 Comprendre le texte
Après la lecture

Lisez les phrases suivantes et corrigez-les dans votre cahier.

1. Au festival d'Avignon, les meilleures troupes jouent dans la rue.
2. Lauretta est aussi calme que Steve.
3. Didier et Lauretta conduisent trop vite.
4. Luc fait du stop depuis une heure.
5. Dans le minibus, il y a encore beaucoup de place.
6. Luc vient des Etats-Unis.
7. Lauretta est née en France.
8. A Avignon, il fait aussi mauvais qu'à Paris.

2 A partir du texte
Après la lecture

a Lauretta et sa troupe ont préparé leur voyage à Avignon. Par quelles villes est-ce qu'ils sont passés? *Cherchez sur Internet ou sur une carte et donnez deux possibilités.*

b Le festival d'Avignon est le plus connu des festivals de théâtre. *Cherchez des informations sur Internet.*

3 La belle vie: A Avignon ou à Paris?   *(G 21)*

Regardez les photos et comparez Avignon et Paris.

Exemple: La vie à Paris est **plus** stressante **qu'**à Avignon.

Paris

vie
habitants
ville

heureux
stressé
petit
intéressant
grand
beau

Avignon

4 Qui est le meilleur?   *(G 22)*   bon/bonne > meilleur/meilleure > le meilleur/la meilleure

*Regardez les photos et faites votre hit-parade des acteurs et des chanteurs. Utilisez l'adjectif **bon**, son **comparatif** et son **superlatif**.*

Exemple: Leonardo Di Caprio est un **bon** acteur. Brad Pitt est **meilleur**. Mais **le meilleur**, c'est Matt Damon.

Didier   *Estelle*   *Till Schweiger*   *Britney Spears*   *Johnny Depp*   *Madonna*

Comparez votre hit-parade avec le hit-parade de votre voisin/de votre voisine.

Une mauvaise surprise

1 Luc va à Argelès pour y retrouver ses amis. A Narbonne, il doit changer de train. Mais avec Cadix, trouver de la place, c'est assez difficile.

Luc: Salut! Est-ce qu'il y a encore de la place ici?
Estelle: Mais oui, entre … Il est vraiment beau, ton chien!
Luc: Lui, c'est Cadix, et moi, c'est Luc. Vous partez en vacances?
Johnny: Non, nous allons à Argelès pour donner des petits concerts.
Luc: Oh! j'y vais aussi. Mais dites, la France est un pays où il y a beaucoup d'artistes. Je viens de voyager avec une troupe de théâtre qui allait à Avignon …

2 Il est déjà tard quand ils arrivent à Argelès. A la gare, Johnny, Estelle et Louis disent au revoir à Luc. Ils prennent d'abord de l'argent au distributeur, puis ils vont au camping. Ils y retrouvent Roland et Dany qui viennent d'arriver. Avec le vent, ils ont des problèmes pour monter leurs tentes.

3 Le lendemain, les *Loustiks* se réveillent tôt parce qu'il fait déjà très chaud. Roland et Louis vont faire des courses à l'épicerie du camping. Estelle va se laver. Elle reste quelques minutes sous la douche. Mais quand elle veut en sortir, elle ne voit plus ses vêtements. Son jean et son T-shirt ont disparu!

A ce moment-là, une fille entre dans les douches. C'est Armelle qui fait du camping avec sa copine Julie. Elle voit l'air furieux d'Estelle …
Armelle: Ça ne va pas? Je peux t'aider?
Estelle: Tu peux peut-être me prêter des vêtements!
Armelle: Pas de problème. Attends-moi une minute.

4 Armelle va dans sa tente et en rapporte une robe. Quelle chance! Estelle est aussi mince qu'Armelle. La robe lui va super bien.
Estelle: Merci. Dis-moi, est-ce que tu veux prendre le petit-déjeuner avec mes copains et moi? Nous sommes devant la grande tente rouge que tu vois là-bas.
Armelle: Pourquoi pas? Je suis avec une copine. Est-ce que je peux venir avec elle?
Estelle: Oui, bien sûr. On se retrouve dans cinq minutes?

5 *Roland:* Estelle, viens manger. Il y a des croissants. Ils sont moins bons qu'à Toulouse, mais tu as sûrement faim, non?
Johnny: Dis donc Estelle, elle est super, cette robe. Je ne la connaissais pas.
Estelle: Normal, elle n'est pas à moi! On a volé mes fringues, mais j'ai rencontré une fille sympa qui m'a prêté cette robe.
Johnny: Ah ouais? Et elle est jolie, cette fille?
Estelle: Oh! Tu m'énerves Johnny …

6B d'abord   texte   **atelier**   sur place

1 Comprendre le texte

 Après la lecture

*Remplacez les pronoms **y** et **en** par les informations que vous trouvez dans le texte.*

1. Luc y change de train.
2. *Les Loustiks* vont y donner des concerts.
3. *Les Loustiks* y disent au revoir à Luc.
4. Johnny, Louis et Estelle y retrouvent Dany et Roland.
5. Quand elle en sort, Estelle a une surprise.
6. Armelle en rapporte une robe pour Estelle.
7. Roland et Louis y achètent des croissants.
8. Les croissants y sont meilleurs.

2 A partir du texte

Après la lecture

a *Donnez un titre à chaque partie du texte et résumez l'histoire (5 phrases).*

b A votre avis, qui a pris les vêtements d'Estelle et pourquoi?

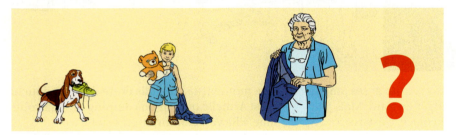

c Comment est-ce qu'Estelle va retrouver ses affaires? *Imaginez l'histoire.*

3 Les pays   (G 24)

a *Notez au tableau tous les pays que vous connaissez déjà.*

b *Regardez maintenant la carte d'Europe à la page 67 et écoutez.*

c *Recopiez la grille dans votre cahier et complétez-la avec cinq autres pays.*

Nom du pays	Je vais …	Je viens …
le Portugal	au Portugal	du Portugal
la France	en France	de France
l'Allemagne (f.)	en Allemagne	d'Allemagne
les Pays-Bas (m. pl.)	aux Pays-Bas	des Pays-Bas
…	…	…

4 Voyages en Europe

a *Regardez la carte et posez des questions à votre voisin / à votre voisine qui doit répondre avec **y** et **en**.*

Exemple:
Elève A: Est-ce que tu vas en Allemagne?
Elève B: Non, je n'y vais pas, j'en viens. Je vais en France.

b *Regardez la carte. Choisissez plusieurs voyageurs et décrivez leur voyage:*
Que font les jeunes? D'où est-ce qu'ils viennent? Où est-ce qu'ils vont? Qu'est-ce qu'ils vont faire là-bas?

c *Décrivez vos dernières vacances en Europe. Ou alors racontez quel pays vous avez envie de visiter et pourquoi. Imaginez votre voyage.*

66 soixante-six

6c d'abord — texte — atelier — sur place

🔊 Où allez-vous?

1 Armelle et sa copine partent aujourd'hui pour Prades où elles vont faire du cheval dans un centre de vacances. Vers 10 heures, les filles arrivent à la station de bus, chacune avec un gros sac à dos. Tout à coup, Armelle laisse son sac à Julie.
Armelle: Attends-moi là. Je reviens tout de suite.
Julie: Mais où vas-tu? On va rater le bus.
Armelle: J'ai oublié mes bottes au camping.
Julie: C'est toujours pareil avec toi!
Armelle: Quelle heure est-il? *(Elle regarde sa montre.)* Ne t'inquiète pas, on a le temps.
Julie: Dépêche-toi!

2 Quand Armelle revient, le bus est déjà parti.
Julie: Alors, tu es fière de toi? Le prochain bus passe à 15 heures et on devait se présenter au centre avant 13 heures. Il faut faire du stop maintenant.
Armelle: Du stop! Ah, non! C'est trop dangereux. Moi, je ne monte pas dans une voiture avec des gens que je ne connais pas.
Julie: Quelle vieille peureuse!

Les filles se disputent et ne remarquent pas le jeune homme à côté d'elles. Il leur demande:
Thomas: Salut, je peux vous aider? Où allez-vous?
Julie: Euh … à Prades, au centre de vacances.
Thomas: Vous avez de la chance, j'ai une voiture et c'est ma route. Je vous emmène?
Julie: Ouais, c'est super sympa. Merci.
Armelle: Mais tu es folle!
Julie: Ne fais pas la difficile. A cause de toi, on a raté le bus. Alors viens!

3 La route vers Prades est très belle. Ils traversent des vieux villages sous le soleil. Armelle ne dit pas grand-chose. Julie, elle, s'entend bien avec Thomas. Ils parlent chacun de leurs vacances.
Tout à coup, Thomas gare sa voiture sur une place sous un vieil arbre. Il montre aux filles un vieux café.
Thomas: On prend un verre? J'ai une copine qui m'attend là.
Julie: Pourquoi pas?
Armelle: Ah! Non, ça suffit. Nous sommes pressées. Viens Julie, on va prendre le bus.

1 Comprendre le texte

◀ **Après la lecture**

Lisez les phrases suivantes et trouvez la bonne réponse.

1. Armelle et Julie vont à Prades
   a) pour faire du tennis.
   b) pour faire du cheval.
   c) pour travailler.

2. Armelle retourne au camping
   a) parce qu'elle y a oublié ses bottes.
   b) parce que le bus est déjà parti.
   c) parce qu'elle veut donner son adresse à Johnny.

| d'abord | texte | **atelier** | sur place | **6C** |

3. Armelle ne veut pas faire du stop
   a) parce qu'elle trouve ça trop dangereux.
   b) parce que ses parents ne sont pas d'accord.
   c) parce qu'elle préfère attendre le prochain bus.

4. Thomas
   a) conduit les deux filles au centre de vacances.
   b) offre un verre aux filles.
   c) leur présente un copain.

2 A partir du texte

◁ *Après la lecture*

a Les filles sont parties en voiture avec Thomas. Est-ce que vous pensez que c'est une bonne idée? *Justifiez.*

 b Armelle ne veut pas continuer le voyage avec Thomas. *Imaginez la suite de l'histoire.*

 A vous   Et vous, est-ce que vous êtes pour ou contre le stop? *Expliquez.*

3 Au centre de vacances (G 27)

*Complétez le texte avec **chacun** ou **chacune**.*

Armelle et Julie sont enfin arrivées au centre. Avec un groupe de jeunes, elles font leur première rando à cheval. Les jeunes choisissent ? un cheval, puis ils partent. Les filles ont
5 mis ? leurs affaires dans un grand sac. A midi, le groupe s'arrête pour manger.

? prend son sandwich et sa bouteille d'eau. Les jeunes parlent ? de leurs familles et de leurs copains. Armelle et Julie racontent ? leurs vacances à Argelès. C'est très sympa. Après le repas, ils choisissent ? un arbre et dorment un peu.
10

4 Les photos d'Armelle (G 28)

a *Regardez les paragraphes 2 et 3 du texte et trouvez toutes les formes de l'adjectif **vieux**.*

b *Utilisez les formes de l'adjectif **vieux** pour décrire les photos d'Armelle.*

soixante-neuf **69**

6c d'abord texte **atelier** sur place

5 on dit — La météo

a) Il fait beau.
b) Il fait mauvais.
c) Il neige. / Il y a de la neige.
d) Il y a des nuages.
e) Il y a du vent.
f) Il y a de l'orage.
g) Il pleut. / Il y a de la pluie.
h) Il y a du soleil.
i) Le ciel est bleu.
j) Il fait -5. / Il fait 5 degrés.

1.   2.   3.
4.   5.   6.   7.
8.   9.   10.

Quelle image va avec quelle phrase?

6 Le bulletin météo

a *Recopiez d'abord la grille dans votre cahier. Ecoutez ensuite la météo pour la France et pour l'Allemagne, puis cochez les bonnes réponses.*

b *Regardez la carte de France et faites votre bulletin météo.*

	☀	🌧	☁	↗	°C
Berlin					
Munich					
Francfort					
Paris					
Toulouse					
Lyon					

7 Titeuf adore la pluie!

Regardez les images et racontez une petite histoire.

70 soixante-dix

| d'abord | texte | atelier | **sur place** | **6** |

⟨Passion Avignon⟩

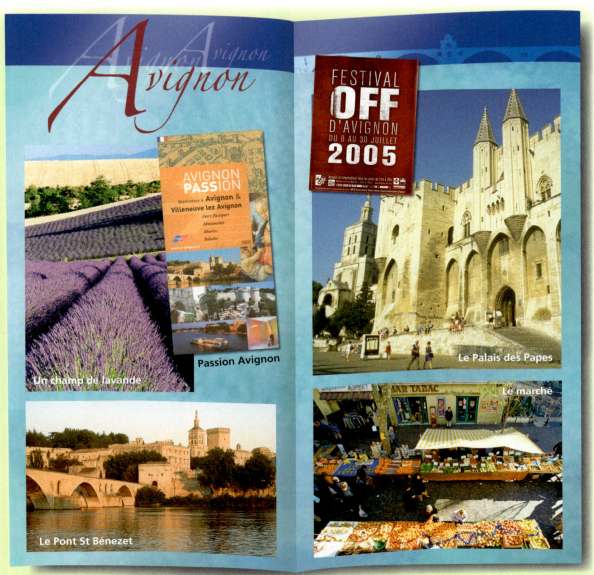

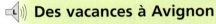 **Des vacances à Avignon**

Vous êtes en vacances à Avignon et vous cherchez des endroits connus à visiter.
Ecoutez. Quel texte va avec quelle image?

 Projet: Organisez votre voyage de classe!

Vous allez partir avec votre classe à Avignon. *Organisez votre voyage:*
qu'est-ce que vous voulez visiter? Où allez-vous dormir?
Comment allez-vous aller à Avignon? Etc.

Bon voyage!

soixante et onze **71**

《C'est la récré.》

Les jeunes et les médias

1 Génération MSN

Il y a encore quelques années, la vedette des adolescents était le téléphone. Puis, le téléphone portable est arrivé avec tous ses petits suppléments: photo, Internet, caméra etc. Mais depuis peu s'est ajoutée une nouveauté liée au Net: MSN. C'est une messagerie qui permet de chatter avec des contacts sélectionnés. Après l'école, le soir ou le week-end, les jeunes peuvent rester des heures devant l'ordinateur. Alors, MSN cyber-drogue? Il faut dire que c'est gratuit, contrairement aux SMS, et en plus c'est instantané, contrairement aux e-mails. Mais attention aussi aux dangers du MSN. Lisez le témoignage d'Annabelle, 15 ans: «Tous mes amis organisaient des sorties et des fêtes pendant que moi, je passais mes week-ends entiers sur MSN, alors à la fin, je n'avais plus tellement d'amis.» Alors MSN, c'est bien, c'est cool, mais cela ne doit pas être un moyen d'échapper à la vie réelle … avec ses rendez-vous, ses rires et … aussi ses disputes!

Tiré de: *Le Lycéen*, mars 2005, p. 6–7.

2 Le blog, le nouveau journal (pas très) intime!

Le blog: ce mot est une abbréviation qui vient de weblog. Le blog est un journal personnel sur Internet: ainsi, chacun peut dire tout et n'importe quoi à tout le monde! Voilà pour l'idée! Et le blog connaît un succès mondial. Il en existe plus de 30 millions dans le monde dont deux millions en France.
Pour les jeunes, c'est souvent un moyen de faire partager à d'autres jeunes leurs idées et leurs problèmes. Mais attention, tout le monde peut lire les blogs, les parents aussi! Il existe aussi des blogs collectifs. Certaines écoles ont déjà remplacé leurs journaux sur papier par des blogs. Voici deux adresses pour découvrir le monde du blog! Sur www.weblogues.com, vous trouvez tous les blogs francophones mis à jour. Et sur www.blogwise.com, vous trouvez un moteur de recherche par pays et par thèmes.

«C'est la récré.»

3 Internet, ça change quoi?

Depuis qu'il y a Internet à la maison …

	moins qu'avant	autant qu'avant	plus qu'avant	Je n'ai pas d'appareil (TV, magnétoscope, console)
Je regarde la télévision	34%	59%	1%	5%
Je regarde des cassettes vidéo / DVD	20%	67%	3%	8%
Je joue aux jeux vidéos sur console	18%	33%	5%	41%
J'écoute de la musique	3%	68%	27%	–
Je lis pour mon plaisir (livres, BD, magazines)	14%	76%	9%	–
Je passe du temps à la maison	8%	78%	12%	–

Jacotte (17 ans): «J'utilise Internet très souvent, le soir assez tard, quand je suis tranquille dans le salon, quand il n'y a rien à la télé, quand j'ai fini un livre, que j'ai du temps.»
Axel (13 ans): «Je charge souvent des MP3 et je les garde dans mes documents comme ça, ça me remplace la radio (je n'ai pas de hi-fi).»

Nicolas (18 ans): «Avant, je pouvais me mettre devant la télé, même si c'était pas terrible, alors que maintenant, s'il n'y a rien à la télé, je vais chez un copain et on se met sur Internet.»
Steve (13 ans): «Internet, ça ne change rien à la télé. Je fais les deux en même temps. Dès que je me mets sur l'ordinateur, j'aime bien que la télé soit allumée.»

© *Les jeunes et Internet*, Evelyne Bevort et Isabelle Breda, Clemi, 2001. www.clemi.org/recherche/jeunes_internet.html

A vous Qu'est-ce que vous préférez: musique, livres, Internet, jeux vidéos? *Faites un sondage dans votre classe et comparez les résultats. Etes-vous très différents des jeunes Français?*

---

une vedette *une star* – **un supplément** ein Zusatz – **une nouveauté** qc. de nouveau – **être lié(e) à qc.** mit etw. verbunden sein – **une messagerie** *un programme pour échanger des messages* – **sélectionner** auswählen, aussuchen – **une drogue** eine Droge – **contrairement** *au contraire de* – **instantané** *tout de suite* – **un danger** eine Gefahr – **un témoignage** eine (Zeugen-)Aussage – **échapper** entkommen, fliehen – **réel(le)** real, wirklich – **une abbréviation** eine Abkürzung – **personnel(le)** persönlich – **mondial** *qui concerne le monde entier* – **un moyen** ein Mittel – **collectif/ve** gemeinsam – **remplacer** ersetzen

⟨On fait des révisions.⟩

Hier kannst du den Stoff der Lektionen 5 und 6 wiederholen. Kontrolliere deine Lösungen auf den Seiten 185–186.

1 En français

Ta corres Marie a fait un stage dans une radio. Tu lui poses des questions et tu lui racontes ton stage.

Toi	Marie
1. Du möchtest wissen, wie sie das Praktikum gefunden hat.	Je suis allée au CDI et j'ai lu les fiches-métier.
2. Du fragst, ob sie beim Gespräch ein bisschen nervös war.	Oui, un peu. Mais le directeur et l'équipe étaient super sympas.
3. Du sagst, dass du auch schon ein Praktikum gemacht hast. Du hast in einer Schule gearbeitet.	Ah, bon! C'était comment ton travail?
4. Du antwortest, dass du der Lehrerin geholfen hast. Du hast ein Projekt mit den Schülern gemacht.	Wouah! Alors, tu as envie de devenir professeur des écoles?
5. Du sagst, dass man viel arbeiten und Prüfungen bestehen muss.	Oh … C'est dur, mais c'est intéressant. Est-ce que tu as aimé travailler avec les enfants?
6. Du antwortest, dass dir die Arbeit mit den Kindern total gut gefallen hat. Die Klasse war sehr sympathisch.	Tu as eu de la chance, c'est bien.

VOC 2 Conduire et …?

a *Trouvez les expressions qui vont ensemble. Ecrivez-les dans vos cahiers.*

conduire	donner un concert	être professeur des écoles
faire du camping		monter une tente
être musicien	enseigner le français	prendre de l'essence

b *Cherchez dans les leçons 5 et 6 d'autres expressions qui vont ensemble et préparez une grille pour votre voisin / votre voisine. Echangez vos grilles et trouvez les expressions qui vont ensemble dans la grille de votre voisin / votre voisine. Comparez et corrigez.*

3 Julie dit que … (G 16)   demander si / pourquoi ♠   répondre ♣   dire que ♦

Armelle et Julie parlent de leurs stages. *Racontez leur dialogue au discours indirect.*

Armelle: Alors, Julie? Ton stage était bien? (♠)
Julie: Non, il n'était pas génial. (♣) Je n'ai pas pu avoir une place dans une école. (♦) J'ai trouvé une place dans une entreprise où j'ai aidé les secrétaires. Mais ça ne m'a pas plu. (♦)
Armelle: Pourquoi? (♠)
Julie: Je ne veux pas devenir secrétaire, j'ai envie de travailler avec des enfants. (♣)
Armelle: Moi, mon stage s'est bien passé. Les gens de la radio étaient très sympas. (♦)

74 soixante-quatorze

⟨On fait des révisions.⟩

4 Les questions d'Armelle (G 17)

Répondez avec ne … personne/ne … jamais/ne … pas encore/ne … rien/ne pas … d'/de / ne … pas.

1. Est-ce que tu sais conduire?
2. Est-ce que tu es déjà venu(e) en France?
3. Est-ce que tu connais quelqu'un en France?
4. Est-ce que tu connais un chanteur français?
5. Est-ce que tu as fait un stage cette année?
6. Est-ce que ton stage t'a plu?
7. Est-ce que tes parents te donnent de l'argent de poche?

5 Trop de café! (G 18, 20)

*Mettez le verbe **savoir** à la bonne forme. Remplacez aussi les expressions en gras par **en**.*

Je suis allé chez des amis qui m'ont demandé: «Tu veux un café?» Je leur ai répondu: «Non, merci, vous (savoir), je ne bois plus **de café** depuis deux mois». Ils m'ont dit: «Non, nous ne (savoir / *imparfait*) pas. Tu ne prends vraiment plus **de café**?» Alors j'ai dit: «J'en ai marre. Je ne veux plus boire du café: je prends **du café** au petit-déjeuner. Au bureau, nous buvons **du café** toute la journée, je bois **du café** après les repas. C'est trop! Mais le problème, c'est mes parents. Ils ne (savoir) pas encore. Ils ont un magasin de café. Et tout le monde (savoir) qu'ils n'aiment pas les gens qui ne prennent pas de café!»

6 Qui est le plus grand? (G 21)

a *Utilisez **moins/aussi/plus … que** pour comparer Steve, Lauretta, Armelle et Johnny.*

Exemple:
Steve est **plus grand que** Johnny, mais Johnny est **moins** …

b *Faites des phrases avec les superlatifs de **grand**, **petit**, **lourd** et **courageux**.*

Exemple:
Lauretta est **la plus petite**.

	Steve	**Lauretta**	**Armelle**	**Johnny**
grand / petit	1,75 m	1,59 m	1,72 m	1,72 m
lourd	70 kg	48 kg	56 kg	68 kg
courageux	++	+++	+	++

A vous Comparez vos camarades de classe et dites qui est le/la plus grand(e) / le/la plus petit(e)?

7 Tu vas à l'école? (G 25)

| sortir de | venir de | aller à | retourner à |

*Regardez les photos et utilisez les verbes pour poser une question à votre voisin/voisine qui répond avec **y** ou **en**.*

Exemple:
– Est-ce que tu vas au collège aujourd'hui?
– Oui, j'**y** vais. / Non, je n'**y** vais pas.

  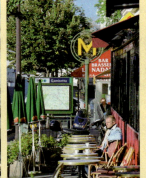 

⟨On fait des révisions.⟩

8 Ciao, je viens d'Italie. (G 24)

△ *Regardez les images et la carte page 67. Faites des phrases comme dans l'exemple.*

Exemple: Ciao, je suis Alessandro. Je viens d'**Italie**, j'habite à Rome.
Pendant les vacances, je vais en **République Tchèque**.

9 Bon voyage (G 23, 28)

Lisez le texte et choisissez une des deux formes entre parenthèses.

Quand nous partons en vacances avec ma famille, nous prenons notre (vieux/vieille) voiture. Mon père ne (conduit/conduis) pas. Alors ma mère et ma sœur, qui a 18 ans, (conduisent/conduisons). Elles aiment beaucoup (conduire/conduisent) et (chacun/chacune) fait 100 km. Puis nous nous arrêtons dans un (vieille/vieux) village pour manger. Dans la voiture, (chacun/chacune) raconte des histoires marrantes. Nous arrivons le soir dans notre (vieux/vieille) maison de vacances.

VOC 10 En route, Lauretta raconte.

Complétez les phrases suivantes.

1. Les petites routes c'est plus sympa, mais on va plus vite sur l' ? .
2. Nous nous arrêtons sur une ? d'autoroute pour manger et pour prendre de l' ? .
3. Je n'ai plus d'argent. Est-ce qu'il y a un ? près d'ici?
4. Je veux savoir s'il va faire beau, alors j'écoute la ? .
5. Maintenant, c'est moi qui ? , Didier est trop fatigué pour continuer.

76 soixante-seize

 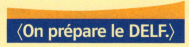

Auf dieser Seite könnt ihr euch auf das DELF A2 vorbereiten.

1 Les enfants de la radio

Hören und verstehen

Document sonore 1: Ecoutez et notez la bonne réponse dans votre cahier.

Vous venez d'entendre
a) un message sur un répondeur   b) un flash d'information   c) une publicité

Document sonore 2: Ecoutez et écrivez la bonne réponse ou l'information demandée dans votre cahier.

1. Un jeune Français sur 10 passe ? heure(s) sur Internet par jour.
2. ? % préfèrent regarder la télé.
3. ? % écoutent régulièrement la radio.
4. La radio la plus écoutée, c'est:
   a) NRG   b) NRW   c) NRJ

Document sonore 3: Ecoutez et répondez en écrivant l'information demandée dans votre cahier.

1. Quel est le titre de l'émission de radio?
2. C'est une émission pour les jeunes de ? à ? ans.
3. Qui appelle?
4. Quel est le problème du copain de Lucas?

2 La Génération Nouvelles Technologies

Verstehen und schreiben

Lis le texte sur «le blog», page 72. Dans ton blog, tu décris ce que tu as fait aujourd'hui à l'école, dans ta famille. Tu racontes tes activités de l'après-midi et tu réfléchis à ce que tu vas faire les jours à venir. (160–180 mots environ)

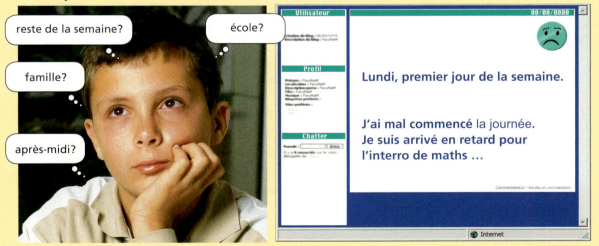

3 Le chat ou le ciné?

Sprechen

Ce soir, tu veux aller au ciné avec des copains de classe. Ton/Ta meilleur(e) ami(e) préfère rester devant son ordinateur pour chatter. Tu l'appelles pour essayer de lui faire changer d'avis. Ton voisin/Ta voisine prend le rôle de ton/ta meilleure ami(e).

soixante-dix-sept **77**

MODULE 1

🔊 L'amour avec un grand A!

1 C'était un vendredi après-midi. J'attendais le bus devant le collège avec Marco et Etienne. Ma journée avait été une vraie catastrophe. Le matin, mes parents s'étaient disputés
5 pendant le petit-déjeuner. Ensuite, ma sœur et moi, nous avions raté notre bus et nous étions arrivés en retard. Pour finir, j'avais eu une bulle à l'interro de physique, comme toujours. J'étais en train de déprimer quand elle est passée
10 avec ses copines devant nous. Je n'avais jamais vu une fille aussi belle!

2 J'ai demandé à mes copains: «Qui est cette fille?» Etienne et Marco ont répondu: «Quelle fille? Est-ce que tu peux nous la montrer?»
15 J'ai répondu: «La fille, là, aux cheveux longs! Vous la connaissez? … Mais, dites-le-moi.» J'avais parlé un peu trop fort et Marco a dit: «Dis donc Léo, ne parle pas si fort, elle va t'entendre.» Etienne a rigolé: «Allez, dis-le-lui,
20 Marco. Léo est tombé amoureux!» Alors Marco m'a expliqué: «C'est Amandine Pilou. Elle est nouvelle. Et tu sais quoi? Elle est ceinture noire de judo!»

3 Quelle horreur! J'étais tombé amoureux d'une sportive! Et moi qui n'avais jamais eu 25 la moyenne en sport!

1 Il n'avait jamais vu une fille comme elle! *(G 29)*

Ils s'étaient disputés et **nous avions raté** sont des formes des verbes **se disputer** et **rater** au plus-que-parfait (Plusquamperfekt). Le plus-que-parfait est un temps du passé. Il exprime le passé dans le passé.

a *Cherchez les verbes au plus-que-parfait dans la première partie du texte et complétez les phrases suivantes.*
1. Ma journée **?** une vraie catastrophe.
2. Mes parents **?** pendant le petit-déjeuner.
3. Nous **?** notre bus.
4. Nous **?** en retard.
5. J' **?** une bulle.
6. Je n' **?** jamais **?** une fille aussi belle.

b *Comment est-ce qu'on construit le plus-que-parfait? Trouvez la règle.*

Le **plus-que-parfait** =
? ou **?** à l'imparfait + p… p… du verbe

Pour vérifier la règle, regardez G 29.

c *Regardez l'exercice 1 a. Conjuguez les phrases 3 et 4 avec **vous** et les phrases 5 et 6 avec **tu**.*

d *Mettez les verbes au plus-que-parfait.*

J'avais enfin un rendez-vous avec Amandine. 1. Une semaine avant, j'*(commencer)* à faire beaucoup de sport. 2. Le lundi, mes copains et moi, nous *(aller)* à la piscine où nous *(nager)* deux heures. 3. Le mardi, j'*(faire)* du jogging dans le parc. 4. Et là, j'*(rencontrer)* Julie et Corinne, deux filles de ma classe. 5. Elles *(passer)* devant moi. 6. Julie *(tourner)* la tête et m'*(regarder)*. 7. Et Corinne, cette petite peste, *(dit)*: «Salut, Léo! Tu *(ne pas dire)* que tu *(devenir)* un sportif. Tu es amoureux, ou quoi?»

78 soixante-dix-huit

MODULE 1

2 Comprendre le texte

◀ *Après la lecture*

Lisez les phrases suivantes et dites si c'est vrai, faux ou pas dans le texte.

1. Léo a des mauvaises notes en physique.
2. En sport, il est aussi bon que Marco.
3. Les parents de Léo se sont disputés vendredi.
4. Léo a raté son bus à cause de sa sœur.
5. Amandine Pilou est une nouvelle élève.
6. Léo veut faire du judo.

3 Avant le premier rendez-vous *(G 29)*

Lundi	Mardi	Mercredi

Mercredi, Amandine et Léo avaient rendez-vous au cinéma.

Utilisez le plus-que-parfait pour décrire comment ils se sont préparés.

Commencez comme ça:
Lundi, Léo était allé chez …

4 Le rendez-vous

Remplacez dans les phrases suivantes les mots en gras par des pronoms.
Exemple: Léo montre **Amandine à ses copains**. → Léo **la leur** montre.

1. Léo explique **les maths à Amandine.**
2. Amandine montre **ses médailles à ses copains.**
3. Amandine donne **sa montre à sa copine.**
4. Léo montre **le quartier à Amandine et Julie.**
5. Léo offre **des fleurs à Amandine.**
6. Amandine présente **son prof de judo à Léo.**

5 Quelle semaine! *(G 30)*

Remplacez les mots en gras par des pronoms.
Exemple: Passe-moi **ton cahier** → Passe-**le**-moi.

Le prof de sport:
«Donnez-lui **le ballon**.»

Le prof de judo:
«Montrez-leur **la prise**.»

Les parents: «Montrez-nous **ton bulletin**.»

Amandine: «Explique-moi **l'exercice**.»

soixante-dix-neuf 79

MODULE 2

Mais qu'est-ce que tu fais, Amandine?

1 *Mme Pilou:* **Qu'est-ce que** tu fais, Amandine? Tu sors?
Amandine: Je vais chez Julie pour faire des maths.
Mme Pilou: Ah bon? Alors, **qui est-ce qui** t'attend devant la maison?
Amandine: Mais personne!

2 *M. Pilou:* **Qu'est-ce qui** se passe ici?
Amandine: Je veux aller faire des maths chez une copine.
Mme Pilou: Des maths, tu parles! …

4 *Léo:* C'est énervant d'attendre! **Qu'est-ce qu'**elle raconte? Pourquoi est-ce qu'elle m'appelle Julie?

3 *Mme Pilou:* Mais **qui est-ce que tu appelles**?
Amandine: Allô, Julie… euh, désolée, mais je ne peux pas sortir ce soir …

1 Des questions (G 31, 32)

a *Recopiez la grille dans votre cahier et complétez-la avec les questions du texte.*

b *Traduisez les phrases de votre grille.*

c *Regardez les exemples suivants pour poser les questions qui vont avec les réponses en gras. Aidez-vous aussi de votre grille.*

	Subjekt	Objekt
Personen	**Qui** est-ce **qui** …?	**Qui** est-ce **que** …?
Sachen	**Qu'**est-ce **qui** …?	**Qu'**est-ce **que** …?

Exemple:
Amandine est jolie.
→ **Qui** est-ce **qui** est joli?
Ces pulls sont jolis.
→ **Qu'est-ce qui** est joli?

Amandine cherche sa **copine**.
→ **Qui** est-ce **qu'**Amandine cherche?
Julie cherche un **pull**.
→ **Qu'**est-ce **que** Julie cherche?

1. **Mme Pilou** a vu Léo devant la maison.
2. Léo attend peut-être **Amandine**.
3. **Amandine** veut préparer son interro de maths.
4. **La soirée** se passe mal.
5. **Les parents** ne croient pas l'histoire d'Amandine.
6. Alors, Amandine prend **son portable**.

80 quatre-vingts

MODULE 2

2 Les devinettes de *Tous ensemble* (G 31, 32)

Posez des questions avec **qui est-ce qui/qui est-ce que, qu'est-ce qui/qu'est-ce que** *à votre voisin/ à votre voisine qui répond. Vérifiez ses réponses dans votre livre.*

1. [?] a trouvé le nouveau guitariste des *Loustiks*?
2. [?] Antoine a fait pendant la fête d'adieu pour les corres?
3. [?] s'est blessé au pied pendant la rando dans le parc du Vercors?
4. [?] Didier a vendu dans le métro?
5. [?] Didier a rencontré dans le métro?
6. [?] est souvent agressif avec Laïla?
7. [?] les copines de Laïla ont fait pour l'aider?
8. [?] Armelle a présenté pendant son stage à la radio?
9. [?] *les Loustiks* rencontrent au camping?

3 Paroles de jeunes (G 31, 32)

Dans la classe de Léo, les élèves ont fait une enquête.

Travaillez à deux et posez des questions.

Exemple: Qui est-ce qui aime (+)/déteste (-) la mousse au chocolat?
Qu'est-ce que Léo aime/déteste?

	Amandine	Julie	Léo
1. mousse au chocolat	+	+	+
2. maths	+	–	–
3. shopping	+	+	–
4. vacances	+	–	+
5. sport	+	+	–
6. ciné	–	+	+

4 Raconte-moi ce qui s'est passé. (G 33)

a *Lisez les phrases suivantes et traduisez-les en allemand. Quel mot allemand remplace* **ce qui/ce que**?

Elle fait toujours **ce qui** lui plaît.
Ce qui m'énerve, ce sont ses histoires.

Je fais **ce que** je veux.
Ce que je déteste, ce sont les questions de ma mère.

b *Complétez les phrases avec* **ce qui/ce que/ce qu'**.

Amandine: [?] m'énerve avec mes parents, c'est qu'ils ne me comprennent jamais. Ils ne savent même pas [?] j'aime. Je dois toujours faire [?] ils veulent. Et [?] m'énerve le plus, c'est qu'ils
5 disent toujours: «Ne discute pas, fais [?] on te dit», ou encore: «[?] est important, c'est l'école», et aussi «Crois-nous, nous savons [?] est bon pour toi!». Et puis, ils disent aussi: «Tu n'écoutes jamais [?] on te dit».
10 Julie: Mes parents sont pareils.

Überblick über alle wichtigen Grammatikthemen aus **Tous ensemble 1** und **2**

Zoom sur la grammaire

Verben auf -er

je cherch-**e**

-e	-es	-e
-ons	**-ez**	**-ent**

Verben auf -dre

je répond-**s**

-s	-s	-d
-ons	**-ez**	**-ent**

Verben auf -ir

je par-**s**
nous part-**ons**

-s	-s	-d
-ons	**-ez**	**-ent**

futur composé

je **vais manger**

aller + infinitif

Imperativ

Entr**e**, Luc.
Entr**ez**.
Entr**ons**.

Verben

passé composé mit avoir

il	a	dans**é**
elle	a	dans**é**

avoir + participe passé

passé composé mit être

il	est	all**é**
elle	est	all**ée**
ils	sont	part**is**
elles	sont	part**ies**

être + participe passé

Verneinung

ne … pas / ne … rien / ne … pas encore / ne … plus / ne … jamais

présent	*passé composé*	*futur composé*
Elle **ne** parle **pas**.	Il **n'a** **rien** mangé.	Ils **ne** vont **jamais** venir.

ne … pas de / ne … plus de

Elle **ne** mange **pas de** céréales,
parce qu'il **n'**y a **plus de** lait.

Bestimmter/unbestimmter Artikel
le, la, les, un, une, des

le/un cousin	**la/une** cousine
l' **a**mi	**l'** **a**mie
les/des copain**s**	**les/des** copine**s**

Teilungsartikel *du, de la, de l'*

Elle prend **du** chocolat,
de la confiture et
de l' **e**au.

Begleiter *tout, toute, tous, toutes*

tout le collège	**toute** la classe
tous les garçon**s**	**toutes** les fille**s**

Nomen und Begleiter

Possessivbegleiter *mon, ma, mes, ton, ta, tes, son, sa, ses*
notre, votre, leur, nos, vos, leurs

mon couteau	**ma** cuillère	**mon** _assiette	**mes** couteaux
ton couteau	**ta** cuillère	**ton** _assiette	**tes** cuillères
son couteau	**sa** cuillère	**son** _assiette	**ses** _assiettes
	notre couteau		**nos** couteaux
	votre cuillère		**vos** cuillères
	leur assiette		**leurs** _assiettes

Fragebegleiter *quel, quelle, quels, quelles*

quel homme …?	**quelle** femme …?
quels garçon**s** …?	**quelles** fille**s** …?

Demonstrativbegleiter
ce, cet, cette, ces

ce vendeur	**cette** vendeuse
cet **e**nfant	
ces client**s**	**ces** clientes

82 quatre-vingt-deux

Zoom sur la grammaire

Pronomen

Direkte und indirekte Objektpronomen: *me, te, nous, vous*

– Théo	**me**	cherche?	mich
– Oui, il	**t'**	invite à sa fête.	dich
– Fanny	**me**	donne ses CD.	mir
– Elle ne	**t'**	apporte pas ses photos?	dir
– Papa, tu	**nous**	offres un dessert?	uns
– D'accord, je	**vous**	achète une glace.	euch

Direkte Objektpronomen: *le, la, les*

Le cahier? Je **le** cherche.
La carte? Je **la** cherche.

Les clés?   Je **les** cherche aussi,
          mais je **ne les** trouve **pas**.

Indirekte Objektpronomen: *lui, leur*

Tu poses des questions **à Jean**? / **à Fanny**?
Oui, je **lui** pose des questions.

Pierre raconte son histoire **à ses copains** et **à ses copines**.
Il **leur** raconte tout.

Fragen

Frage mit einem Fragewort

Qui	est-ce?
A qui	**est-ce que** tu penses?
Avec qui	**est-ce qu'**elle joue?
Qu'	**est-ce que** c'est?
Que	font les enfants?
De quoi	**est-ce qu'**ils parlent?
Où	sont les élèves?
Où	**est-ce qu'**il va?
Quand	**est-ce que** tu arrives?
Pourquoi	**est-ce que** tu n'écoutes pas?
	Je n'écoute pas **parce que …**

Intonationsfrage
– Léa fait du VTT**?**   – Oui/Non …
Frage mit *est-ce que*
– **Est-ce que** Léa fait du VTT**?** – Oui/Non …

Adjektive

Farbadjektive und andere Adjektive

un pantalon **vert**   **une** casquette **blanche**
des anoraks **bleus**   **des** minijupes **rouges**
des jeans **fantastiques** **des** jupes **fantastiques**

Nomen + Adjektiv

Alle Adjektive

Le pull **est** **noir**.
Les jeans **sont** **nouveaux**.

La jupe **est** **belle**.
Les jupes **sont** **grandes**.

Nomen + *être* + Adjektiv

Adjektive *petit/grand/beau/nouveau*

un petit appartement   **une petite** maison
des grands couloirs   **des grandes** glaces

un beau/nouveau lit   **une belle/nouvelle** chambre
un bel/nouvel ordinateur
des beaux/nouveaux livres **des belles/nouvelles** étagères

Adjektiv + Nomen

quatre-vingt-trois **83**

G comme grammaire

LEÇON 1

G1 Une fête qui est super. – Die Relativpronomen *qui, que, où*

Voilà *les Loustiks*. **Ils** partent à la Fête de la Musique.
→ Voilà *les Loustiks* **qui** partent à la Fête de la Musique. … die …

Johnny est un guitariste. **Il** connaît beaucoup de chansons.
→ Johnny est un guitariste **qui** connaît beaucoup de chansons. … der …

Les Loustiks font un concert. **Il** plaît à tout le monde.
→ *Les Loustiks* font un concert **qui** plaît à tout le monde. … das …

qui = Subjekt des Relativsatzes

Les Loustiks jouent des chansons cool. Les jeunes adorent **ces chansons.**
→ *Les Loustiks* jouent des chansons cool **que** les jeunes adorent. … die …

Johnny parle avec un autre musicien. Il **le** connaît.
→ Johnny parle avec un autre musicien **qu'**il connaît. … den …

que = Objekt des Relativsatzes

Ce soir, beaucoup de gens sont à Toulouse. **A Toulouse,** il y a une ambiance d'enfer.
→ Ce soir, beaucoup de gens sont à Toulouse **où** il y a une ambiance d'enfer. … wo …

Les Loustiks jouent rue Peyrolières. **Dans cette rue,** il y a beaucoup de jeunes.
→ *Les Loustiks* jouent rue Peyrolières **où** il y a beaucoup de jeunes. … in der …

où = Ortsbestimmung

Im Relativsatz steht …

… **qui** + Verb
… **que** + Subjekt + Verb
… **où** + Subjekt + Verb

84 quatre-vingt-quatre

G comme grammaire 1

A G2 *moi, toi, lui, elle …* – Die unverbundenen Personalpronomen

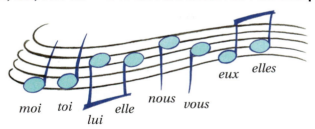

– **C'est toi,** la copine d'Estelle? – Oui, **c'est moi.**	• *c'est + moi, toi …*
– Tu fais aussi de la musique? – **Moi?** Ah non, je préfère le sport. Je ne suis pas comme Estelle.	• allein (in Sätzen ohne Verb)
– **Elle, elle** a toujours joué avec *les Loustiks*. Johnny, **lui, il** joue pour la première fois dans ce groupe. – **Nous, nous** allons ⎱ au concert de Zebda. – **Nous, on** va ⎰	• zur Hervorhebung des Subjekts
– Et vous, vous venez **avec nous**? – Oui. Pourquoi pas? – Demandez aussi aux filles. Elles sont **derrière vous**. On ne va pas aller au concert **sans elles**. – Louis et Dany viennent aussi. On va bien rigoler **avec eux**.	• nach einer Präposition

quatre-vingt-cinq **85**

1 G comme grammaire

G 3 *je finis, je choisis* – Die Verben auf *-ir* mit Stammerweiterung

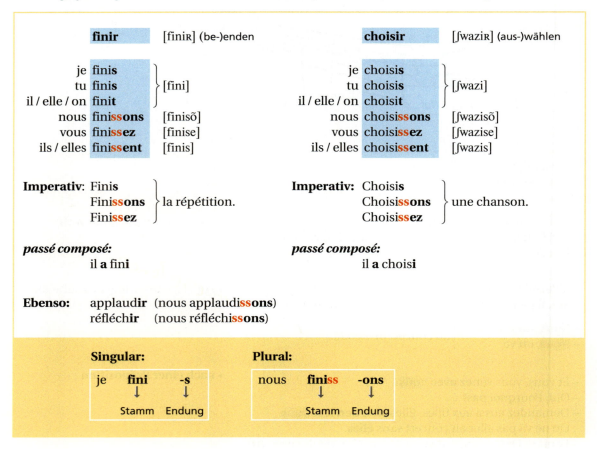

B G 4 *tout le, toute la …* – *tout* als Begleiter des Nomens

G comme grammaire 2

LEÇON 2

G 5 *je me dépêche, tu t'amuses* – Die reflexiven Verben

	se dépêcher			**s'amuser**	
	sich beeilen			sich amüsieren	
je	**me**	dépêche	je	**m'**	amuse
tu	**te**	dépêches	tu	**t'**	amuses
il / elle / on	**se**	dépêche	il / elle / on	**s'**	amuse
nous	**nous**	dépêchons	nous	**nous**	amusons
vous	**vous**	dépêchez	vous	**vous**	amusez
ils / elles	**se**	dépêchent	ils / elles	**s'**	amusent

Ebenso: se demander, **se** retrouver … **Ebenso: s'**organiser, **s'**occuper (de), **s'**excuser

Verneinung   Ils **ne** se reposent **pas**.

ne + Pronomen + Verb + **pas**

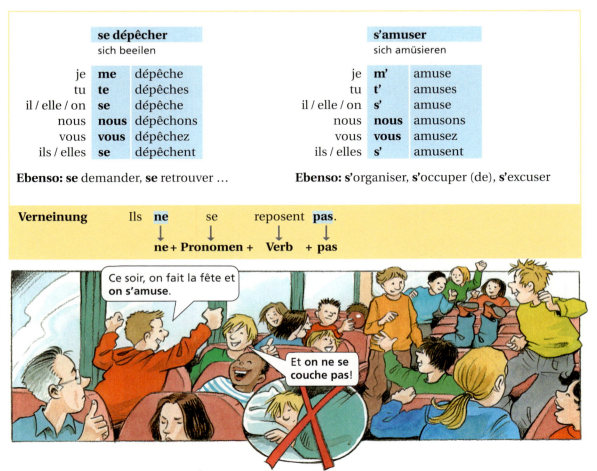

A G 6 *je bois, tu bois …* – Das Verb *boire*

	boire	trinken
je	bois	
tu	bois	[bwa]
il / elle / on	boit	
nous	b**uv**ons	[byvõ]
vous	b**uv**ez	[byve]
ils / elles	boi**v**ent	[bwav]

Imperativ: Bois.   *passé composé:* j'**ai** bu
B**uv**ons.
B**uv**ez.

quatre-vingt-sept **87**

2 G comme grammaire

B G7 *Je suis à Grenoble pour apprendre le français.* – Der Infinitivsatz mit *pour*

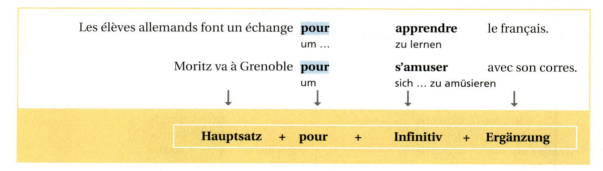

G 8 *Je viens de finir un match.* – *venir de faire qc*
Je suis en train de me doucher. – *être en train de faire qc*

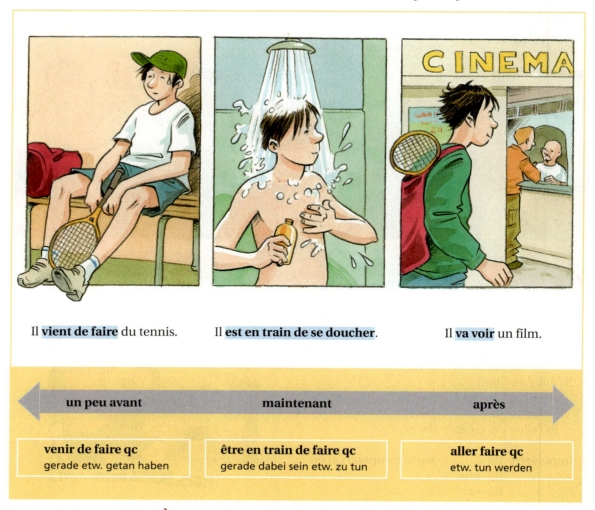

G comme grammaire 2

C G 9 *Il s'est reposé, elle s'est reposée.* – Die reflexiven Verben im *passé composé*

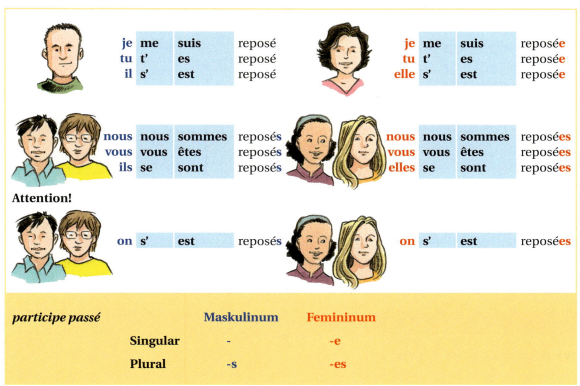

participe passé	Maskulinum	Femininum
Singular	-	-e
Plural	-s	-es

quatre-vingt-neuf 89

Révisions 1

Relativpronomen G1

Les Loustiks sont un groupe **qui** joue du pop-rock.
Ils répètent des morceaux **que** leurs copains adorent.
Ils jouent dans la rue **où** il y a un magasin de musique.

- **qui** = Subjekt des Nebensatzes
- **que/qu'** = Objekt des Nebensatzes
- **où** = Ortsangabe

Unverbundene Personalpronomen G 2

Formen:
moi, toi, lui, elle, nous, vous, eux, elles

Marie et Johnny au téléphone:
– C'est **toi**, Johnny?
– Oui, c'est **moi**.
– Est-ce qu'il y a un problème avec *les Loustiks*?
– Les garçons, **eux**, ils ne jouent pas assez fort.
  Mais les filles, je m'entends bien avec **elles**.
  Et **toi**, Marie? Ça va?

Gebrauch:

1. **nach** *c'est*

2. **zur Hervorhebung des Subjekts**
3. **nach einer Präposition**
4. **allein** (in Sätzen ohne Verb)

Begleiter *tout, toute, tous, toutes* G4

Singular	**tout le** groupe	**toute la** classe
Plural	**tous les** musicien**s**	**toutes les** chanteuse**s**

boire G6

je	b**ois**
tu	b**ois**
il/elle/on	b**oit**
nous	b**uv**ons
vous	b**uv**ez
ils/elles	b**oiv**ent

passé composé: j'ai **bu**

90 quatre-vingt-dix

Révisions 1

Verben auf -ir mit Stammerweiterung   G3

	finir		choisir
je	fini**s**	je	choisi**s**
tu	fini**s**	tu	choisi**s**
il/elle/on	fini**t**	il/elle/on	choisi**t**
nous	fini**ssons**	nous	choisi**ssons**
vous	fini**ssez**	vous	choisi**ssez**
ils/elles	fini**ssent**	ils/elles	choisi**ssent**

passé composé: il a fin**i**   *passé composé:* il a choisi

Ebenso: applau**dir** (nous applaudi**ssons**), réfléch**ir** (nous réfléchi**ssons**)

Reflexive Verben im Präsens   G5

	se demander		s'excuser
je	**me** demande	je	**m'** excuse
tu	**te** demandes	tu	**t'** excuses
il/elle/on	**se** demande	il/elle/on	**s'** excuse
nous	**nous** demandons	nous	**nous** excusons
vous	**vous** demandez	vous	**vous** excusez
ils/elles	**se** demandent	ils/elles	**s'** excusent

Ebenso: se dépêcher, **se** retrouver, usw.   **Ebenso: s'**amuser, **s'**occuper, **s'**organiser

Verneinung: Je **ne me** lève **pas**.

Reflexive Verben im *passé composé*   G9

je	**me**	**suis**	amusé		je	**me**	**suis**	amusé**e**
tu	**t'**	**es**	amusé		tu	**t'**	**es**	amusé**e**
il	**s'**	**est**	amusé		elle	**s'**	**est**	amusé**e**

nous	**nous**	**sommes**	amusé**s**		nous	**nous**	**sommes**	amusé**es**
vous	**vous**	**êtes**	amusé**s**		vous	**vous**	**êtes**	amusé**es**
ils	**se**	**sont**	amusé**s**		elles	**se**	**sont**	amusé**es**

on	**s'**	**est**	amusé**s**		on	**s'**	**est**	amusé**es**

quatre-vingt-onze **91**

3 G comme grammaire

LEÇON 3

A G10 *je rêvais, tu rêvais …* – Das *imparfait*: die Bildung

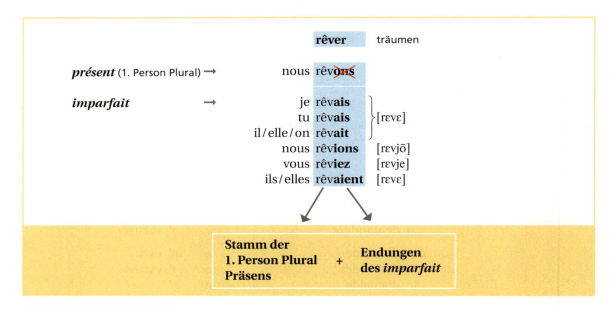

finir	nous **finiss**~~ons~~	attendre	nous **attend**~~ons~~	se lever	nous nous **lev**~~ons~~
	je **finissais**		tu **attendais**		il se **levait**
avoir	nous **av**~~ons~~	prendre	nous **pren**~~ons~~	dire	nous **dis**~~ons~~
	j' **avais**		tu **prenais**		elle **disait**
vouloir	nous **voul**~~ons~~	faire	nous **fais**~~ons~~	(re)venir	nous **(re)ven**~~ons~~
	nous **voulions**		vous **faisiez** [fəzje]		ils **(re)venaient**

92 quatre-vingt-douze

G comme grammaire 3

Ausnahme: être — sein

présent →	nous **sommes**	
imparfait →	j' ét**ais**	
	tu ét**ais**	[etɛ]
	il/elle/on ét**ait**	
	nous ét**ions**	[etjɔ̃]
	vous ét**iez**	[etje]
	ils/elles ét**aient**	[etɛ]

Besonderheiten:

	commencer			**manger**
nous	commen**ç**ons		nous	man**ge**ons
imparfait → je	commen**ç**ais	*imparfait* → je	man**ge**ais
aber: nous	commen**c**ions	aber: nous	man**g**ions
vous	commen**c**iez	vous	man**g**iez

G 11 *Il y a 3 ans, il habitait à Arras.* — Das *imparfait*: der Gebrauch

A Arras:
Didier **habitait** chez ses parents.
Il **voulait** se présenter à un casting à Paris.
Il **rêvait** de devenir acteur.

A Paris:
Après le casting, il n'**était** plus très sûr de lui.
Il **avait** le cafard.
Il n'**avait** pas beaucoup d'espoir.

Tous les soirs, il **sortait** avec des copains.
Parfois, ils **allaient** au cinéma.

Das *imparfait* ist eine Zeit der Vergangenheit und dient zur Beschreibung …

- … des **Hintergrundes** einer Erzählung,
  (Was war damals?)

- … von **Zuständen, Personen,**
  (Wie war die Situation, die Stimmung?)

- … von **gewohnheitsmäßigen Handlungen.**
  (Was geschah damals häufig?)

quatre-vingt-treize 93

3 G comme grammaire

B G12 *Il était seul à Paris.* — *Imparfait* und *passé composé*
Un jour, il a rencontré Marie.

1. Imparfait

Didier **était** à Paris depuis deux semaines. Il **avait** une chambre dans une auberge de jeunesse.

Tous les matins, il **se levait** vers huit heures.
Il **allait souvent** au Sacré-Cœur et de là,
il **regardait** Paris.
Il **était** tout seul.

Tous les matins …

2. Passé composé

Un jour, il **a rencontré** Marie, une fille de Toulouse.
D'abord, il **a discuté** avec elle.
Puis, ils **ont visité** le Louvre.
Ensuite, ils **ont mangé** une pizza ensemble.

Un jour …

1. Imparfait	2. Passé composé
Hintergrund: Zustand, Gewohnheit	**Vordergrund: einmalige Ereignisse**
(**erklärende** und **erläuternde Informationen**)	(Ereignisse **setzen neu ein**, sind **einmalig**, **folgen aufeinander**.)
Was **war** damals? Wie **war** die **Situation**, die **Stimmung**? Was **geschah häufig** oder **regelmäßig**?	Was geschah **dann**? Und **anschließend**? Was passierte **plötzlich**?
Signalwörter: toujours souvent tous les matins le lundi, le mardi tous les soirs parfois	Signalwörter: d'abord tout à coup ce matin/soir puis ensuite cette fois enfin un jour

G comme grammaire 3

1. Hintergrund: Zustand

Didier **était** à Paris.

2. Vordergrund: Handlungen

Le jour du casting, Didier **s'est levé** à cinq heures.

D'abord, il **s'est préparé**.

Puis, il **a pris** son petit-déjeuner.

Ensuite, il **est parti** pour le casting.

Au casting, il **a dû** attendre trois heures.

Et **enfin**, il **s'est présenté**.

quatre-vingt-quinze 95

4 G comme grammaire

LEÇON 4

G 13 *Ne sors pas comme ça.* – Der verneinte Imperativ

1. Der bejahte Imperativ

Ausgangsform

				Aber:
je commenc**e**	→ Commenc**e** .	Fang an!		
j'attend**s**	→ Attend**s** .	Warte!		**Va**
nous pren**ons**	→ Pren**ons** le métro.	Lasst uns die Metro nehmen!		All**ons** } au collège.
vous entr**ez**	→ Entr**ez** .	Geht hinein!/Gehen Sie hinein!		All**ez**

2. Der verneinte Imperativ

Ne	sor**s**	**pas**	ce soir.
Ne	parl**ons**	**pas**	si fort.
N'	oubli**ez**	**pas**	l'heure.

ne/n' + Imperativ + pas

Ne parle pas si fort.

A G 14 *Calmez-vous.* – Der Imperativ mit einem Pronomen

1. Der bejahte Imperativ mit einem Pronomen

Laïla: Tu **me** laisses tranquille, s'il te plaît.

Aziz: **Ecoute** -**moi.**
Laïla: **Laisse** -**moi** tranquille.
  Occupe -**toi** de tes affaires.
M. Khadra: **Calmez** -**vous.**
Mme Khadra: **Laissons**-**les** parler. Laïla,
  explique-**lui** ton problème.

Imperativ + Bindestrich + Pronomen

~~me~~ → moi
~~te~~ → toi

Calmez-**vous** maintenant.

Ecoutez-**moi** bien.

96 quatre-vingt-seize

G comme grammaire 4

2. Der verneinte Imperativ mit einem Pronomen

Laïla:	**Ne me** parle	**pas** sur ce ton.
Aziz:	**Ne t'**habille	**pas** comme ça.
Laïla:	**Ne t'**occupe	**pas** de mes affaires.
M. Khadra:	**Ne vous** disputez **pas**.	
Mme Khadra:	Aziz, **ne lui** parle	**pas** comme ça.
	Ne l'énerve	**pas**.

ne + Pronomen + Imperativ + pas

G15 *Il est sportif. Elle est furieuse.* – Adjektive auf *-if/-ive, -eux/-euse*

| Patrick est **sportif**. | Sophie est **sportive**. |

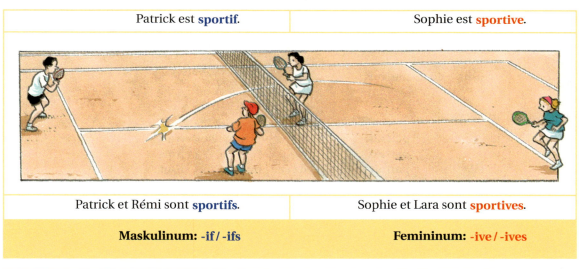

Patrick et Rémi sont **sportifs**.	Sophie et Lara sont **sportives**.
Maskulinum: -if / -ifs	**Femininum: -ive / -ives**

| Patrick est **furieux**. | Sophie est **furieuse**. |

Patrick et Rémi sont **furieux**.	Sophie et Lara sont **furieuses**.
Maskulinum: -eux / -eux	**Femininum: -euse / -euses**

quatre-vingt-dix-sept **97**

Révisions 2

Imparfait: die Bildung   G 10

présent: nous parl~~ons~~

imparfait:

je	parl**ais**	je	choisiss**ais**
tu	parl**ais**	tu	te douch**ais**
il / elle / on	parl**ait**	il / elle / on	all**ait**
nous	parl**ions**	nous	fais**ions**
vous	parl**iez**	vous	dis**iez**
ils / elles	parl**aient**	ils / elles	compren**aient**

Imparfait   G 10
Die Bildung: être

j'	ét**ais**
tu	ét**ais**
il/elle/on	ét**ait**
nous	ét**ions**
vous	ét**iez**
ils/elles	ét**aient**

Imparfait   G 10
Die Bildung: manger

je	mange**ais**
tu	mange**ais**
il/elle/on	mange**ait**
nous	mang**ions**
vous	mang**iez**
ils/elles	mange**aient**

Imparfait   G 10
Die Bildung: commencer

je	commenç**ais**
tu	commenç**ais**
il/elle/on	commenç**ait**
nous	commen**c**ions
vous	commen**c**iez
ils/elles	commenç**aient**

Révisions 2

Imperativ
G 13, 14

Der bejahte Imperativ	**Der verneinte Imperativ**
Téléphon**e** à Marine à 20 heures.	**Ne** téléphone **pas** après 21 heures.

Der bejahte Imperativ mit einem Pronomen	**Der verneinte Imperativ mit einem Pronomen**
Téléphon**e -moi** à ton arrivée.	**Ne me** quitt**e pas**.
Appel**ez -nous** si vous avez un problème.	**Ne vous** inquiét**ez pas**.
Aid**ons -les** à porter leurs sacs.	**Ne lui** écriv**ons pas**.

Imparfait und *passé composé*
G 11, 12

Der Gebrauch

imparfait	*passé composé*
J'**étais** en vacances à Méribel. Je me **réveillais toujours** très tard. **Tous les après-midis**, Eric et moi, on **faisait** du roller. **Le soir**, nous **allions souvent** au cinéma …	**Ce matin**, je **suis allé** au supermarché. **J'ai fait** des courses et **tout à coup**, une fille **m'a dit**: «Salut Théo, ça va?» …
… C'**était** une copine de Paris!	
toujours, tous les matins, parfois, souvent, chaque matin, le soir, le lundi, le mardi …	**d'abord, puis, tout à coup, ensuite, enfin, ce matin / ce soir, cette fois, un jour …**

Adjektive
G 15

1. Adjektive auf -*if*:

Il est	sport**if**.	Elle est	sport**ive**.
Ils sont	pens**ifs**.	Elles sont	pens**ives**.

2. Adjektive auf -*eux*:

Il est	malheur**eux**.	Elle est	malheur**euse**.
Ils sont	courag**eux**.	Elles sont	courag**euses**.

5 G comme grammaire

LEÇON 5

B G16 *Il demande si ...* – Die indirekte Frage (2)
Il dit que ... – Die indirekte Rede (2)

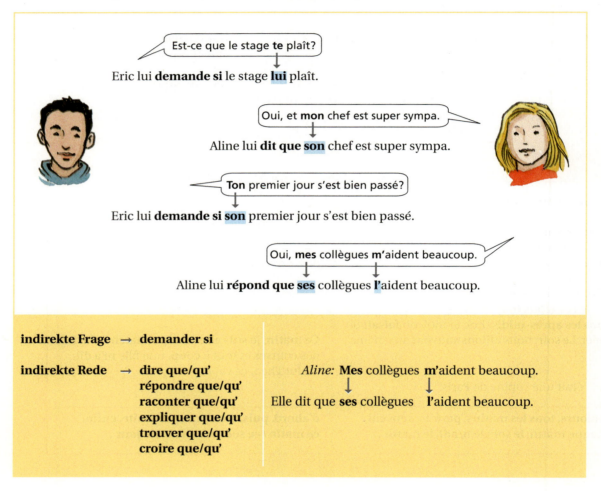

indirekte Frage	→	demander si
indirekte Rede	→	dire que/qu' répondre que/qu' raconter que/qu' expliquer que/qu' trouver que/qu' croire que/qu'

Aline: **Mes** collègues **m'**aident beaucoup.
↓ ↓
Elle dit que **ses** collègues **l'**aident beaucoup.

G17 *Je ne connais personne.* – Die Verneinung *ne ... personne*

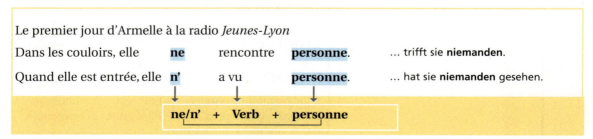

100 cent

G comme grammaire 5

C G 18 je sais, tu sais ... – Das Verb *savoir*

savoir		wissen/können
je **sais**		
tu **sais**	[sɛ]	
il/elle/on **sait**		
nous sa**v**ons	[savɔ̃]	
vous sa**v**ez	[save]	
ils/elles sa**v**ent	[sav]	

passé composé: j'ai **su**
imparfait: je sav**ais**

Attention!
Il ne **sait** pas où est la radio. Er **weiß** nicht, wo der Radiosender ist.
Il **sait** faire du handball. Er **kann** Handball spielen.

G 19 Tu sais ou tu peux? – Der Gebrauch von *savoir* und *pouvoir*

Attention!

können

savoir ←——————→ *pouvoir*

die Fähigkeit haben   die Möglichkeit/Zeit/
                                   Gelegenheit haben

G 20 Tu en as? – Der Gebrauch von *en* (Menge)

Qu'est-ce qu'il faut pour faire un gâteau au chocolat?

Il faut   **du** chocolat?   Oui, il   **en**   faut.
        des pommes?   Non, il n' **en** faut pas.   – Tu as **du chocolat** pour faire le gâteau?
        de l'eau?   Oui, il   **en**   faut.
        de la confiture?   Non, il n' **en** faut pas.   – Oui bien sûr, j'**en** ai.

6 G comme grammaire

LEÇON 6

G 21 *Je suis plus grand que toi.* – Das Adjektiv: Komparativ und Superlativ

1. Der Komparativ

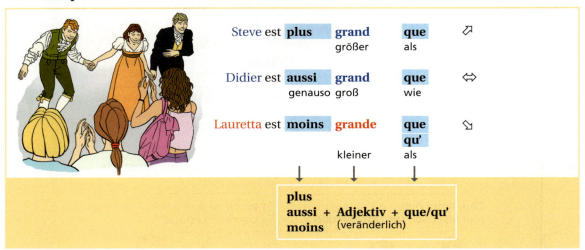

Steve est **plus grand que** ↗
größer als

Didier est **aussi grand que** ⇔
genauso groß wie

Lauretta est **moins grande que** ↘
qu'
kleiner als

```
plus
aussi  + Adjektiv + que/qu'
moins    (veränderlich)
```

2. Der Superlativ

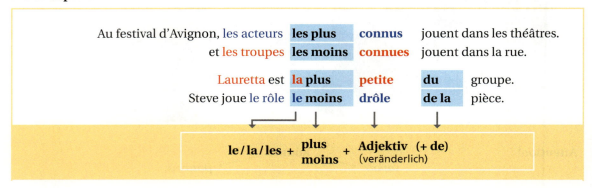

Au festival d'Avignon, les acteurs **les plus connus** jouent dans les théâtres.
et les troupes **les moins connues** jouent dans la rue.

Lauretta est **la plus petite du** groupe.
Steve joue le rôle **le moins drôle de la** pièce.

```
              plus
le / la / les +      + Adjektiv  (+ de)
              moins    (veränderlich)
```

A **G 22** *Le meilleur morceau du CD* – Die Steigerung des Adjektivs *bon*

Le matériel des *Loustiks* est vraiment **bon**.	**bon**	**bonne**
Dany a une très **bonne** batterie.	**bons**	**bonnes**
– Le 1ᵉʳ morceau de leur CD est **meilleur que** le 2ᵉ.	**meilleur que**	**meilleure que**
– Moi, je trouve que la 2ᵉ chanson est **meilleure que** la 1ᵉʳᵉ.	**meilleurs que**	**meilleures que**
– Mais **la meilleure** chanson **des** *Loustiks* c'est la 3ᵉ du CD.	**le meilleur (de)**	**la meilleure (de)**
– Enfin … le 2ᵉ et le 3ᵉ morceaux sont **les meilleurs** du CD.	**les meilleurs (de)**	**les meilleures (de)**

G comme grammaire 6

G 23 *je conduis, tu conduis ...* – Das Verb *conduire*

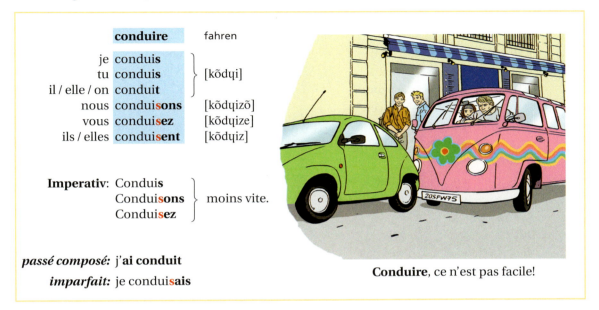

conduire	fahren
je condui**s**	
tu condui**s**	[kɔ̃dɥi]
il / elle / on condui**t**	
nous condui**sons**	[kɔ̃dɥizɔ̃]
vous condui**sez**	[kɔ̃dɥize]
ils / elles condui**sent**	[kɔ̃dɥiz]

Imperativ: Condui**s**
Condui**sons** } moins vite.
Condui**sez**

passé composé: j'**ai conduit**
imparfait: je condui**sais**

Conduire, ce n'est pas facile!

B G 24 *Je viens d'Allemagne.* – Artikel bzw. Präpositionen bei Ländernamen

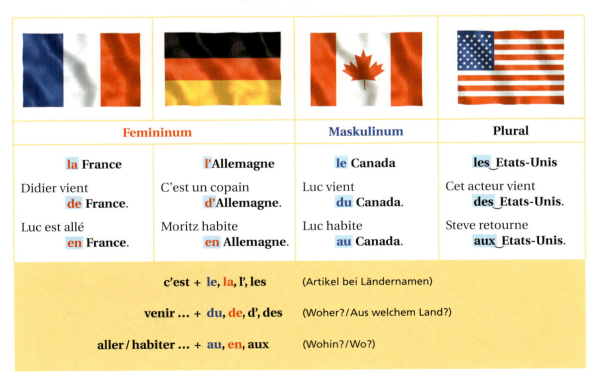

Femininum		Maskulinum	Plural
la France	**l'** Allemagne	**le** Canada	**les** Etats-Unis
Didier vient **de** France.	C'est un copain **d'** Allemagne.	Luc vient **du** Canada.	Cet acteur vient **des** Etats-Unis.
Luc est allé **en** France.	Moritz habite **en** Allemagne.	Luc habite **au** Canada.	Steve retourne **aux** Etats-Unis.

c'est + **le, la, l', les** (Artikel bei Ländernamen)

venir ... + **du, de, d', des** (Woher? / Aus welchem Land?)

aller / habiter ... + **au, en, aux** (Wohin? / Wo?)

cent trois **103**

6 G comme grammaire

G 25 *J'y vais, j'en viens.* – Der Gebrauch von *y* und *en* (örtlich)

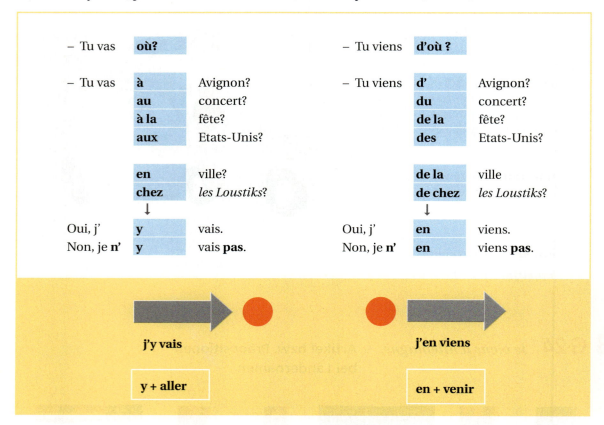

‹› C G 26 *Où vas-tu?* – Die Inversionsfrage

G comme grammaire 6

G 27 *Chacun porte un sac à dos.* – Das Pronomen *chacun, chacune*

Armelle et Julie arrivent au centre de vacances.

Elles ont **chacune** un sac à dos lourd.
Au centre, **chacun** peut faire du cheval.

chacun / chacune = Pronomen
(jeder / jede / jedes)

G 28 *C'est un vieux village.* – Das Adjektiv *vieux*

Ici, tout est vieux:

le **vieux** café,   le **vieil e**scalier,   la **vieille** ville,   la **vieille** église,

les **vieux** restaurants,   les **vieux** **e**scaliers,   les **vieilles** voitures,   les **vieilles** **é**glises.

un **vieux** arbre → un **vieil a**rbre

Vous, vous êtes encore jeunes. Mais moi, je suis un **vieil h**omme, j'habite dans cette **vieille** maison. Ici, tout est **vieux**.

Révisions 3

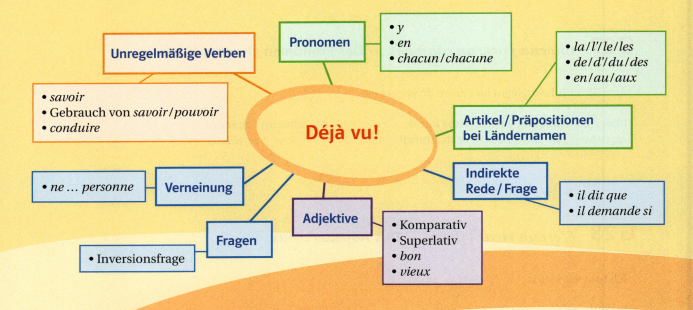

Unregelmäßige Verben	G 18, 19

	savoir	wissen/können
je	sais	
tu	sais	
il / elle / on	sait	
nous	sa**v**ons	
vous	sa**v**ez	
ils / elles	sa**v**ent	

passé composé: j'ai **su**
imparfait: je sa**v**ais

Roland **sait** lire, mais
il ne **peut** pas lire sans ses lunettes.

Pronomen *chacun/chacune* G 27

Armelle et Julie font les courses.
Chacune achète quelque chose.
Les clients attendent.
Chacun paie à la caisse.

Verneinung *ne … personne* G 17

Dans le bureau, il **n'**y a **personne**. → *présent*
Armelle **n'**a vu **personne**. → *passé composé*

Unregelmäßige Verben G 23

	conduire	fahren
je	condui**s**	
tu	condui**s**	
il / elle / on	conduit	
nous	condui**s**ons	
vous	condui**s**ez	
ils / elles	condui**s**ent	

passé composé: j'ai condui**t**
imparfait: je condui**s**ais

Adjektiv *vieux* G 28

un vieux couloir   **une vieille** maison
un vieil escalier   **une vieille** église

des vieux couloirs **des vieilles** maisons
des vieux‿escaliers **des vieilles**‿églises

Révisions 3

Pronomen *en*   *G 20*
En bei Mengenangaben

Au supermarché:
– Tu achètes **des pommes**?
– Non, je n'**en** veux pas.

– Tu prends **du café**?
– Oui, j'**en** prends.

– Tu as encore **des bouteilles d'eau**?
– Oui, j'**en** ai acheté hier.

Pronomen *y* und *en*   *G 25*
Y und ***en*** bei Ortsangaben

Paul: Armelle, tu vas **au cinéma** ce soir?
Armelle: Oui, j'**y** vais avec Julie. Tu veux venir avec nous?

Paul: Oui, mais je rentre tard **du tennis**.
Armelle: Tu **en** rentres à quelle heure?

Artikel / Präpositionen bei Ländernamen   *G 24*

Isabelle aime **le Portugal** et **les Pays-Bas**.

Pendant ses vacances, elle est allée
     au Portugal et **aux Pays-Bas**.

Hier, elle est rentrée
     du Portugal et **des Pays-Bas**.

Pablo aime **la France** et **l'Allemagne**.

Pendant ses vacances, il est allé
     en France et **en Allemagne**.

Hier, il est rentré
     de France et **d'Allemagne**.

Indirekte Frage / Rede   *G 16*

Myriam: «Est-ce que **tu** aim**es** travailler avec **notre** équipe?»
Myriam **demande si** Armelle aime travailler avec **leur** équipe.

Armelle: «**Je m'**intéresse aux médias.»
Elle **dit qu'elle s'**intéresse aux médias.

Inversionsfrage ⟨*G 26*⟩

Quel âge **as-tu**?
Où **vas-tu**?

Adjektiv: Komparativ / Superlativ

• **Komparativ**	• **Superlativ** *G 21*
Marie est **aussi** grande **que** Dany, mais son T-shirt est **plus** petit **que** le T-shirt de Dany. Et son sac est **moins** lourd **que** le sac de Luc.	Johnny est **le plus** grand **du** groupe.

bon/bonne   *G 22*

Le jus de fruit est **meilleur** **que** l'eau.
La purée est **meilleure** **que** le pain.
Les croissants sont **meilleurs** **que** le pain.
Les baguettes sont **meilleures** **que** la soupe.

C'est **le meilleur** restaurant
     la meilleure cantine
Ce sont **les meilleurs** restaurants   } **de** Paris.
     les meilleures cantines

M1 G comme grammaire

MODULE 1

G 29 *Il avait parlé, elle était arrivée.* – Das *plus-que-parfait*

1. Die Bildung

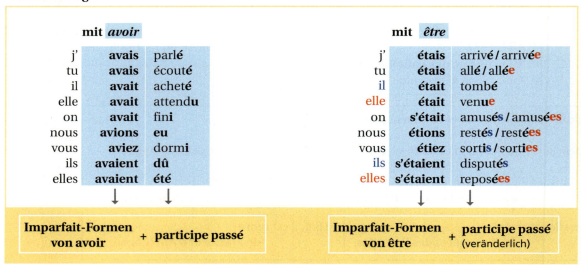

mit *avoir*			mit *être*		
j'	avais	parlé	j'	étais	arrivé / arrivée
tu	avais	écouté	tu	étais	allé / allée
il	avait	acheté	il	était	tombé
elle	avait	attendu	elle	était	venue
on	avait	fini	on	s'était	amusés / amusées
nous	avions	eu	nous	étions	restés / restées
vous	aviez	dormi	vous	étiez	sortis / sorties
ils	avaient	dû	ils	s'étaient	disputés
elles	avaient	été	elles	s'étaient	reposées

Imparfait-Formen von avoir + participe passé

Imparfait-Formen von être + participe passé (veränderlich)

2. Der Gebrauch

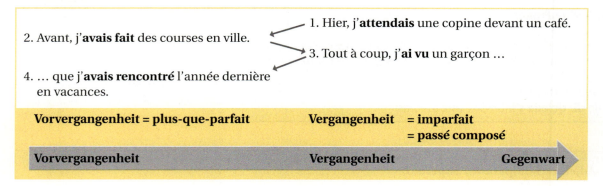

2. Avant, j'**avais fait** des courses en ville.

1. Hier, j'**attendais** une copine devant un café.

3. Tout à coup, j'**ai vu** un garçon …

4. … que j'**avais rencontré** l'année dernière en vacances.

Vorvergangenheit = plus-que-parfait   Vergangenheit = imparfait
= passé composé

Vorvergangenheit — Vergangenheit — Gegenwart

G 30 *Dites-le-moi.* – Der Imperativ mit zwei Pronomen

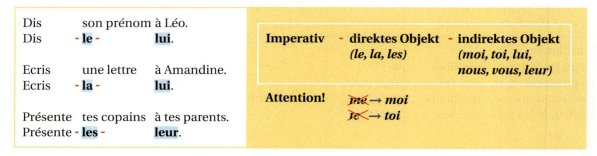

| Dis | | son prénom | à Léo. |
| Dis | -**le**- | | **lui**. |

| Ecris | | une lettre | à Amandine. |
| Ecris | -**la**- | | **lui**. |

| Présente | | tes copains | à tes parents. |
| Présente- | **les**- | | **leur**. |

Imperativ - direktes Objekt - indirektes Objekt
(le, la, les)   (moi, toi, lui, nous, vous, leur)

Attention!   ~~me~~ → moi
             ~~te~~ → toi

108 cent huit

MODULE 2

G 31 *Qui est-ce qui t'attend?* – Die Frage nach Personen

[W] **Qui** est-ce? – C'est **Amandine**.

[N]
Léo attend devant la maison.
– **Qui est-ce qui** attend devant la maison?
Wer? C'est **Léo**.

Madame Pilou a vu **Léo**.
– **Qui est-ce que** madame Pilou a vu?
Qui est-ce qu' elle a vu?
Wen? Elle a vu **Léo**.

| Qui est-ce (Person) | **qui** + Verb (Subjekt) | Wer? |
| | **que / qu'** + Subjekt + Verb (Objekt) | Wen? |

Qui est-ce qui m'appelle?

G 32 *Qu'est-ce qui sonne?* – Die Frage nach Sachen, Tätigkeiten und Ereignissen

[W] **Qu'**est-ce que c'est? – C'est **mon portable**.

[N]
– **Qu'est-ce qui** sonne?
Was? C'est **mon portable** qui sonne.

– **Qu'est-ce que** tu fais, Amandine?
Was? Je cherche **mon portable**.
– **Qu'est-ce qu'** elle cherche?
Was? Elle cherche **son portable**.

| Qu'est-ce (Sache) | **qui** + Verb (Subjekt) | Was? |
| | **que / qu'** + Subjekt + Verb (Objekt) | Was? |

Qu'est-ce qui sonne ici? C'est ton portable?

G 33 *Je fais ce qui me plaît, et ce que je veux.* – Der Gebrauch von *ce qui/ce que*

M. Pilou: – **Qu'est-ce qui** se passe ici?

Monsieur Pilou demande **ce qui** se passe.
                                 was (Subjekt)

Mme Pilou:
– Amandine, **qu'est-ce que** tu fais cet après-midi?

Madame Pilou demande **ce qu'** Amandine fait cet après-midi.
                                 was (Objekt)

Amandine:
– **Ce qui** m'énerve, ce sont vos questions.
             was (Subjekt)

– **Ce que** je veux faire, c'est m'amuser avec mes copains.
             was (Objekt)

*Ce week-end, je fais **ce que** je veux.*

*Moi aussi, je veux faire **ce qui** me plaît.*

ce	**qui** + Verb Subjekt	was …
	que / qu' + Subjekt + Verb Objekt	was …

110 cent dix

G comme grammaire

PASSÉ COMPOSÉ

Hier findest du das *passé composé* der meisten Verben, die du bisher gelernt hast.

Regelmäßige Verben

auf -er		
achet **er**	j'**ai** acheté	
appel **er**	j'**ai** appelé	
arriv **er**	**elle est** arrivé**e** **ils sont** arrivé**s**	
rentr **er**	**elle est** rentré**e** **ils sont** rentré**s**	
rest **er**	**elle est** resté**e** **ils sont** resté**s**	
tomb **er**	**elle est** tombé**e** **ils sont** tombé**s**	

auf -ir		
chois **ir**	j'**ai** choisi	G 3
dorm **ir**	j'**ai** dormi	
fin **ir**	j'**ai** fini	G 3
sent **ir**	j'**ai** senti	
part **ir**	**elle est** part**ie** **ils sont** part**is**	
sort **ir**	**elle est** sort**ie** **ils sont** sort**is**	

auf -dre		
atten **dre**	j'**ai** attend**u**	
enten **dre**	j'**ai** entend**u**	
répon **dre**	j'**ai** répond**u**	
descen **dre**	**elle est** descend**ue** **ils sont** descend**us**	

Reflexive Verben

se dépêcher	**elle s'est** dépêché**e** **ils se sont** dépêché**s**	G 9
s'amuser	**elle s'est** amusé**e** **ils se sont** amusé**s**	G 9

Unregelmäßige Verben

apprendre	j'**ai appris**	
avoir	j'**ai eu**	
boire	j'**ai bu**	G 6
comprendre	j'**ai compris**	
conduire	j'**ai conduit**	G 23
connaître	j'**ai connu**	
décrire	j'**ai décrit**	
devoir	j'**ai dû**	
dire	j'**ai dit**	
être	j'**ai été**	
écrire	j'**ai écrit**	
faire	j'**ai fait**	
lire	j'**ai lu**	

mettre	j'**ai mis**	
offrir	j'**ai offert**	
ouvrir	j'**ai ouvert**	
payer	j'**ai payé**	
plaire	j'**ai plu**	
pouvoir	j'**ai pu**	
prendre	j'**ai pris**	
savoir	j'**ai su**	G 18
voir	j'**ai vu**	
vouloir	j'**ai voulu**	
aller	**elle est** all**ée** **ils sont** all**és**	
venir	**elle est** venu**e** **ils sont** venu**s**	

cent onze 111

Vocabulaire

Lautzeichen

Vokale

[a]	m**a**d**a**me; wie das deutsche *a*.
[e]	caf**é**, mang**er**, regard**ez**; geschlossenes *e*, etwa wie in *geben*.
[ε]	il f**ai**t, il m**e**t, il **e**st, m**e**rci; offenes *ä*, etwa wie in *Ärger*.
[i]	**i**l, qu**i**che; geschlossener als das deutsche *i*, Lippen stark spreizen.
[ɔ]	l'**é**c**o**le, al**o**rs; offenes *o*, offener als in *Loch*.
[ø]	d**eu**x, m**o**nsieur; geschlossenes *ö*, etwa wie in *böse*.
[o]	ph**o**to, all**ô**; geschlossenes *o*, wie in *Rose*.
[œ]	s**œu**r, n**eu**f, h**eu**re; offenes *ö*, bei kurzem Vokal, etwa wie in *Röcke*.
[ə]	l**e**, d**e**main; der Laut liegt zwischen [œ] und [ø], näher bei [œ].
[u]	**où**; geschlossenes *u*, etwa wie in *Ufer*.
[y]	t**u**, r**ue**; ähnlich dem deutschen *ü* in *Tüte*.

Nasalvokale

[ɛ̃]	**un**, ch**ien**, cop**ain**; nasales [ε]
[õ]	**on**, s**on**t, n**om**; nasales [o]
[ã]	d**an**s, je pr**en**ds; nasales [ɑ]

Die Nasalvokale haben im Deutschen keine Entsprechung.

Beachte: *un, lundi:* Neben [ɛ̃] hört man in Frankreich auch [œ̃] = nasales [œ].

Konsonanten

[f]	**f**rère; wie das deutsche *f* in *falsch*.
[v]	de**v**ant; wie das deutsche *w* in *werden*.
[s]	**s**œur, **c**'est, **ç**a, re**s**ter, ré**c**réa**t**ion; stimmloses *s*, wie in *Los*; als Anlaut vor Vokal ist *s* immer stimmlos.
[z]	phra**s**e, mai**s**on, il**s**-arrivent, **z**éro; stimmhaftes *s*, wie in *Esel*; zwischen zwei Vokalen ist *s* stimmhaft.
[ʒ]	**j**e, bon**j**our, **g**éo; wie *j* in *Journalist*.
[ʃ]	je **ch**er**ch**e; stimmloses *sch*, wie in *schön*.
[ɲ]	ga**gn**é; etwa wie in *Kognak*.
[ŋ]	in Wörtern aus dem Englischen, z.B. pi**ng**-pong.
[ʀ]	**r**egarde**r**; Zäpfchen-Reibelaut; wird auch am Wortende und vor Konsonant deutlich ausgesprochen.

Die nicht erwähnten Konsonanten sind den deutschen sehr ähnlich.
Bei [p], [b], [t], [d], [k], [g] ist jedoch darauf zu achten, dass sie ohne „Hauchlaut" gesprochen werden.

Halbkonsonanten

[j]	**qu**artier; weicher als das deutsche *j* in *ja*.
[w]	o**u**i, t**oi**; flüchtiger [u]-Laut, gehört zum folgenden Vokal.
[ɥ]	c**u**isine, je s**u**is, h**u**it; flüchtiger [y]-Laut, gehört zum folgenden Vokal.

Das Alphabet, das Buchstabieren und die Zeichensetzung

A [a]	D [de]	G [ʒe]	J [ʒɪ]	M [εm]	P [pe]	S [εs]	V [ve]	Y [igʀεk]
B [be]	E [ə]	H [aʃ]	K [ka]	N [εn]	Q [ky]	T [te]	W [dubləve]	Z [zεd]
C [se]	F [εf]	I [i]	L [εl]	O [o]	R [εʀ]	U [y]	X [iks]	

.	le point	der Punkt	**,**	la virgule	das Komma
?	le point d'interrogation	das Fragezeichen	**:**	les deux points	der Doppelpunkt
!	le point d'exclamation	das Ausrufezeichen	**« »**	les guillemets [legijmε]	die Anführungszeichen
rue Sorbier	s'écrit	**en deux mots.**	arriver	s'écrit	avec **deux «r».**
rue	s'écrit	avec **une minuscule.**	caf**é**	s'écrit	avec **«e» accent aigu.**
Sorbier	s'écrit	avec **une majuscule.**	tr**è**s	s'écrit	avec **«e» accent grave.**
grand-m**è**re	s'écrit	avec **un trait d'union.**	all**ô**	s'écrit	avec **«o» accent circonflexe.**
l'hôpital	s'écrit	avec **«l» apostrophe.**	**ç**a	s'écrit	avec **«c» cédille.**

112 cent douze

Vocabulaire

Hinweise zum *Vocabulaire*

Am Anfang einer neuen Lektion steht wie bisher ein allgemeiner **Vokabellerntipp**. Überlege dir, ob der Tipp für deine Art zu lernen sinnvoll ist und ob du ihn in deine eigene „Lerntippsammlung" aufnehmen willst.

Am Ende jeder Lektion kannst du im Teil *D'une langue à l'autre* überprüfen, ob du den Sinn französischer Sätze verstehst, ohne Wort für Wort zu übersetzen: Decke die französische und die deutsche Seite abwechselnd zu und überlege.

Das **Vocabulaire** hat wie bisher drei Spalten.
Die **linke Spalte** zeigt die neuen Lernwörter in der Reihenfolge des Auftretens im Buch mit der Aussprache und Angaben zum Sprachgebrauch wie z.B. *fam.* für *familier*.

Die **mittlere Spalte** hilft dir beim Lernen der Vokabeln. Sie zeigt dir in Beispielsätzen eine typische Verwendung des neuen Wortes. Du findest dort auch nützliche Tipps, Erläuterungen, Hinweise.

In der **rechten Spalte** findest du die deutsche Bedeutung des neuen französischen Lernwortes bzw. Ausdrucks.

> Decke die linke Spalte ab und versuche, das neue Wort aus den Angaben in der mittleren Spalte zu erschließen. Das französische Wort wird durch eine **Tilde (~)** ersetzt. Sie kann ein einzelnes Wort oder auch mehrere Wörter ersetzen. Verändert sich das Wort im Beispielsatz, so findest du in einer Fußnote die richtige Form.

Ausdrücke, die du schon kennst …

une leçon = eine Lektion. Sie ist in folgende Teile untergliedert:
d'abord = *zunächst:* Hier wirst du vorab mit grammatischen bzw. lexikalischen Strukturen der Lektion vertraut gemacht,
(le) texte = *(der) Text:* Es folgt der Text des Lektionsteils,
(l')atelier = *(die) Werkstatt:* Hier stehen die Übungen des Lektionsteils,
sur place = *vor Ort:* Auf der Abschluss-Seite der Lektion findest du Informationen über Frankreich, Projektideen und Aufgaben, um das Hörverstehen zu trainieren.
Nach jeweils 2 Lektionen kannst du auswählen:
On fait des révisions. → Hier kannst du Wichtiges wiederholen.
C'est la récré (die Pause). → Hier kannst du interessante Texte außerhalb der Lektionen „schmökern".
On prépare le DELF. → Hier kannst du dich auf die DELF-Prüfung vorbereiten.

In der *Liste des mots* …

findest du leicht alle Wörter und Ausdrücke der Lektionstexte (aus Band 1–3) und der *Sur place*-Seiten (aus Band 3) in alphabetischer Reihenfolge und zwar mit Lautschrift, der deutschen Übersetzung und Angabe der ersten „Fundstelle".

Die deutsch-französische Wortliste …

führt die wichtigen obligatorischen Lernwörter aus den Bänden 1 bis 3 ebenfalls in alphabetischer Reihenfolge.

Wichtiges Übungsvokabular …

findest du in der Übersicht *Pour faire les exercices du livre* (S. 182) und in der *Liste des mots* (S. 147).

Symbole und Abkürzungen

!	Achtung! Aufgepasst!		*ugs.*	umgangssprachlich
→	Vergleiche mit …		🥣	Achte auf die Aussprache.
⟷	Achte auf den Unterschied zwischen …		*m.*	*masculin* (= maskulin)
=	Bedeutet …/Ist gleich …		*f.*	*féminin* (= feminin)
≠	Ist das Gegenteil von …		*sg.*	*singulier* (= Singular)
F	Französisch		*pl.*	*pluriel* (= Plural)
D	Deutsch		*qc*	*quelque chose* (= etwas)
E	Englisch		*qn*	*quelqu'un* (= jemand)
✎	Achte auf die Schreibung.		*jdn.*	jemanden
fam.	*familier* (= umgangssprachlich)		*jdm.*	jemandem
frz.	französisch		⟨ ⟩	fakultativ

cent treize **113**

1 Vocabulaire

Erinnert ihr euch noch?

Wie schon zu Beginn des letzten Bandes könnt ihr hier eure Kenntnisse aus der letzten Lektion (= L 7) des zweiten Bandes kurz auffrischen.

les noms …		les verbes …		et encore …	
un **scooter** [ɛ̃skutœʀ]	ein Roller/ Motorroller	**coûter cher** [kuteʃɛʀ]	teuer sein/viel (Geld) kosten	**tout le/toute la/ tous les/toutes les …** [tulə/tutla/ tule/tutle]	(der/die/das) ganz(e)/alle …
le **monde** [ləmɔ̃d]	die Welt	**mentir à qn** [mɑ̃tiʀ]	jdn. anlügen/ belügen		
tout le monde [tul(ə)mɔ̃d]	jeder/alle (Leute)	**gagner de l'argent** [ɡaɲedəlaʀʒɑ̃]	Geld verdienen	**lui** [lɥi] **être vexé/vexée** [ɛtʀvɛkse]	er *(betont)* gekränkt/ beleidigt sein
l'**aide** *(f.)* [lɛd]	die Hilfe	**vendre qc** [vɑ̃dʀ]	etw. verkaufen	**ne … pas non plus**	auch nicht
un **garage** [ɛ̃ɡaʀaʒ]	eine Autowerkstatt	**offrir qc à qn** [ɔfʀiʀ]	jdm. etw. anbieten/	[nə…panɔ̃ply]	
une **poche** [ynpɔʃ]	eine Tasche *(bei Kleidungs-stücken)*		schenken	**dangereux/ dangereuse** [dɑ̃ʒ(ə)ʀø/	gefährlich
l'**argent de poche** [laʀʒɑ̃d(ə)pɔʃ]	das Taschengeld	**offrir son aide à qn** [ɔfʀiʀsɔ̃nɛd] **ouvrir qc** [uvʀiʀ]	jdm. seine Hilfe anbieten etw. öffnen	dɑ̃ʒ(ə)ʀøz] **triste/triste** [tʀist] **sauf** [sof]	traurig außer
				ne … jamais [nə…ʒamɛ]	nie/niemals
				assez de … [asedə]	genug …
				quand [kɑ̃]	wenn/als

LEÇON 1

TiPP Lass dich von der Anzahl neuer Vokabeln nicht abschrecken.
Viele Wörter kennst du bereits aus anderen Sprachen:
guitariste, applaudir, possible.

d'abord On cherche un guitariste!

Qui est qui dans la leçon 1?

Nur noch wenige Wochen bis zur *Fête de la Musique* und *Estelle, Roland, Dany* und *Louis* aus *Toulouse* haben ein Problem: Ihre Band, *Les Loustiks*, braucht einen neuen Gitarristen. Mit *Johnny* hat *Estelle* zwar einen wirklich tollen Musiker ausfindig gemacht. Ob auf ihn wirklich Verlass ist, muss sich aber erst noch zeigen …

114 cent quatorze

Vocabulaire 1

un **guitariste**/une **guitariste** [ɛ̃gitaʀist/yngitaʀist]	un/une **guitariste**	ein Gitarrist/eine Gitarristin
la **Fête de la Musique** [lafɛtdəlamyzik]	~, c'est le 21 juin: on joue de la musique partout en France.	die *Fête de la Musique*
qui [ki]	Estelle joue dans un groupe ~ cherche un guitariste.	*Relativpronomen (Subjekt)*
un **mois** [ɛ̃mwa]		ein Monat

une minute, une heure, un jour, une semaine, un **mois**, un an

jouer de la musique [ʒwedəlamyzik]	→ faire de la musique	Musik machen
la **musique pop-rock** [lamyzikpɔpʀɔk]		die Rock-Pop-Musik
les **Loustiks** [lelustik]	un loustic *(fam.)* = ein Spaßvogel *(ugs.)*	*Name einer Rockband*
que [kə]	Les Loustiks jouent une chanson ~[1] Estelle adore.	*Relativpronomen (Objekt)*
Dorémi [dɔʀemi]		*Name eines Probenraumes*

Auf Französisch heißen die Noten:
do (C), ré (D), mi (E), fa (F), sol (G), la (A), si (H), do (C).

où [u]		*Relativpronomen (Ort)*
répéter qc [ʀepete]		etw. wiederholen, *hier:* proben

répéter
je répète, tu répètes, il répète, elle répète, on répète,
nous répétons, vous répétez, ils répètent, elles répètent
j'ai répété

 La Fête de la Musique

Seit 1982 wird jedes Jahr am 21. Juni, Sommeranfang, in ganz Frankreich die *Fête de la Musique* gefeiert. Auf allen Straßen und Plätzen wird von Amateuren und Profis Musik unterschiedlicher Stilrichtungen gemacht. Die Menschen tanzen dazu bis in die Morgenstunden.

A La première répétition

une **répétition** [ynʀepetisjɔ̃]	→ répéter	eine Wiederholung/Probe
mettre de l'ambiance [mɛtʀdəlɑ̃bjɑ̃s]		für Stimmung sorgen
être gêné/gênée [ɛtʀʒene]	→ sich genieren	verlegen sein
un **frimeur**/une **frimeuse** *(fam.)* [ɛ̃fʀimœʀ/ynfʀimøz]	Estelle n'est pas ~[2], mais Johnny …	ein Angeber/Schaumschläger/eine Angeberin/Schaumschlägerin *(ugs.)*

---
[1] qu' — [2] une frimeuse

cent quinze 115

1 Vocabulaire

un **vrai frimeur** [ṽvrɛfrimœr]		ein echter Angeber
la **batterie** [labatri]	Jules fait de ~.	das Schlagzeug
la **guitare** [lagitar]	✎ la guitare	die Gitarre
la **guitare basse** [lagitarbas]		die Bassgitarre
le **clavier** [ləklavje]	Roland est au ~.	*hier:* das Keyboard
le **chef** [ləʃɛf]		der Chef; *hier:* der Band-leader
un **chanteur**/une **chanteuse** [ɛ̃ʃɑ̃tœr/ynʃɑ̃tøz]	Charles, le chanteur, et Chantal, la chanteuse, chantent une chanson.	ein Sänger/eine Sängerin
finir qc [finir]	≠ commencer qc	etw. beenden/mit etw. auf-hören

> **finir**
> je finis, tu finis, il finit, elle finit, on finit,
> nous finissons, vous finissez, ils finissent, elles finissent
> j'**ai** fini

C'est bon. [sɛbõ]		Das ist (schon) gut./o.k.
un **instrument (de musique)** [ɛ̃nɛ̃strymɑ̃(dəmyzik)]		ein (Musik-)Instrument
choisir qc [ʃwazir]	*Les Loustiks* ~¹ une chanson facile pour commencer.	etw. wählen/aussuchen

> **choisir**
> je choisis, tu choisis, il choisit, elle choisit, on choisit,
> nous choisissons, vous choisissez, ils choisissent, elles choisissent
> j'**ai** choisi

un **morceau**/des **morceaux** [ɛ̃mɔrso/demɔrso]	**!** un morceau de musique ⟷ un morceau de pizza	ein Stück/Stücke
Ça marche bien. [samarʃbjɛ̃]		Es geht/klappt gut.
remarquer qc [rəmarke]	Louis ne ~² pas que Johnny est un frimeur.	etw. (be-)merken
applaudir qn [aplodir]	✎ au = 👄 [o]	jdm. applaudieren/(Beifall) klatschen
eux [ø] *(m., pl.)*	eux ≠ elles	sie *(betont)* *(m., pl.)*
Ça ne va pas, non? *(fam.)* [san(ə)vapanõ]		Du spinnst wohl! *(ugs.)*
seul/seule [sœl]	≠ tous ensemble	allein
même [mɛm]	Johnny est en retard, ~ pour la première répétition!	sogar
réfléchir [refleʃir]	*Les Loustiks* ~³: est-ce qu'ils veulent jouer avec Johnny?	(sich) überlegen/nachden-ken
Je ne sais pas si … [ʒənəsɛpasi]	~ les Loustiks veulent jouer avec moi.	Ich weiß nicht, ob …

atelier

2 **à partir du texte** [apartirdytɛkst]		vom Text ausgehend
5 une **décision** [yndesizjõ]		eine Entscheidung

---

¹ chois**issent** – ² remarque – ³ réfléch**issent**

Vocabulaire 1

prendre une décision [pʀɑ̃dʀyndesizjõ]	→ 🅔 to make a decision	eine Entscheidung treffen
finir le coca [finiʀləkɔka]		*hier:* die Cola austrinken

B *Les Loustiks* paniquent!

l'**été** *(m.)* [lete]		der Sommer
le **raï** [ləʀaj]		*Musikrichtung*
la **place du Capitole** [laplasdykapitɔl]		*Platz im Stadtzentrum von Toulouse*

> **La place du Capitole**
> Der *place du Capitole* mit den Statuen, Säulen und seinem schönen alten Rathaus ist der berühmteste Platz in *Toulouse*. Im *Salle des Illustres* werden noch heute Hochzeiten gefeiert.
> Die zahlreichen Cafés am Platz sind ein beliebter Treffpunkt in der Stadt.

un **concert** [ɛ̃kõsɛʀ]		ein Konzert
depuis [dəpɥi]	Roland, ~ quand est-ce que tu connais *les Loustiks?* – ~ un mois.	seit
espérer (que) [ɛspeʀe]		hoffen (, dass)

> **espérer**
> j'espère, tu espères, il espère, elle espère, on espère,
> nous espérons, vous espérez, ils espèrent, elles espèrent,
> il **a espéré**, elle **a espéré**

installer qc [ɛ̃stale]	installer un ordinateur ⟷ installer le matériel pour le concert	*hier:* etw. aufbauen
le **matériel** [ləmateʀjɛl]		die Ausrüstung
presque [pʀɛsk]	Les musiciens ont ~ tout installé. Ils vont bientôt jouer.	fast/beinahe
prêt/prête [pʀɛ/pʀɛt]	Quand *les Loustiks* sont ~[1], le concert peut commencer.	fertig/bereit
croire (que) [kʀwaʀ]	*Les Loustiks* sont en colère. Ils ~[2] que Roland va arriver en retard.	glauben (, dass)
appeler qn [ap(ə)le]		jdn. aufrufen
J'ai son numéro sur moi. [ʒesõnymeʀosyʀmwa]		Ich habe seine (Telefon-) Nummer bei mir.
il nous reste qc [ilnuʀɛst]		uns bleibt etw./wir haben (noch) etw.
un **quart d'heure** [ɛ̃kaʀdœʀ]		eine Viertelstunde
une **star** [ynstaʀ]	MC Solaar est une ~ de la chanson.	ein Star
dernier/dernière [dɛʀnje/dɛʀnjɛʀ]	≠ premier/première	letzter/letzte/letztes
exagérer [ɛgzaʒeʀe]	Roland, tu ~[3]!	übertreiben
sans lui [sɑ̃lɥi]	≠ avec lui	ohne ihn
de toute façon [dətutfasõ]		auf jeden Fall, *hier:* sowieso

---

[1] prêts – [2] croient – [3] exagères

cent dix-sept **117**

1 Vocabulaire

le **courant** [ləkurɑ̃]		der Strom
fermé/fermée [fɛʀme]	≠ ouvert/ouverte	geschlossen
possible/possible [pɔsibl]		möglich
Ce n'est pas possible! [sənɛpapɔsibl]		Das darf doch (wohl) nicht wahr sein!
une **solution** [ynsɔlysjɔ̃]	≠ un problème	eine Lösung

> **Les mots en -*tion*:**
> Alle Wörter, die auf -*tion* enden sind weiblich: *une répétition, une solution, une information, une interrogation, une invitation, une station, la natation, la direction*…

tomber malade [tɔ̃bemalad]			krank werden
compter sur qn [kɔ̃tesyʀ]	✎ **compt**er		auf jdn. zählen/sich auf jdn. verlassen
peu de … [pødə]	un peu de musique ⟷ **peu** de musique		wenig/wenige
autour de … [otuʀdə]			um … herum

> **Le raï**
>
> Die Musikrichtung *Raï* entstand zu Beginn des 20. Jahrhunderts in Algerien. Ursprünglich handelten die Lieder des *Raï* von traditionellen Festen und Bräuchen. Die Sänger äußerten ihre Meinung und sprachen auch Tabu-Themen an.
>
> Seit Ende der 80er Jahre hat der *Raï* auch in Frankreich großen Erfolg (z. B. durch *Faudel*) und öffnet sich anderen Musikrichtungen wie dem Hip-Hop bzw. dem Rap.

atelier

3	**Dis Johnny,** … [didʒɔni]	→ dire qc	Sag mal, Johnny …
5	un **reportage** [ɛ̃ʀəpɔʀtaʒ]	Les élèves font **un** ~ pour le journal de l'école.	eine Reportage
6	**avoir tort** [avwaʀtɔʀ]	~ ≠ avoir raison	Unrecht haben

> **D'une langue à l'autre**
>
> Les Loustiks répètent.
> – Le matériel est installé?
> – Oui, tout marche bien.
> Mais Roland est en colère.
> – Johnny, ça ne va pas, non?
>   Ce n'est pas possible. Tu joues beaucoup trop fort.
> Roland ne sait vraiment pas s'il veut encore jouer avec Johnny.
>
> – Ist alles aufgebaut?
> – Ja, es ist alles ok.
> Aber Roland ist sauer.
> – Johnny, du spinnst wohl! Das darf doch wohl nicht wahr sein! Du spielst viel zu laut.
> Roland weiß nun wirklich nicht mehr, ob er noch mit Johnny spielen möchte.

Vocabulaire 2

LEÇON 2

TiPP Baue dir beim Lernen Eselsbrücken:
se ré**veiller**: klingt ähnlich wie „**Wecker**",
se **coucher** klingt so ähnlich wie „sich **kuscheln**".

d'abord Les Lopez s'organisent …

> **Qui est qui dans la leçon 2?**
> Aufregung bei der Familie *Lopez: Antoines* Austauschpartner *Moritz* aus Ulm kommt für eine Woche nach *Grenoble*. Trotz kleinerer Verständigungsschwierigkeiten stellen die Jugendlichen schon beim ersten Abendessen fest, dass der französische und der deutsche Alltag durchaus verschieden sind. Da es *Moritz* in *Grenoble* so gut gefällt, bleibt er am letzten Tag seines Aufenthaltes viel zu lange auf der Abschiedsparty …

s'organiser [sɔʀganize]	Antoine ~¹ parce que son corres arrive demain.	sich organisieren
s'occuper de qn/qc [sɔkypedə]	Ma chambre? C'est mon problème. Toi, Félix, tu ~² tes affaires.	sich um jdn./etw. kümmern
se retrouver [səʀətʀuve]	Nous ~³ devant le collège à 7 heures, pour l'arrivée des corres.	sich treffen
se demander si … [sədəmɑ̃desi]	Jules ~⁴ les corres vont bien arriver.	sich fragen, ob …
la bouffe *(fam.)* [labuf]		das Essen/Futtern *(ugs.)*
se réveiller [səʀeveje]	Le matin, Antoine ~⁵ à 7 heures.	aufwachen/wach werden
gna gna gna [ɲaɲaɲa]		*kindl. Ausdruck, um jdn. zu ärgern*
Ça suffit! [sasyfi]	Félix, tu exagères. ~ maintenant!	Das reicht!
faire de la place [fɛʀdəlaplas]		Platz machen
se dépêcher [sədepɛʃe]	Félix descend vite l'escalier. Il ~⁶ parce qu'il est en retard.	sich beeilen

> **se dépêcher**
> je **me** dépêche, tu **te** dépêches,
> il **se** dépêche, elle **se** dépêche, on **se** dépêche,
> nous **nous** dépêchons, vous **vous** dépêchez,
> ils **se** dépêchent, elles **se** dépêchent
> il **s'est** dépêché, elle **s'est** dépêchée

On va voir ça tout de suite. [ɔ̃vavwaʀsatutsɥit]		Das werden wir gleich sehen/klären.
un bus [œ̃bys]	Les corres partent d'Ulm en ~.	ein Bus

---

¹ s'organise — ² t'occupes **de** — ³ nous retrouvons — ⁴ se demande si — ⁵ se réveille
⁶ se dépêche

cent dix-neuf **119**

2 Vocabulaire

A À table!

Qu'est-ce que vous savez des repas en France?		Was wisst ihr über das Essen in Frankreich?
le **repas** [ləʀəpa]	→ la bouffe *(fam.)*	das Essen/die Mahlzeit
se **mettre à table** [səmɛtʀatabl]		zu Tisch/zum Essen kommen
se **servir** [səsɛʀviʀ]		sich bedienen
chaud/chaude [ʃo/ʃod]		warm; *hier:* heiß
différent/différente [difeʀɑ̃/difeʀɑ̃t]	→ [E] different	anders/verschieden/ unterschiedlich
un **lycée** [ɛ̃lise]	La grande sœur d'Antoine ne va plus au collège, elle va au ~.	ein Gymnasium/Lycée
(être) **pareil/pareille** [paʀɛj/paʀɛj]	≠ différent/différente	gleich (sein)
froid/froide [fʀwa/fʀwad]	≠ chaud/chaude	kalt
le **beurre** [ləbœʀ]		die Butter
vouloir dire qc [vulwaʀdiʀ]	Moritz, tu ~[1] que les repas sont différents en Allemagne?	*hier:* etw. meinen
la **charcuterie** [laʃaʀkytʀi]	En France, on ne mange pas souvent de ~ le soir.	der Aufschnitt/die Wurstwaren
si	En Allemagne, on ne mange pas ~ tard.	so *(+ Adverb)*
le **vin** [ləvɛ̃]		der Wein
boire [bwaʀ]		trinken

> **boire**
> je bois, tu bois, il boit, elle boit, on boit,
> nous buvons, vous buvez, ils boivent, elles boivent
> j'ai bu

en anglais [ɑ̃nɑ̃glɛ]	→ en français	auf Englisch
une **mousse au chocolat** [ynmusoʃɔkɔla]		*typischer französischer Nachtisch*
le **souci** [ləsusi]		die Sorge
Pas de souci! [padsusi]		Keine Sorge!
se **lever** [sələve]		aufstehen

> **se lever**
> je me lève, tu te lèves, il se lève, elle se lève, on se lève,
> nous nous levons, vous vous levez, ils se lèvent, elles se lèvent
> je me suis levé(e)

tôt [to]	≠ tard	früh
la **salle de bains** [lasaldəbɛ̃]	→ une salle	das Bad/Badezimmer
se **doucher** [səduʃe]	Julie ~[2] dans la salle de bains.	duschen
un **pyjama** [ɛ̃piʒama]		ein Schlafanzug
se **coucher** [səkuʃe]	Il est dix heures. Va ~[3].	ins/zu Bett gehen

---

[1] veux dire — [2] **se** douche — [3] **te** coucher

120 cent vingt

Vocabulaire 2

la **nuit** [lanɥi] ≠ le jour — die Nacht
Bonne nuit! [bɔnnɥi] ≠ Bonjour! — Gute Nacht!

Manger en France
In Frankreich wird abends häufig „warm" gegessen. Das Abendessen beginnt mit einer Vorspeise, es folgt das Hauptgericht *(le plat principal)*. Dazu wird *baguette* gegessen und Wein bzw. Wasser getrunken. Zum Schluss isst man Käse und/oder eine Nachspeise, z. B. Obst. Und so kann es mit dem Essen ganz schön spät werden …

Le collège/le lycée
Der Besuch des *collège* mit den Klassen 6e, 5e, 4e, 3e ist für alle Schülerinnen und Schüler verbindlich. Danach können die Jugendlichen das *lycée* mit den Klassen 2de (= *la seconde*), 1ère (= *la première*) und *terminale* absolvieren, um das Abitur (= *le baccalauréat*) zu machen.

La mousse au chocolat
Die *mousse au chocolat* ist ein typisch französischer Nachtisch, der leicht herzustellen ist.
Für 2 Personen brauchst du: 80 g Bitterschokolade, 40 g Butter (gewürfelt), 3 Eier, 20 g Zucker. Die Schokolade im Wasserbad schmelzen lassen und umrühren. (Wichtig, um Klumpen zu vermeiden!) Eier trennen, Eiweiß steifschlagen, einen Esslöffel Zucker hinzufügen und einige Sekunden weiter schlagen. Eigelbe, die Butter und den Rest Zucker in die geschmolzene Schokolade geben und verrühren. Das Eiweiß löffelweise hineingeben und vorsichtig umrühren. 2 Stunden im Kühlschrank kaltstellen.

atelier

2 une **différence** [yndiferɑ̃s] — ein Unterschied

B Réviser ou s'amuser?

réviser qc [Revize] — ⚠ Antoine ~[1] pour son **interro**. ⟷ Les Loustiks **répètent** pour leur **concert**. — etw. wiederholen; *hier:* lernen

s'amuser [samyze] — Spaß haben/sich amüsieren
un **séjour** [ɛ̃seʒuʀ] — ein Aufenthalt
s'entendre avec qn [sɑ̃tɑ̃dʀavɛk] → entendre — sich mit jdm. verstehen
le Parc du Vercors [ləpaʀkdyvɛʀkɔʀ] — *Naturschutzgebiet in der Nähe von Grenoble*
le Jardin de Ville [ləʒaʀdɛ̃dəvil] — *Stadtpark in Grenoble*

Le Jardin de Ville
Der Stadtpark ist das „Naherholungsgebiet" von *Grenoble*.
Der Besuch dieses botanischen Gartens ist kostenlos.

---
[1] révise

2 Vocabulaire

le **téléphérique** [ləteleferik]	Julie n'aime pas monter à pied, alors elle prend ~.	die Seilbahn
le **fort de la Bastille** [ləfɔrdəlabastij]		Festung in Grenoble

Le fort de la Bastille
Von der Festung auf den *Chartreuse*-Höhen lohnt sich der Blick auf *Grenoble* und die umliegenden Berge. Seit 1934 verbindet eine Seilbahn die Festung mit der Stadt.

une **fête d'adieu** [ynfɛtdadjø]		eine Abschiedsparty
sévère/sévère [sevɛr]	Le prof de maths d'Antoine est ~. Il donne beaucoup de mauvaises notes.	streng
une **bulle** *(fam.)* [ynbyl]		eine Blase; *hier:* eine Null *(als Note)* *(ugs.)*
avoir une bulle *(fam.)*		Null Punkte haben *(ugs.)*

Une bulle
Null ist die schlechteste Note in Frankreich, 20 die beste. Da 0 die Form einer Seifenblase hat, nennen die Schüler die Note 0 umgangsprachlich *une bulle*.

avoir une heure de colle [avwarynœrdəkɔl]		eine Stunde nachsitzen (müssen)
pomper [pɔ̃pe] *(fam.)*		abschreiben *(ugs.)*
le **bulletin de notes** [ləbyltɛ̃dənɔt]	En France, les élèves ont trois ~[1] par an: un en décembre, un en avril et un en juin.	das Zeugnis
avoir zéro [avwarzero]	→ avoir une bulle *(fam.)*	Null Punkte haben
copier sur qn [kɔpjesyr]		*hier:* bei jdm. abgucken/ abschauen/abschreiben
être en train de faire qc [ɛtrɑ̃trɛ̃dəfɛr]	→ E to be doing sth.	dabei sein etw. zu tun
se préparer [səprepare]	→ préparer	sich vorbereiten
s'habiller [sabije]	Le matin, Moritz se lève, il se douche, puis il ~[2].	sich anziehen
venir de faire qc [vənirdəfɛr]	≠ aller faire qc	etw. gerade getan haben
se faire du souci [səfɛrdysusi]	Quand je rentre un peu trop tard, mes parents ~[3] et ne dorment pas.	sich Sorgen machen
quand même [kɑ̃mɛm]	Antoine a beaucoup travaillé, mais il a ~ eu une mauvaise note.	trotzdem

---

[1] bulletins de notes – [2] s'habille
[3] se font du souci

Vocabulaire 2

Le Parc du Vercors

Das Gebiet des *Parc du Vercors* liegt südwestlich von *Grenoble* am Rande der Alpen. Es ist über 186 000 Hektar groß. Man kann den Park zu Fuß, mit dem Mountainbike oder sogar auf Skiern entdecken. Das Naturschutzgebiet mit seinen unzähligen Höhlen und Schluchten lädt zu Erkundungen und sportlichen Aktivitäten ein.

Le bulletin de notes

Die Schülerinnen und Schüler bekommen drei Zeugnisse in einem Schuljahr. Sie werden den Eltern per Post zugeschickt. Für jedes Fach steht eine Durchschnittsnote des betreffenden Schülers, eine Bemerkung des Lehrers, sowie zum Vergleich die schlechteste und die beste Durchschnittsnote der Mitschüler.
Der Vorsitzende der Klassenkonferenz schreibt auch eine Bemerkung über die Leistung des Schülers.

atelier

3 un **rêve** [ɛ̃Rɛv] — ein Traum

C La semaine s'est bien passée.

se passer [səpase]	F Comment ça s'est passé? = D Wie war's?	sich ereignen
La semaine s'est bien passée. [las(ə)mɛnsɛbjɛ̃pase]		Die Woche ist gut verlaufen/ ging gut vorüber.
se quitter [səkite]	Anne et Alex se sont ~[1].	sich trennen/Abschied nehmen
avoir cours *(m., sg.)* [avwaRkuR]	La prof de français est malade, alors les élèves n'ont pas ~ cet après-midi.	Unterricht haben
une **surprise** [ynsyRpRiz]	→ E a surprise	eine Überraschung
se blesser [səblɛse]	→ un blessé/une blessée	sich verletzen
se reposer [səRəpoze]	Pendant la **p**ause, les élèves se ~[2].	sich ausruhen
un certain/une certaine/ certains/certaines … [ɛ̃sɛRtɛ̃/ynsɛRtɛn]	~[3] personnes n'aiment pas danser.	ein gewisser/eine gewisse/ gewisse/einige …
d'autres [dotR]	Tous les jeunes vont à l'école. Certains vont au collège, ~ vont au lycée.	andere
le **buffet** [ləbyfɛ]		das Büfett
donc [dõk]		also
oublier l'heure [ublijelœR]		die Zeit vergessen
s'excuser [sɛkskuze]	Comme elle est arrivée en retard, elle s'est ~[4].	sich entschuldigen
se calmer [səkalme]		sich beruhigen

---

[1] quitt**és** – [2] rep**o**sent – [3] Certaines
[4] excusée

3 Vocabulaire

atelier

5　le **contraire** (de) [ləkɔ̃tRɛR]　　*Se calmer,* c'est ~ *de s'énerver.*　　das Gegenteil (von)

D'une langue à l'autre

Chez les Lopez, avant l'arrivée de Moritz
Mme Lopez: Antoine, fais de la place dans ta chambre pour «Maurice», s'il te plaît.
Antoine: Pas de souci! C'est vite fait.
Et voilà. C'est fini. Oh, déjà 7 heures! Vite, j'ai oublié l'heure. J'ai 10 minutes de retard.

Mme Lopez: Antoine, mach bitte für „Maurice" Platz in deinem Zimmer.
Antoine: Keine Sorge. Das ist schnell gemacht.
So, fertig. Oh! Schon 7 Uhr! Schnell, ich habe die Zeit vergessen. Ich bin schon 10 Minuten zu spät (dran).

LEÇON 3

TiPP Dein Gehirn arbeitet am Besten, wenn du gut „drauf" bist.
Bringe dich vor dem Lernen neuer Vokabeln in die richtige Stimmung. Höre deinen Lieblingssong, mache ein paar Kniebeugen, verschicke zum Beispiel eine nette SMS.

d'abord　Quand j'habitais à Arras …

Qui est qui dans la leçon 3?

Didier aus *Arras* träumte schon immer davon, Schauspieler zu werden. Deshalb fährt er zu einem Casting nach *Paris*.

Allerdings kommt alles anders als erwartet. *Didier* muss sich in Paris durchschlagen, bis die Schauspielerin *Lauretta* ihn anspricht …

Arras [aRas]　　　　　　　　　　　　　　　　　　　　　　　Stadt in Nordfrankreich

> **Arras**
> *Arras,* ca. 44.000 Einwohner, liegt im Norden Frankreichs. Es ist der Geburtsort von *Maximilien de Robespierre* (1758-1794), dem Führer der Französischen Revolution.

Radio Nova [Radjonova]　　　　　　　　　　　　　　　　　　lokaler Radiosender
il y a [ilja]　　　　　　Didier habitait à Arras ~ un an.　　　vor *(zeitlich)*
pour rien [puRRjɛ̃]　　　　　　　　　　　　　　　　　　　　wegen nichts; *hier:* wegen jeder Kleinigkeit

revenir [RəvəniR]　　　→ venir　　　　　　　　　　　　　　zurückkommen/zurückkehren

un **théâtre** [ɛ̃teatR]　　✎ *Attention aux accents!*　　　　　　ein Theater
devenir [dəvəniR]　　Didier, qu'est-ce que tu voulais ~ quand　werden
　　　　　　　　　　　tu étais au lycée? – Acteur de théâtre.

124 cent vingt-quatre

Vocabulaire 3

un **acteur**/une **actrice** [ɛ̃naktœʀ/ynaktʀis]	[E] an act**or**/an act**ress**	ein Schauspieler/eine Schauspielerin
devenir acteur [dəvəniʀaktœʀ]		Schauspieler werden
un **jour** [ɛ̃ʒuʀ]		eines Tages
une **annonce** [ynanɔ̃s]	Le père de Charlotte cherche du travail: il lit les petites ~¹ dans le journal.	eine Anzeige
une **offre** [ynɔfʀ]		ein Angebot
un **casting** [ɛ̃kastiŋ]		ein Casting
un **détail** [ɛ̃detaj]		eine Einzelheit
une **série** [ynseʀi]		eine Serie
une **audition** [ynodisjɔ̃]		ein Vorsprechen
un **studio** [ɛ̃stydjo]	On fait les castings dans ~.	ein Studio
un **renseignement** [ɛ̃ʀɑ̃sɛɲəmɑ̃]		eine Information/Auskunft

 La radio

In Frankreich gibt es sehr viele lokale und nationale Radiosender für jeden Geschmack und jede Musikrichtung. Es gibt große Sender wie z. B. *NRJ, Fun Radio, Europe 1,* aber auch spezielle Sender wie *France info* (für Nachrichten) oder *Traficinfo* (für Verkehrsnachrichten). Allein in der Stadt *Arras* gibt es 16 Radio-Sender. In Paris sind es über 50, darunter *Radio Nova*, das man auch im Internet hören kann. Aktuelle Radio-Linkadressen findet ihr im Internet.

A Les grands espoirs de Didier

l'**espoir** *(m.)* [lɛspwaʀ]	→ espérer	die Hoffnung
se présenter [səpʀezɑ̃te]		sich vorstellen
se présenter à un casting [səpʀezɑ̃teaɛ̃kastiŋ]		sich um ein Casting bewerben
une **auberge de jeunesse** [ynobɛʀʒdəʒœnɛs]	→ les jeunes	eine Jugendherberge
la **place de la République** [laplasdəlaʀepyblik]		*Platz in Paris*

La place de la République
Die 1880 errichtete Statue auf dem *place de la République* ist ein Denkmal zu Ehren der Republik. Die Bronzestatue symbolisiert die Republik und die drei Steinstatuen stellen die Freiheit, die Gleichheit und die Brüderlichkeit dar.

un **coiffeur**/une **coiffeuse** [ɛ̃kwafœʀ/ynkwaføz]		ein Friseur/eine Friseurin
ensuite [ɑ̃sɥit]		dann/danach

Und dann?
Wenn ihr eine Geschichte im *passé composé* erzählt, sind folgende Signalwörter nützlich:
*d'abord, tout à coup, tout de suite,
puis, ensuite, après, enfin, à la fin, en conclusion.*

---
¹ annonces

cent vingt-cinq **125**

3 Vocabulaire

s'acheter qc [saʃ(ə)te]		sich etw. kaufen
appeler qn [ap(ə)le]		*hier:* jdn. aufrufen
il a dû [ilady]	→ devoir	er musste
le **jury** [ləʒyʀi]	[!] *Attention à l'article!*	die Jury
noter qc [nɔte]		etw. notieren
sûr/sûre [syʀ/syʀ]		sicher
être sûr/sûre de … [ɛtʀsyʀdə]	Julie est ~¹. Et toi, tu es ~²?	selbstsicher sein
avoir le cafard *(fam.)* [avwaʀləkafaʀ]		schlecht drauf sein/Trübsal blasen *(ugs.)*
se changer les idées [səʃɑ̃ʒelezide]	Jules écoute de la musique pour ~.	auf andere Gedanken kommen
le **couscous** [ləkuskus]		*nordafrikanisches Gericht*

> **Le couscous**
> Das *Couscous* kommt aus dem Maghreb *(Tunesien, Algerien, Marokko)* und ist eine Art Grieß. Es wird mit verschiedenen Hülsenfrüchten und Gemüse- und Fleischsorten zubereitet und mit einer scharfen Chilisoße serviert.

les **Catacombes** *(f., pl.)*		die Katakomben
découvrir qc [dekuvʀiʀ]	Didier a ~³ les Catacombes avec ses copains.	etw. entdecken
commencer à faire qc [kɔmɑ̃seafɛʀ]		anfangen/beginnen etw. zu tun
se sentir (bien) [səsɑ̃tiʀ(bjɛ̃)]		sich (wohl-/gut) fühlen
un **matin** [ɛ̃matɛ̃]	[F] un jour ⟷ [D] eines Tages	eines Morgens
un **moment** [ɛ̃mɔmɑ̃]		ein Moment
sans *(+ infinitif)* [sɑ̃]	Didier est parti d'Arras ~ par**ler** à ses parents.	ohne zu *(+ Infinitiv)*
s'écrouler [sekʀule]		zusammenbrechen; *hier:* zerplatzen
se débrouiller [sədebʀuje]	Didier va ~ à Paris.	zurechtkommen
tout seul/toute seule [tusœl/tutsœl]	Julie ne fait pas du roller ~⁴, elle est avec ses copains.	ganz allein

 Les Catacombes

Unter der Stadt *Paris* gibt es gewaltige Steinbrüche, aus denen im 17. Jahrhundert große Mengen Baumaterial geholt wurden. Die kilometerlangen Hohlräume wurden später nur zum Teil aufgefüllt. Einige der unterirdischen Räume wurden zu Zeiten der „Überfüllung" der Friedhöfe (und der damit drohenden Seuchengefahr) zur Lagerung von Gebeinen genutzt.
Der Zutritt zur „Unterwelt" ist grundsätzlich nicht gestattet. Nur ein Teil der Gänge kann heute offiziell besichtigt werden, der „Einstieg" befindet sich in der Nähe der Metrostation *Denfert-Rochereau*.

atelier

4 une **chose** [ynʃoz]	→ quelque chose	eine Sache
5 **Tours** [tuʀ]		*Stadt im Loire-Tal*
6 **en 2065** [ɑ̃dømilswasɑ̃tsɛ̃k]		im Jahre 2065
jeune/jeune [ʒœn]		jung

---
¹ sûre **d'elle** — ² sûr(e) **de toi** — ³ découvert
⁴ toute seule

126 cent vingt-six

Vocabulaire 3

B Petit boulot dans le métro

un **boulot** (fam.) [ɛ̃bulo]	→ un travail	ein Job (ugs.)
Pont de Sèvres-Mairie de Montreuil [põdəsɛvʀ(ə)meʀidəmõtʀœj]		Metrostation in Paris
une **voiture** (de train/métro) [ynvwatyʀ]		hier: ein Waggon
Personne ne … [pɛʀsɔnnə]	~¹ aide Didier.	Niemand … (am Satzanfang)
usé/usée [yze]	≠ nouveau	alt/abgenutzt
avoir l'air [avwaʀlɛʀ]	Le soir, dans le métro, presque tout le monde ~² fatigué.	aussehen/scheinen
la **vie** [lavi]	→ vivre	das Leben
seulement [sœlmɑ̃]	→ seul	nur
un **journal**/des **journaux** [ɛ̃ʒuʀnal/deʒuʀno]	Dans le métro, les voyageurs lisent le ~.	eine Zeitung/Zeitungen
un/une **SDF** (= sans domicile fixe) [ɛ̃/ynɛsdeɛf]		ein Obdachloser/eine Obdachlose

> **Les SDF**
> *SDF* bedeutet *sans domicile fixe* (ohne festen Wohnsitz = obdachlos). In Frankreich gibt es mehrere Organisationen, die sich um obdachlose Menschen kümmern, z. B.: *Les Restos du Cœur* (Essen), *le Samu social de Paris* (Krankenversorgung), *Emmaüs* (Wohnen).

craquer [kʀake]	Didier était très triste et un jour, il ~³ dans le métro.	zusammenbrechen; hier: ausrasten/ausflippen
laisser tomber qc [lɛsetõbe]		etw. fallen lassen
lancer qc [lɑ̃se]		etw. werfen

> **lancer**
> je lance, tu lances, il/elle/on lance,
> nous lançons, vous lancez, ils/elles lancent
> j'ai lancé

par terre [paʀtɛʀ]		auf den/dem Boden
une **pièce** [ynpjɛs]	50 centimes, 1 euro et 2 euros sont des ~⁴.	eine Münze/ein Geldstück
ne … toujours pas [nətuʒuʀpa]	Didier n'a ~ trouvé de travail.	immer noch nicht
réagir [ʀeaʒiʀ]		reagieren
ne … même pas [nəmɛmpa]		nicht einmal
pleurer [plœʀe]	Didier a craqué. Il a ~⁵ parce que personne ne l'écoutait.	weinen
ramasser qc [ʀamase]	≠ lancer qc	etw. aufsammeln

---

¹ Personne n' — ² a l'air — ³ a craqué — ⁴ pièces
⁵ pleuré

cent vingt-sept **127**

3 Vocabulaire

vers [vɛʀ]	● ⇨ venir de ≠ aller vers ⇨ ●	zu *(in Richtung von …)*
rendre qc à qn [ʀɑ̃dʀ]	≠ prendre qc	jdm. etw. zurückgeben
Trocadéro [tʀɔkadeʀo]		*Metrostation in Paris*
pendant que [pɑ̃dɑ̃kə]	pendant la journée ⟷ pendant qu'il pleuvrait	während *(+ Verb)*
repartir [ʀəpaʀtiʀ]	→ partir	*hier:* wieder anfahren

atelier

3 **Bastille** [bastij] — *Metrostation in Paris*

C Didier entre en scène …

une **scène** [ynsɛn]	✎ → D eine Szene	*hier:* eine Bühne
entrer en scène [ɑ̃tʀeɑ̃sɛn]		auftreten
s'installer [sɛ̃stale]		sich niederlassen
un **endroit** [ɛ̃nɑ̃dʀwa]	Une station de métro est ~ où les voyageurs attendent.	ein Ort/eine Stelle
Saint-Michel [sɛ̃miʃɛl]		*Metro- und RER-Station in Paris*
un **spectacle** [ɛ̃spɛktakl]		eine Vorführung
drôle/drôle [dʀol]	≠ triste	lustig/witzig
le **succès** [ləsyksɛ]	→ E success	der Erfolg
un **chapeau**/des **chapeaux** [ɛ̃ʃapo/deʃapo]	Il met son ~.	ein Hut/Hüte
enlever son chapeau [ɑ̃ləvesɔ̃ʃapo]		den Hut abnehmen/ziehen

> **enlever**
> j'enlève, tu enlèves, il enlève, elle enlève, on enlève,
> nous enlevons, vous enlevez, ils enlèvent, elles enlèvent
> j'ai enlevé

parfois [paʀfwa]		manchmal

> jamais – parfois – souvent – toujours

reconnaître qn [ʀəkɔnɛtʀ]		jdn. wiedererkennen

> **re-** am Anfang eines Wortes bedeutet oft „wieder": **re**partir, **re**connaître.

le **public** [ləpyblik]		das Publikum/die Öffentlichkeit
parmi eux/elles [paʀmiø/ɛl]		unter ihnen *(bei Personen)*
Je suis venu(e) t'écouter. [ʒəsɥivənytekute]		Ich bin gekommen, um dich zu hören.
le **talent** [lətalɑ̃]	Quand on se présente à un casting, il faut avoir **du** ~.	das Talent

128 cent vingt-huit

Vocabulaire 3

faire du théâtre [fɛʀdyteatʀ]		Theater spielen
s'appeler [sap(ə)le]		heißen

> **s'appeler**
> je m'app**elle**, tu t'app**elles**, il s'app**elle**, elle s'app**elle**, on s'app**elle**,
> nous nous app**elons** [nunuzap(ə)lõ], vous vous app**elez** [vuvuzap(ə)le]
> ils s'app**ellent**, elles s'app**ellent**

une **pièce** (de théâtre) [ynpjɛs]	Les acteurs jouent ~.	ein (Theater-)Stück
monter une pièce [mõteynpjɛs]		ein Bühnenstück vorbereiten
le **Théâtre du Renard** [ləteatʀdyʀənaʀ]		*Theater in Paris*

atelier

1	un **rôle** [ɛ̃rol]		eine Rolle
2	**Hélène Ségara** [elɛnsegaʀa]		*frz. Sängerin*

> **Hélène Ségara**
> Hélène Ségara wurde 1971 bei *Toulon* geboren. Ihr erstes Album, *Cœur de verre*, kam 1997 heraus. Mit Andrea Bocelli sang sie den französischen Teil des Songs *Vivo per lei*. 1998 gelang ihr der Durchbruch mit der Rolle der *Esmeralda* in dem Musical *Notre-Dame de Paris*. Für die französische Version des Zeichentrickfilms *Anastasia* sang *Hélène Ségara* die Titelmusik.

3	une **émotion** [ynemosjõ]	[E] an emotion	ein Gefühl
	avoir la pêche *(fam.)* [avwaʀlapɛʃ]		sehr gut drauf sein *(ugs.)*
	être en forme *(fam.)* [ɛtʀɑ̃fɔʀm]	Je me sens bien. = Je ~[1].	gut drauf/(gut) in Form sein *(ugs.)*
	stressé/stressée [stʀese]	Avant le spectacle, les artistes sont ~[2].	gestresst
	être déprimé/déprimée [ɛtʀdeprime]	≠ avoir la pêche	deprimiert sein

---

D'une langue à l'autre

Après le casting
Après son casting, Marine a le cafard.
Elle veut se changer les idées.
Alors, elle part en vélo avec Charlotte.
– J'ai été nulle au casting.
– Mais Marine, ne te fais pas de souci pour rien.
– Pour rien? Toi, tu as de la chance. Tu es sûre de toi, mais moi, je ne sais toujours pas ce que je vais devenir!

Nach ihrem Casting ist Marine schlecht drauf.
Um auf andere Gedanken zu kommen, will sie mit Charlotte Rad fahren.
– Ich war total schlecht beim Casting.
– Marine, nimm das doch nicht so wichtig.
– Nicht so wichtig? Du hast es gut, du bist ja auch selbstsicher. Aber ich weiß immer noch nicht, was aus mir später mal werden soll.

---

[1] suis en forme – [2] stressés

4 Vocabulaire

LEÇON 4

TIPP Die Bedeutung vieler Adjektive dieser Lektion könnt ihr leicht aus dem Englischen und aus dem Deutschen ableiten. Achtet aber auf die Rechtschreibung:
[F] ag**r**essif ⟷ [D] ag**gr**essiv.

d'abord Ecoute-moi bien, Laïla.

Qui est qui dans la leçon 4?

Es ist nicht ganz einfach, als Kind von Einwanderern in Frankreich aufzuwachsen: Diese Erfahrung macht *Laïla Khadra*, die mit ihrem Bruder *Aziz* und ihren Eltern im Departement *Seine-Saint-Denis* lebt. *Aziz* meint sogar, über *Laïlas* Outfit wachen zu müssen! Immerhin findet sie moralische Unterstützung bei ihren Freundinnen *Fatou, Manu, Alice* und bei ihrem Lehrer *M. Rousseau*.

---

la **cité** [lasite]		die Siedlung
Seine-Saint-Denis [sɛnsɛ̃dəni]		*Pariser Departement*
la **banlieue** [lɑ̃bɑ̃ljø]	Autour de toutes les grandes villes, il y a des ~¹.	der Vorort
enlever qc [ɑ̃ləve]	Mets ton T-shirt. ≠ ~² ton T-shirt.	etw. ausziehen
	[!] *Enlever* wird konjugiert wie *lever*.	
un **petit**/une **petite**/ des **petits**/des **petites** [ɛ̃p(ə)ti/ynp(ə)tit/ dep(ə)ti/dep(ə)tit]		ein Kleiner/eine Kleine/ Kleine

Les grands et les petits …
Wie im Deutschen können manche Adjektive im Französischen wie Nomen verwendet werden:
jeune → un jeune/une jeune
petit → un petit/une petite
allemand → un Allemand/une Allemande
français → un Français/une Française

tranquille/tranquille [tʀɑ̃kil/tʀɑ̃kil]	👄 *On dit* fam**ille** [famij] *mais* tranqu**ille** [tʀɑ̃k**il**]!	ruhig
Laisse-moi tranquille! [lɛsmwatʀɑ̃kil]		Lass mich in Ruhe!
sur ce ton [syʀsətɔ̃]	Ne me parle pas ~, s'il te plaît.	in diesem Ton

---

 Les départements

Frankreich ist in 96 Departements unterteilt. Sie sind alphabetisch geordnet und durchnummeriert von 01 *(Ain)* bis 89 *(Yonne)*, woraus sich auch die Postleitzahl ergibt.
Hinzu kommen die „neueren" Departements um das ständig wachsende *Paris* herum und die 4 Überseedepartements.
Im Internet findet ihr auf der Schülerseite von *Tous ensemble* eine Karte der Departements.

---

¹ banlieues — ² Enlève

130 cent trente

Vocabulaire 4

 La Seine-Saint-Denis

Seine-Saint-Denis ist eines der Departements im Ballungsraum der Region *Ile-de-France* um Paris. Es grenzt im Nordosten an *Paris* und hat die Ordnungszahl 93. Die Bewohner nennen es oft nur *le neuf-trois,* weil der offizielle Name und auch die Zahl *quatre-vingt-treize* umständlich auszusprechen sind. Dort wohnen viele Einwanderer aus Nordafrika mit ihren Familien.

Die typischen Hochhaussiedlungen der *banlieue* (= Vorort) gehören aufgrund der starken sozialen Probleme (z. B. durch die hohe Arbeitslosigkeit) zu den konfliktreichen Wohngebieten. Die Häuser werden kurz HLM (= **habitation à loyer modéré**) genannt, was im Deutschen ungefähr dem sozialen Wohnungsbau entspricht.

A Calme-toi, Laïla.

Il s'est passé quelque chose? [ilsɛpasekɛlk(ə)ʃoz]		Ist etwas passiert?
agressif/agressive [aɡʀɛsif/aɡʀɛsiv]	F agressif ⟷ D aggressiv	aggressiv/angriffslustig
s'énerver [senɛʀve]	≠ se calmer	sich aufregen
se prendre pour … [səpʀɑ̃dʀpuʀ]	Fatou: Aziz ~¹ qui? Laïla: Il ~ un vrai chef.	sich für … halten
traîner *(fam.)* [tʀene]	≠ se dépêcher	sich herumtreiben *(ugs.)*
un **caïd** *(fam.)* [ɛ̃kaid]		ein Anführer/Bandenchef *(ugs.)*
jouer au caïd [ʒweokaid]	Aziz aime bien ~ quand son père n'est pas là.	sich als Chef aufspielen
je suis né/née [ʒəsɥine]	- Tu ~² quand, Alice? – Je ~³ **le** 8 juin 1993.	ich bin geboren
un **atelier** [ɛ̃natəlje]	Fatou va à l'atelier hip-hop.	ein Club
la **MJC** [laɛmʒise] (= la Maison des Jeunes et de la Culture)		das MJC (entspricht dem deutschen Jugendhaus)

> **Les MJC**
> Die *Maisons des Jeunes et de la Culture* wurden in Frankreich in den 50er Jahren landesweit eingerichtet, um es allen Jugendlichen zu ermöglichen, kostengünstig bzw. kostenlos an kulturellen Veranstaltungen/Kursen außerhalb der Schule teilzunehmen.

une **remarque** [ynʀəmaʀk]	→ E to remark	eine Bemerkung
plutôt [plyto]		eher
un **stage** [ɛ̃staʒ]		ein Praktikum
une **agence** [ynaʒɑ̃s]	→ E an agency	eine Agentur
la **publicité** [lapyblisite]	En France, la ~ est souvent drôle.	die Werbung
la **pub** *(fam.)* [lapyb]		die Werbung *(ugs.)*
une **agence de pub** *(fam.)* [ynaʒɑ̃sdəpyb]		eine Werbeagentur *(ugs.)*

---

¹ se prend pour — ² es née — ³ suis née

cent trente et un **131**

4 Vocabulaire

pensif/pensive [pãsif/pãsiv] → penser · nachdenklich

> **C'est facile!**
> Die Adjektive auf -*if* im Maskulinum
> enden auf -*ive* im Femininum.

un **conseil** [ɛ̃kõsɛj] · Les parents d'Alice adorent lui donner des ~[1]. · ein Rat
Mais elle déteste ça.

atelier

2 un **journal intime** [ɛ̃ʒuʀnalɛ̃tim] · · ein Tagebuch
4 **sportif/sportive** [spɔʀtif/spɔʀtiv] · Fatou, Alice et Manu vont à l'atelier de · sportlich
hip-hop. Elles sont ~[2].

actif/active [aktif/aktiv] · · aktiv
passif/passive [pasif/pasiv] · ≠ actif/active · passiv
naïf/naïve [naif/naiv] · · naiv

B Ne nous énervons pas.

être fier/fière de qn/qc · Mme Khadra est ~[3] **de** sa fille Laïla. · auf jdn./etw. stolz sein
[ɛtʀfjɛʀ/fjɛʀ]
sérieux/sérieuse [seʀjø/seʀjøz] · · ernst(haft)/seriös
un **métier** [ɛ̃metje] · · ein Beruf
n'importe quoi [nɛ̃pɔʀt(ə)kwa] · · *hier:* Quatsch/Blödsinn
un **menteur**/une **menteuse** · → mentir · ein Lügner/eine Lügnerin
[ɛ̃mãtœʀ/ynmãtøz] · Les ~[4] ne disent pas la vérité.
se disputer [sədispyte] · → une dispute · sich streiten
s'inquiéter [sɛ̃kjete] · = se faire du souci · sich Sorgen machen

> **s'inquiéter**
> je m'inquiète, tu t'inquiètes, il/elle/on s'inquiète,
> nous nous inquiétons, vous vous inquiétez, ils/elles s'inquiètent
> je me suis inquiété(e)

jaloux/jalouse · Aziz cherche un travail. Il est ~[5] **de** Laïla, · eifersüchtig
[ʒalu/ʒaluz] · parce que Laïla a trouvé un super stage.
méchant/méchante · ≠ gentil/gentille · böse
[meʃã/meʃãt] · Ce chien est ~[6]!
malheureux/malheureuse · Didier et Aziz sont ~[7] parce · unglücklich
[maløʀø/maløʀøz] · qu'ils n'ont pas de travail.
Ce n'est pas une raison pour · · Das ist kein Grund sich auf-
s'énerver. · · zuregen.
furieux/furieuse [fyʀjø/fyʀjøz] · Quand on est très en colère, on est ~[8]. · wütend
un **ordre** [ɛ̃nɔʀdʀ] · · ein Befehl

---

[1] conseils − [2] sportives − [3] fière − [4] menteurs
[5] jaloux − [6] méchant − [7] malheureux
[8] furieux

132 cent trente-deux

Vocabulaire 4

donner des ordres à qn [dɔnedezɔʀdʀ]		jdm. Befehle erteilen
être derrière qn [ɛtʀdɛʀjɛʀ]		*hier:* hinter jdm. her sein
se marier [səmaʀje]	Les parents de Laïla ~[1] très jeunes: à l'âge de Laïla.	heiraten
à ton âge [atõnaʒ]	Maman, **à quel âge** est-ce que tu t'es mariée? – ~, **à 15 ans.**	in deinem Alter
patient/patiente [pasjã/pasjãt]	E patient	geduldig
courageux/courageuse [kuʀaʒø/kuʀaʒøz]	✎ E courageous	mutig
intelligent/intelligente [ɛ̃teliʒã/ɛ̃teliʒãt]		schlau
une chance [ynʃãs]		eine (gute) Gelegenheit

atelier

2 le **caractère** [ləkaʀaktɛʀ]	Laïla n'est pas patiente, elle réagit tout de suite. C'est son ~.	der Charakter

C Chanson pour Laïla

une enveloppe [ynãvlɔp]	Julie écrit une lettre, elle la met dans ~, elle écrit l'adresse, puis elle va à la poste.	ein Umschlag/Briefumschlag
un **mec**/des **mecs** *(fam.)* [ɛ̃mɛk/demɛk]		ein Kerl/Kerle *(ugs.)*
un **dealer** [ɛ̃dilœʀ]		ein Dealer/Drogenverkäufer
un **choix** [ɛ̃ʃwa]	→ choisir	eine Wahl
Ne vous laissez pas faire! [nəvulɛsepafɛʀ]		Lasst euch nicht alles gefallen!
se battre [səbatʀ]		kämpfen
un **chemin** [ɛ̃ʃəmɛ̃]	Qu'est-ce qui est plus petit qu'une rue? C'est ~.	ein Weg
se retourner [səʀətuʀne]	→ tourner la tête	sich umdrehen

atelier

4 **Fiche-moi la paix.** *(fam.)* [fiʃmwalapɛ]		Lass mich (bloß) in Ruhe. *(ugs.)*
ailleurs [ajœʀ]	≠ ici	woanders
Va voir ailleurs. *(fam.)* [vavwaʀajœʀ]		Hau ab. *(ugs.)*
Tu me casses les pieds. *(fam.)* [tyməkaslepje]		Du gehst mir (echt) auf die Nerven. *(ugs.)*
J'en ai ras le bol! *(fam.)* [ʒãneʀalbɔl]		Ich habe die Nase voll. *(ugs.)*

---

[1] se sont mariés

cent trente-trois **133**

5 Vocabulaire

> **D'une langue à l'autre**
>
> | | |
> |---|---|
> | La dispute entre frère et sœur | |
> | – Arrête. Laisse-moi tranquille! | – Hör auf! Lass mich in Ruhe! |
> | – Mais, je ne t'ai rien fait. | – Aber ich habe dir doch nichts getan. |
> | Ne dis pas n'importe quoi! | Red keinen Blödsinn. |
> | – Si, tu m'énerves avec tes ordres. | – Oh doch, du nervst mich total mit deinen Befehlen. |
> | – Oh là là, ce n'est pas une raison | – Ach, aber das ist doch kein Grund |
> | pour s'énerver comme ça! | sich so aufzuregen! |

LEÇON 5

TiPP Achte beim Lernen auf eine gute und angenehme Beleuchtung.

d'abord Quels métiers est-ce que tu connais?

> **Qui est qui dans la leçon 5?**
>
> Die Schülerinnen und Schüler der *3ᵉ* des *collège Jean Zay* in *Lyon* haben ganz unterschiedliche Vorstellungen davon, was sie später einmal für einen Beruf ausüben möchten. *Armelle Legrand* ist sich ganz sicher: Eine Praktikumswoche bei Radio *Jeunes-Lyon* ist ein erster Schritt zu ihrem Ziel! Mit dieser Einstellung beeindruckt sie beim Vorstellungsgespräch auch *Jonathan*, den Geschäftsführer. Ganz perfekt ist *Armelle* als Radioansagerin allerdings noch nicht …

une **fiche** [ynfiʃ]		ein Blatt/eine Karteikarte
une **fiche-métier**/des **fiches-métier** [ynfiʃmetje/defiʃmetje]		ein Berufsinformationsblatt
un **cuisinier**/une **cuisinière** [ɛ̃kɥizinje/ynkɥizinjɛʀ]	→ faire la cuisine	ein Koch/eine Köchin
la **qualité** [lakalite]	La propreté est une ~ importante pour un cuisinier.	die Qualität; *hier:* die (gute) Eigenschaft
la **propreté** [lapʀɔpʀəte]		die Sauberkeit
la **formation** [lafɔʀmasjɔ̃]		die Ausbildung
le **CAP** [ləseape] *(= le certificat d'aptitude professionnelle)*		*entspricht dem Facharbeiterbrief*

> **Le CAP**
> Mit dem Erwerb des *CAP* endet eine 2-jährige Berufsausbildung (nach der *3ᵉ*), die im Rahmen eines *lycée professionnel* erfolgt.

134 cent trente-quatre

Vocabulaire 5

le **BEP** [ləbeəpe] (= *le brevet d'études professionnelles*)		*entspricht dem Fachoberschulabschluss*

> **Le BEP**
> Das *BEP* wird nach 2 Jahren am *lycée professionnel* von *collège*-Umsteigern nach der *3ᵉ* erworben und weist eine stark berufsbezogene Qualifikation aus.

le **BTS** [ləbeteɛs] (= *le brevet de technicien supérieur*)		*Abschlusszeugnis nach 2-jähriger Fachausbildung nach dem Abitur (= BAC +2)*
un **professeur des écoles** [ɛ̃pʀɔfɛsœʀdezekɔl]		ein Grundschullehrer
enseigner [ɑ̃seɲe]	Les profs ~¹ et les élèves apprennent.	unterrichten
créatif/créative [kʀeatif/kʀeativ]		kreativ
le **bac** [ləbak] *(fam.)* (= *le baccalauréat*)		das Abi *(ugs.)*

> **Après le bac**
> Wer zusätzlich zum *bac* z. B. eine 3-jährige Ausbildung absolviert, bezeichnet sein Ausbildungsniveau als *bac +3*. Der Abschluss der 2-jährigen Ausbildung *BTS* entspricht dem Niveau *bac +2*.

un **mécanicien**/une **mécanicienne** [ɛ̃mekanisjɛ̃/ynmekanisjɛn]		ein Kfz-Mechaniker/eine Kfz-Mechanikerin
réparer qc [ʀepaʀe]		etw. reparieren
adroit/adroite [adʀwa/adʀwat]	Julie répare très bien. Elle est très ~².	geschickt
un **bac pro** [ɛ̃bakpʀo] (= *un bac professionnel*)		*entspricht der Fachhochschulreife/dem Fachabitur*
un **animateur**/une **animatrice** [ɛ̃nanimatœʀ/ynanimatʀis]		ein Fernsehmoderator/ eine Fensehmoderatorin/ ein Radiosprecher/ eine Radiosprecherin
une **émission** (de télévision) [ynemisjɔ̃]	Tu as regardé le reportage à la télé, hier soir? – Non, j'ai regardé l'~ de sport.	eine (Fernseh-)Sendung
s'intéresser à qc [sɛ̃teʀese a]		sich für etw. interessieren
l'**actualité** *(f.)* [laktɥalite]	→ les infos	das Tagesgeschehen
un **employé**/une **employée** [ɛ̃nɑ̃plwaje/ynɑ̃plwaje]	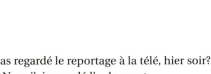 [ɛ̃nɑ̃pl**waje**]	ein Angestellter/eine Angestellte
la **banque** [labɑ̃k]		die Bank
un **infirmier**/une **infirmière** [ɛ̃nɛ̃fiʀmje/ynɛ̃fiʀmjɛʀ]	→ l'infirmerie	ein Krankenpfleger/ eine Krankenschwester
soigner qn [swaɲe]		jdn. pflegen

---

¹ enseignent – ² adroite

cent trente-cinq **135**

5 Vocabulaire

Das französische Schulwesen

In Frankreich besteht der Sekundarbereich aus zwei Stufen:
1. **le collège** (etwa Sekundarstufe I), dessen Ziel es ist, alle Schüler zu einem qualifizierten Abschluss, zum *brevet*, zu bringen.
2. **le lycée** (etwa Sekundarstufe II):
– das allgemeinbildende *lycée général* (mit dem Ziel Abitur = *le baccalauréat*),
– das technische *lycée (le lycée technique)*,
– das berufsbildende *lycée (le lycée professionnel)*.

Nach vier Jahren auf dem *collège* mit dem Abschluss *brevet*, das ungefähr der Mittleren Reife entspricht, wechseln die meisten Schüler auf das *lycée général*. Die anderen Schüler setzen ihre Laufbahn am *lycée professionnel* mit dem Abschluss *CAP* bzw. *BEP* fort oder bereiten sich auf den Erwerb des *BAC Pro* (= *bac professionnel*) vor, das sich als Weiterqualifizierung in Richtung Beruf oder praxisorientiertes Studium versteht.

A Choisir un stage

Lyon [ljõ]		*zweitgrößte Stadt Frankreichs*
une **entreprise** [ynɑ̃tʀəpʀiz]	→ E an enterprise	ein Unternehmen / eine Firma
Pas comme toi. [pakɔmtwa]		Nicht wie du.
un **secrétaire**/une **secrétaire** [ɛ̃səkʀetɛʀ/ynsəkʀetɛʀ]		ein Sekretär/eine Sekretärin
une **photocopie** [ynfɔtɔkɔpi]	→ Tu connais: *une photo + copier*.	eine Fotokopie
un **bureau** [ɛ̃byʀo]	Il y a un ordinateur et un téléphone dans le ~ de la secrétaire.	ein Büro
une **réunion** [ynʀeynjõ]	Tous les employés de l'entreprise ont rendez-vous à 15 heures pour ~.	eine Besprechung / ein Treffen
un **concours** [ɛ̃kõkuʀ]		ein Wettbewerb
passer un concours [paseɛ̃kõkuʀ]	Pour devenir infirmier, il faut ~.	an einem Wettbewerb teilnehmen
dur/dure [dyʀ/dyʀ]		hart
mal [mal]	≠ bien	schlecht
payer [peje]		bezahlen

> **payer**
> je paie, tu paies, il/elle/on paie,
> nous payons, vous payez, ils/elles paient
> on a payé

mal payé/mal payée [malpeje]		schlechtbezahlt
avoir envie de faire qc [avwaʀɑ̃vidəfɛʀ]		Lust haben etw. zu tun
un **informaticien**/ une **informaticienne** [ɛ̃nɛ̃fɔʀmatisjɛ̃/ynɛ̃fɔʀmatisjɛn]	Les ~[1] travaillent à l'ordinateur.	ein Informatiker/eine Informatikerin

---
[1] informaticiens

136 cent trente-six

Vocabulaire		**5**

en plus [ɑ̃plys]		und obendrein/dazu/außer-dem

> **Mehr oder weniger [s]?**
> Wenn *plus* „**mehr**" oder „plus" bedeutet, sprecht ihr *plus* mit [s] aus, z. B.: *en plus* [ply**s**]. Wenn aber *plus* „**nicht mehr**" oder „**kein(e) mehr**" bedeutet, sprecht ihr *plus* ohne [s] aus: *Armelle n'a plus* [ply] *faim.*

un **programme** [ɛ̃pʀɔgʀam]		ein Programm
il suffit de faire qc [ilsyfidəfɛʀ]	Pour être baby-sitter, il ne faut pas le bac, ~¹ aimer le contact avec les enfants.	es reicht aus, etw. zu tun/ man muss nur etw. tun
local/locale [lɔkal]		örtlich/lokal

atelier

2 un **inconvénient** [ɛ̃nɛ̃kõvenjɑ̃]		ein Nachteil

B A la radio *Jeunes-Lyon*

Jeunes-Lyon [ʒœnljõ]		*lokaler Radiosender in Lyon*
comme [kɔm]	~ Armelle aime la radio, elle veut faire un stage à la radio *Jeunes-Lyon*.	da
un **entretien** [ɛ̃nɑ̃tʀətjɛ̃]	Avant leur stage, les élèves ont souvent ~ avec une personne de l'entreprise.	ein Gespräch
nerveux/nerveuse [nɛʀvø/nɛʀvøz]		aufgeregt/nervös
ne … personne [nə…pɛʀsɔn]	Où sont les copains? Je ~ vois ~ devant le cinéma.	niemand
Elle ne connaît personne. [ɛlnəkɔnɛpɛʀsɔn]	→ Personne ne *(am Anfang eines Satzes)*	Sie kennt niemanden.
un **assistant**/une **assistante** [ɛ̃nasistɑ̃/ynasistɑ̃t]		ein Assistent/eine Assisten-tin
si [si]	**!** *si* ou *s'*? Armelle veut savoir ~² le travail à la radio lui plaît ou ~³il ne lui plaît pas. Alors, elle demande ~⁴ elle peut faire un stage.	ob
un **directeur**/une **directrice** [ɛ̃diʀɛktœʀ/yndiʀɛktʀis]		ein Leiter/eine Leiterin; *hier:* ein Geschäftsführer/ eine Geschäftsführerin
savoir [savwaʀ]	Armelle ne ~⁵ pas encore comment on prépare une émission.	wissen

> **savoir**
> je sais, tu sais, il sait, elle sait, on sait,
> nous savons, vous savez, ils savent, elles savent
> j'ai **su**

les **médias** *(m., pl.)* [lemedja]		die Medien

¹ il suffit d' – ² si – ³ s' – ⁴ si – ⁵ sait

cent trente-sept **137**

5 Vocabulaire

faire partie de qc [fɛʀpaʀtidə]	Armelle et Eric ~[1] du club journal du collège.	zu etw. gehören
l'**ambition** (f.) [lãbisjõ]		der Ehrgeiz/die Ambition
avoir de l'ambition (f.) [avwaʀdəlãbisjõ]	Aïcha travaille beaucoup et elle a des bonnes notes. Elle ~[2].	ehrgeizig sein
la **peine** [lapɛn]		die Mühe
Ça vaut la peine. [savolapɛn]		Es lohnt sich./Es ist die Mühe wert.
Excuse-moi./Excusez-moi. [ɛkskyzmwa/ɛkskyzemwa]	→ Je m'excuse.	Entschuldige./Entschuldigen Sie.
informer qn [ɛ̃fɔʀme]	→ une information au CDI → les informations à la télévision	jdn. informieren
la **météo** [lameteo]		der Wetterbericht/ die Wettervorhersage
un **micro** (= un microphone) [ɛ̃mikʀo]	Les chanteurs chantent au ~ pendant le concert.	ein Mikrofon
Je veux bien. [ʒəvøbjɛ̃]	Audrey, est-ce que tu veux boire quelque chose? – Oui, ~.	Ich möchte gern.
présenter qn à qn [pʀezãte]		jdn. jdm. vorstellen
un **technicien**/une **techni- cienne** [ɛ̃tɛknisjɛ̃/yntɛknisjɛn]		ein Techniker/eine Tech- nikerin
dont [dõ]		davon
un **salaire** [ɛ̃salɛʀ]	Quand on a un travail, on a ~ tous les mois.	ein Lohn/Gehalt

atelier

4 un **appareil** [ɛ̃napaʀɛj]		ein Apparat
à l'**appareil** [alapaʀɛj]		am Telefon/Apparat
un **instant** [ɛ̃nɛ̃stã]		ein Augenblick
Je vous le/la passe. [ʒəvulə/lapas]	Beim Duzen: Je te ~[3].	Ich gebe ihn/sie Ihnen.
Ne quittez pas. [nəkitepa]		Bitte bleiben Sie am Apparat.
rappeler [ʀaple]	→ appeler	zurückrufen/wieder anrufen
une **ligne** [ynliɲ]		eine Verbindung/Leitung
le **numéro de ligne directe** [lənymeʀodəliɲədiʀɛkt]		die Durchwahl(nummer)
5 **quelqu'un** [kɛlkɛ̃]	≠ personne	jemand

C Mon stage dans une radio locale

un **site (Internet)** [ɛ̃sit(ɛ̃tɛʀnɛt)]		eine Website
la **ville de Lyon** [lavildəljõ]		die Stadt Lyon
manquer [mãke]	Tout le monde est là? – Non, il ~[4] une personne pour la météo.	fehlen
Il me manque quelque chose. [ilməmãk]		Mir fehlt etwas.

---

[1] font partie – [2] a de l'ambition – [3] le/la passe
[4] manque

138 cent trente-huit

Vocabulaire 5

Zen Zila [zɛnzila]   *Rockgruppe*

> **Zen Zila**
> Die Gruppe *Zen Zila* besteht aus Musikern um die beiden Gründungs-
> mitglieder *Wahid* (Sänger) und *Laurent* (Gitarrist), die aus *Lyon* stam-
> men. Ihre Eltern sind arabischer Herkunft, deshalb singt die Gruppe
> sowohl auf Französisch als auch auf Arabisch.

la **technique** [latɛknik]	🥣 !	die Technik
programmer qc [pʀɔgʀame]		etw. programmieren
compliqué/compliquée		kompliziert
[kõplike/kõplike]		
une **interview** [ynɛ̃tɛʀvju]		ein Interview
un **autographe** [ɛ̃ɔtɔgʀaf]	Wahid a mis son ~ sur le CD d'Armelle.	ein Autogramm
au lieu de [oljødə]	~ dire «bon après-midi», Armelle a dit	(an)statt
	«bon appétit»!	
la **honte** [laõt]		die Schande
La honte! [laõt]		Oh Schande!/Wie peinlich!
tellement [tɛlmã]	Elle avait ~ faim, **qu'**elle a dit «bon appétit»!	so (sehr)
un **gâteau** [ɛ̃gato]		ein Kuchen
un **gâteau au chocolat**		ein Schokoladenkuchen
[ɛ̃gatooʃɔkɔla]		

> **Wie sich Wörter bilden …**
> **Häufig** werden zwei Wörter **mit** *de* verbunden:
> le cadeau **d'**anniversaire, la carte **d'**identité, le jus **de** citron, une école **de**
> musique, une ambiance **d'**enfer, une salle **de** bains …
> **Manchmal** werden zwei Wörter aber auch **mit** *à* verbunden:
> la mousse **au** chocolat, le gâteau **au** chocolat, le sac **à** dos …

en [ã]	Le gâteau d'Armelle était très bon.	davon
	Tout le monde ~ a mangé.	

atelier

5 un **dictionnaire** [ɛ̃diksjɔnɛʀ]		ein Wörterbuch

> **D'une langue à l'autre**
>
> A l'hôpital
> – Bonjour, excusez-moi. Je viens de tomber. Est-ce
> que vous pouvez me soigner le pied?
> – Attendez un instant, je vais chercher une infirmière.
> Moi, je ne peux pas vous aider. Je suis secrétaire.
>
> – Guten Tag. Entschuldigen Sie bitte. Ich bin gerade
> hingefallen. Könnten Sie nach meinem Fuß sehen?
> – Warten Sie einen Moment. Ich hole eben eine Kran-
> kenschwester. Ich selbst kann Ihnen nicht helfen. Ich
> bin Sekretärin.

6 Vocabulaire

LEÇON 6

TIPP Lass dir für jede Vokabel genügend Zeit. Sprich die neue Vokabel mehrmals laut und deutlich vor dich hin.
Präge dir jedes Wort gut ein.

d'abord Tous ensemble en vacances!

> **Qui est qui dans la leçon 6?**
>
> Endlich Ferien! *Lauretta* und ihre Truppe machen sich im Campingbus auf den Weg zum Theaterfestival nach *Avignon*. Unterwegs nehmen sie den Anhalter *Luc* aus *Québec* und seinen Hund *Cadix* ein Stück mit. Der trifft dann im Zug auf *Estelle*, *Johnny* und *Louis* von den *Loustiks*, die sich auf dem Campingplatz in *Argelès* mit den restlichen Bandmitgliedern treffen. Als *Estelle* beim Duschen die Kleider geklaut werden, lernt sie *Armelle* kennen, die ihr aushilft. *Armelle* will mit ihrer Freundin *Julie* am nächsten Tag weiter nach *Prades*, allerdings verpassen sie den Bus! Aber da ist noch *Thomas*, der seine Hilfe anbietet …

une **troupe** (de théâtre) [yntʀup(dəteatʀ)]		eine (Theater-)Truppe
Avignon [aviɲɔ̃]		*Stadt in Südfrankreich*
devant [dəvɑ̃]	Steve et Lauretta veulent monter ~.	vorn/vorne
la **route** [laʀut]	Une rue est dans une ville, une ~ va d'une ville à une autre ville.	die Straße; *hier:* der Weg/ die Route
conduire [kɔ̃dɥiʀ]	En France, on peut ~ un scooter à 14 ans.	fahren

> **conduire**
> je conduis, tu conduis, il conduit, elle conduit, on conduit,
> nous conduisons, vous conduisez, ils conduisent, elles conduisent
> j'ai **conduit**

aussi … que [osi … kə]		so … wie
lourd/lourde [luʀ/luʀd]	Le sac à dos de Jules est très ~[1].	schwer
c'est pour ça que … *(fam.)* [sɛpuʀsakə]		deshalb *(ugs.)*
Vous avez de la chance de partir en train.		Ihr habt Glück: ihr könnt mit dem Zug fahren.
moins … que [mwɛ̃ … kə]	≠ plus … que	weniger … als
Argelès(-sur-Mer) [aʀʒəlɛs]		*Ort in Südfrankreich*

> **Argelès-sur-Mer**
> *Argelès-sur-Mer*, kurz *Argelès*, liegt nahe der spanischen Grenze, die Pyrenäen sind ebenfalls nicht weit. Das schöne Wetter zieht besonders Camping- und Wohnwagenurlauber an, die die großen Strände der Mittelmeerküste genießen wollen.

être bien installé/ée [ɛtʀbjɛ̃ɛ̃stale]		(es) sich gemütlich gemacht haben
faire du stop [fɛʀdystɔp]		trampen/per Anhalter fahren

[1] lourd

Vocabulaire 6

 Sur le pont d'Avignon ...

Avignon (90.000 Einwohner) liegt an der *Rhône* und ist eine Stadt mit typisch südfranzösischem Flair. Die Stadt ist vor allem bekannt durch die viel besungene Brückenruine und den wuchtigen Papstpalast. Jeden Sommer findet dort das größte Theaterfestival Frankreichs statt und zieht viele Theatertruppen und Besucher an.

A Sur la route d'Avignon

un **festival** [ɛ̃festival]		ein Festival
le **meilleur**/la **meilleure**/ les **meilleurs**/les **meilleures** ... [ləmɛjœʀ/lamɛjœʀ/lemɛjœʀ/lemɛjœʀ]	→ un **bon** ami – le **meilleur** ami	der beste/die beste/das beste/die besten ...
la **pluie** [laplɥi]		der Regen
le **temps** [lətɑ̃]	Quelle est la météo de ce week-end? Beau ~ ou mauvais ~?	das Wetter
Il pleut. [ilplø]		Es regnet.
s'arrêter [saʀɛte]		anhalten
une **autoroute** [ynotoʀut]		eine Autobahn

> Du plus petit au plus grand:
> *un chemin, une rue, une route, une autoroute.*

une **aire d'autoroute** [ynɛʀdotoʀut]	En voyage, on s'arrête sur les ~[1] pour manger.	eine Autobahnraststätte
l'**essence** *(f.)* [lesɑ̃s]		das Benzin
prendre de l'essence [pʀɑ̃dʀdəlesɑ̃s]		tanken
plein/**pleine** [plɛ̃/plɛn]		voll
faire le plein [fɛʀləplɛ̃]	*Les Loustiks* n'ont plus d'essence. Alors, ils ~[2].	volltanken
s'approcher de qn [sapʀɔʃe]	→ E to approach	sich jdm. nähern
un **char** [ɛ̃ʃaʀ]		ein Panzer

> **Französisch ist nicht gleich Französisch!**
> Im französischsprachigen Teil Kanadas (Québec) sind einige Ausdrücke anders als in Frankreich. So bedeutet in Québec *le char* = la voiture, *la fin de la semaine* = le week-end, *faire du magazinage* = faire du shopping!

le **Québec** [ləkebɛk]		*französischsprachige Provinz im Osten Kanadas*
canadien/**canadienne** [kanadjɛ̃/kanadjɛn]		kanadisch
emmener qn [ɑ̃m(ə)ne]	~ **qn** ⟷ apporter **qc**	jdn. mitnehmen
les **bagages** *(m., pl.)* [lebagaʒ]		das Gepäck
voyager [vwajaʒe]	→ un voyage	reisen
siffler [sifle]	Luc ~[3] pour appeler son chien.	pfeifen

---
[1] aires d'autoroute — [2] font le plein — [3] siffle

cent quarante et un 141

6 Vocabulaire

être d'accord pour faire qc
[ɛtʁdakɔʁpuʁfɛʁ]   damit einverstanden sein,
     etw. zu tun
s'installer [sɛ̃stale]   = prendre place   Platz nehmen
un **minibus** [ɛ̃minibys]   On peut voyager et dormir dans ~.   ein Kleinbus/Campingbus/
     Van

italien/italienne [italjɛ̃/italjɛn]   italienisch
l'**Italie** *(f.)* [litali]   Italien

> **C'est facile!**
> Fast alle Ländernamen auf *-e* sind weiblich:
> l'Itali**e**, **la** Franc**e**, l'Allemagn**e**.
> Alle anderen sind männlich: **le** Canada, **le** Portugal.

les Etats-Unis *(m., pl.)*
[lezetazyni]   die USA/Vereinigten Staaten
     (von Amerika)
un **avion** [ɛ̃navjɔ̃]   En ~, on voyage plus vite qu'en train ou en   ein Flugzeug
voiture.
Il fait beau. [ilfɛbo]   ≠ Il fait mauvais.   Es ist schönes Wetter.
un **degré** [ɛ̃dəgʁe]   ein Grad
le **ciel** [ləsjɛl]   der Himmel
un **nuage** [ɛ̃nɥaʒ]   Aujourd'hui, il y a des ~[1] noirs dans le ciel: eine Wolke
il pleut.

déposer qc/qn [depoze]   etw. abstellen/jdn. absetzen

atelier

3 un **habitant**/une **habitante**   Les ~[2] du Québec parlent français.   ein Einwohner/eine Einwoh-
[ɛ̃nabitɑ̃/ynabitɑ̃t]   nerin
4 le **hit-parade** [ləitpaʁad]   die Hitparade

B Une mauvaise surprise

y [i]   Je suis prêt. On ~ va?   dort/dorthin
Narbonne [naʁbɔn]   *Stadt in Südfrankreich*

> **Narbonne**
> *Narbonne* ist eine südfranzösische Kleinstadt im Departement *Aude*.
> Sie liegt in der Nähe des Mittelmeers, am Fluss *Aude*, 92 km nördlich
> von *Argelès*. *(Schaue auch auf die Karte am Anfang deines Buches.)*

assez *(+ adj.)* [ase]   Est-ce que l'exercice de maths est facile, ~   ziemlich
facile, ou difficile?
difficile/difficile [difisil]   ≠ facile   schwierig
un **pays** [ɛ̃pei]   La France est ~ avec 96 départements et   ein Land
beaucoup de villes et de villages.

un **artiste**/une **artiste**   ein Künstler/eine Künstlerin
[ɛ̃naʁtist/ynaʁtist]

---

[1] nuages – [2] habitants

142 cent quarante-deux

Vocabulaire 6

un **distributeur** [ɛ̃distribytœr]		ein Automat; *hier:* ein Geldautomat
le **vent** [ləvɑ̃]	→ D ein **Vent**ilator	der Wind
monter qc [mɔ̃te]	Les Loustiks ~[1] leur tente.	*hier:* etw. aufstellen/ aufbauen

> **Was ein Verb alles kann!**
> Du kennst schon viele Bedeutungen von *monter*:
> *monter les escaliers, monter dans le métro,*
> *monter une pièce de théâtre, monter une tente.*

Il fait chaud. [ilfɛʃo]	! F Il fait très chaud. = D Es ist heiß.	Es ist warm. *(Wetter)*
une **épicerie** [ynepisri]	Le dimanche, on peut acheter du lait ou du café à l'~ du quartier. Mais le lundi, elle est fermée.	ein (kleines) Lebensmittelgeschäft
se laver [səlave]	Tous les matins, Eric ~[2] dans la salle de bains.	sich waschen
disparaître [disparɛtr]	! Das Verb *disparaître* wird konjugiert wie *connaître*: je disparais, il disparaît.	verschwinden
à ce moment-là [asəmɔmɑ̃la]		in diesem Augenblick
prêter qc [prete]	Tu peux me ~ ton T-shirt? Je te le rends demain.	etw. leihen
rapporter qc [rapɔrte]		etw. mitbringen/zurückbringen
un **croissant** [ɛ̃krwasɑ̃]		ein Croissant
sûrement [syrmɑ̃]		bestimmt/gewiss
normal/normale [nɔrmal/nɔrmal]		normal
C'est à moi. [sɛtamwa]		Das gehört mir.
Elle n'est pas à moi. [ɛlnɛpa(z)amwa]	Il est à toi, ce stylo? – Non, il n'est pas à moi.	Es (= das Kleid) gehört mir nicht.
les **fringues** *(fam.)* *(f., pl.)* [lefrɛ̃g]	→ les vêtements	die Klammotten *(ugs.)*
joli/jolie [ʒɔli/ʒɔli]	Armelle a prêté une ~[3] robe à Estelle.	hübsch

atelier

3 l'**Europe** *(f.)* [lørɔp]	L'Allemagne et la France sont en ~.	Europa
l'**Espagne** *(f.)* [lɛspaɲ]		Spanien
le **Portugal** [ləpɔrtygal]		Portugal
l'**Angleterre** *(f.)* [lɑ̃glətɛr]		England
l'**Irlande** *(f.)* [lirlɑ̃d]		Irland
les **Pays-Bas** *(m., pl.)* [lepɛiba]		die Niederlande
l'**Autriche** *(f.)* [lɔtriʃ]		Österreich
le **Danemark** [lədanmark]		Dänemark
la **Suisse** [lasɥis]		die Schweiz
la **République Tchèque** [larepybliktʃɛk]		die Tschechische Republik
la **Hongrie** [laɔ̃gri]		Ungarn

---
[1] montent – [2] se lave – [3] jolie

6 Vocabulaire

la **Pologne** [lapɔlɔɲ]   Polen
la **Grèce** [lagʁɛs]   Griechenland

C Où allez-vous?

Prades [pʁad]   *Stadt in Südfrankreich*

> **Prades …**
> … ist ein Städtchen mit 6 000 Einwohnern im Departement *Pyrénées-Orientales* und liegt am Fuße des Berges *Mont Canigou* (2 784 m) in den Pyrenäen.

un **centre de vacances** [ɛ̃sɑ̃tʁdəvakɑ̃s]		ein Ferienlager/ Urlaubscenter
chacun/chacune [ʃakɛ̃/ʃakyn]	→ chaque jour	jeder/jede (einzelne)
laisser qc à qn [lɛse]	Armelle ~[1] son sac à Julie.	jdm. etw. überlassen
Où vas-tu? [uvaty]		Wohin gehst du?
une **montre** [ynmõtʁ]	Ma ~ me montre quelle heure il est.	eine Armbanduhr
une **botte** [ynbɔt]	Pour faire du cheval, Armelle et Julie mettent leurs ~[2].	ein Stiefel; *hier:* ein Reitstiefel
C'est toujours pareil avec toi.		Es ist immer dasselbe mit dir.
Le bus passe à 15 heures.		Der Bus kommt um 15.00 Uhr (vorbei).
vieux/vieil/vieille/vieux/vieilles [vjø/vjɛj/vjɛj/vjø/vjɛj]	Le grand-père d'Armelle a 85 ans. Il est ~[3]. ≠ jeune ≠ nouveau	alt
peureux/peureuse [pøʁø/pøʁøz]	→ avoir peur	ängstlich
C'est ma route. [sɛmaʁut]		Das liegt auf meinem Weg.
fou/folle/fous/folles [fu/fɔl/fu/fɔl]	Il conduit trop vite. Il est ~[4], ce mec!	verrückt
Ne fais pas la difficile! [nəfɛpaladifisil]		*hier:* Stell dich (jetzt) nicht so an!
le **soleil** [ləsɔlɛj]	≠ la pluie	die Sonne
sous le soleil [suləsɔlɛj]	≠ sous la pluie	in der Sonne
Elle ne dit pas grand-chose.		Sie sagt nicht viel.
garer qc [gaʁe]	→ un garage	etw. parken/abstellen
un **arbre** [ɛ̃naʁbʁ]		ein Baum
un **café** [ɛ̃kafe]	Au ~, on peut boire quelque chose. On peut aussi y manger un sandwich.	ein Café/eine (kleine) Kneipe

---

D'une langue à l'autre

En vacances à Avignon
C'est les vacances. Il fait beau et chaud. Il n'y a pas de vent du tout. Claire visite Avignon sous le grand soleil. Vers le début de l'après-midi, elle monte sa tente sous un arbre dans le camping.
Le soir, elle va au théâtre. A minuit, elle rentre au camping, bien fatiguée de sa journée.

Es sind Ferien. Das Wetter ist schön, es ist heiß. Es herrscht völlige Windstille. Claire sieht sich Avignon in der prallen Sonne an. Am frühen Nachmittag baut sie auf dem Campingplatz unter einem Baum ihr Zelt auf. Am Abend geht sie ins Theater. Sie kehrt um Mitternacht zum Campingplatz zurück, vollkommen geschafft von diesem Tag.

---

[1] laisse — [2] bottes — [3] vieux — [4] fou

Vocabulaire M1

atelier

5 **neiger** [nɛʒe]   schneien

  la **neige** [lanɛʒ]   ❗ *Attention à l'article!*   der Schnee

  un **orage** [ɛ̃nɔraʒ]   En été, après une journée très chaude, il y a   ein Gewitter
parfois ~.

6 le **bulletin météo** [ləbyltɛ̃meteo]   → la météo   der Wetterbericht

Module 1

L'amour avec un grand A!

l'**amour** *(m.)* [lamuʀ]   → aimer   die Liebe

l'**amour avec un grand A**   die große Liebe
  [lamuʀavɛkɛ̃gʀɑ̃(t)a]

pour finir [puʀfiniʀ]   → enfin   zum Schluss; *hier:* obendrein

la **physique** *(f.)* [lafizik]   Physik *(als Schulfach)*

déprimer [depʀime]   deprimiert werden/sein

passer (devant qc/qn)   Nous sommes ~¹ devant le cinéma et nous   (an etw./jdm.)
  [pasedəvɑ̃]   avons regardé les affiches.   vorbeigehen/-laufen

long/longue [lõ/lõg]   ❗ 👄 *-gue* = [g], aber *-ge* = [ʒ]   lang

amoureux/amoureuse   Anne est ~² **de** Louis. Est-ce qu'elle va lui   verliebt
  [amuʀø/amuʀøz]   écrire une lettre d'amour?

tomber amoureux   *tomber* heißt nicht immer fallen: sich verlieben
  [tõbeamuʀø]   → tomber malade = être malade
     → tomber amoureux = avoir un coup de
foudre

une **ceinture** [ynsɛ̃tyʀ]   Julie porte ~ rouge.   ein Gürtel

Elle est ceinture noire.   Sie trägt den schwarzen
  [ɛlɛsɛ̃tyʀnwaʀ]   Gürtel (Judo).

l'**horreur** *(f.)* [lɔʀœʀ]   der Horror

Quelle horreur! [kɛlɔʀœʀ]   Wie schrecklich!

la **moyenne** [lamwajɛn]   der Durchschnitt

avoir la moyenne   = avoir la note 10/20   ausreichend haben
  [avwaʀlamwajɛn]

atelier

1 **avant** [avɑ̃]   Le film est à 7 heures. On part une heure ~:   vorher/zuvor
à 6 heures.

  la **piscine** [lapisin]   Quand il fait chaud, Etienne va nager à ~.   das Schwimmbad

  le **jogging** [ləʒɔgiŋ]   das Joggen

4 une **médaille** [ynmedaj]   eine Medaille

  une **fleur** [ynflœʀ]   👄 E a flower   eine Blume

5 un **ballon** [ɛ̃balõ]   On joue au foot et au basket avec ~.   ein Ball

  une **prise** (de judo) [ynpʀiz]   ein (Judo-)Griff

---

¹ passés − ² amoureuse

cent quarante-cinq **145**

M2 Vocabulaire

Module 2

Mais qu'est-ce que tu fais Amandine?

Qui est-ce qui ...? [kiɛski]	Qui est-ce **qui** t'attend? – **Mon copain** m'attend.	Wer ...?
Qu'est-ce qui se passe ...? [kɛskispas]		Was ist los?
Tu parles! [typaʁl]	→ Tu rigoles!	Von wegen!
Qui est-ce que ...? [kiɛskə]	Qui est-ce **que** tu attends? – J'attends **mon copain**.	Wen ...?
énervant/énervante [enɛʁvɑ̃/enɛʁvɑ̃t]	→ énerver	nervig/ärgerlich

atelier

2 une **devinette** [yndəvinɛt]	Corinne adore **poser** des ~[1] à ses copains.	ein Rätsel
3 une **parole** [ynpaʁɔl]	→ parler	ein Wort
le **ciné** [ləsine] *(fam.)*	= le cinéma	das Kino *(ugs.)*

---

[1] devinettes

Liste des mots

Die Zahlen verweisen auf das erstmalige Vorkommen der Wörter, z. B. une **adresse** [ynadʀɛs] eine Adresse **I 4B** = Band 1, Lektion 4, Lektionsteil B.

Steht nach der Lektionsteilangabe ein Komma und eine Zahl, so erfolgt die Einführung in der betreffenden Übung, Beispiel: une **information** eine Information **I 4B**,1: also Übung 1 des Lektionsteils 4 B in Band 1.

A = Lektionsteil, **B** = Lektionsteil, **C** = Lektionsteil, **E** = Einstiegsteil *d'abord*, **M** = Module, **Z** = zusätzlicher Lektionsteil *sur place*.

〈 〉 Das Zeichen bedeutet, dass das Wort an dieser Stelle nur fakultativ eingeführt und in den folgenden Lektionen nicht als bekannt vorausgesetzt wird. Fakultative Wörter bzw. Wendungen aus den Bänden 1 und 2 werden wie der Wortschatz der Modules aus Band 1 und 2 nicht mehr aufgelistet.

Grammatische Basiswörter wie z. B. die Subjektpronomen *je, tu* … usw. werden in der folgenden Liste nicht aufgeführt.

Grau gedruckte Vokabeln beziehen sich auf die Übungsanweisungen und gehören nicht zum Lernvokabular.

A

à [a] *verschiedene Bedeutungen, z. B. räumlich:* in, nach (+ *Ziel*); *zeitlich:* bis, um, nach **I**

A propos du texte [apʀɔpodytɛkst] Zum Text **I 2A**, 1

A vous. [avu] Jetzt seid ihr dran. **I 2B**, 2

A lundi! [alɛ̃di] Bis Montag! **I 4C**

C'est à qui? [sɛtaki] Wer ist dran? **I 7A**

à midi [amidi] mittags **I 5A**

à la fin [alafɛ̃] am Ende/zum Schluss **I 7B**

à côté de [akotedə] neben **I 8B**

à … km de … … km entfernt von … **I 9**

à 30 euros [atʀɑ̃tøʀo] zu 30 Euro **II 3E**

A plus! [aplys] *(fam.)* Bis dann!/ Tschüs! **II 4B**, 5

à droite [adʀwat] (nach) rechts **II 5B**

à gauche [agoʃ] (nach) links **II 5B**

à pied [apje] zu Fuß **II 5C**

A qui est-ce que… ? [akiɛskə] Wem …? **II 6A**

C'est à moi. [sɛtamwa] Das gehört mir. **III 6B**

à cause de toi [akozdə] wegen dir/deinetwegen **II 2C**

à partir du texte [apaʀtiʀdytɛkst] vom Text ausgehend **III 1A**, 2

un **accident** [ɛ̃naksidɑ̃] ein Unfall **II 4A**, 4

être d'accord pour faire qc [ɛtʀdakɔʀpuʀfɛʀ] damit einverstanden sein, etw. zu tun **III 6A**

l'accord du participe passé [lakɔʀdypaʀtisippase] die Angleichung des participe passé **III 2C**, 4

accueillir qn [akœjiʀ] jdn. empfangen 〈**III 5Z**〉

accuser qn [akyze] jdn. beschuldigen/ anklagen **II 2C**

acheter qc [aʃte] etw. kaufen/einkaufen **I 7A**

s'acheter qc [saʃ(ə)te] sich etw. kaufen **III 3A**

un **acteur**/une **actrice** [ɛ̃naktœʀ/ ynaktʀis] ein Schauspieler/eine Schauspielerin **III 3E**

actif/active [aktif/aktiv] aktiv **III 4A**, 4

l'actualité *(f.)* [laktɥalite] das Tagesgeschehen **III 5E**

adorer qn/qc [adɔʀe] jdn./etw. (sehr) lieben/am liebsten haben/mögen **I 4B**

une **adresse** [ynadʀɛs] eine Adresse **I 4B**

une adresse e-mail [ynadʀɛsimel] eine E-Mail-Adresse **I 4C**, 2

adroit/adroite [adʀwa/adʀwat] geschickt **III 5E**

les **affaires** *(f., pl.)* [lezafɛʀ] die Sachen **II 3A**

faire une affaire/des affaires [fɛʀynafɛʀ/dezafɛʀ] ein Schnäppchen machen/etw. günstig einkaufen **II 3A**

une **affiche** [ynafiʃ] ein Plakat **I 8E**

l'âge *(m.)* [laʒ] das Alter **I 4B**

Elles ont quel âge? [ɛlzɔ̃kelaʒ] Wie alt sind sie? **I 4C**, 2

les garçons de mon âge [legaʀsɔ̃dəmɔ̃naʒ] die Jungen in meinem Alter **II 7E**

à ton âge [atɔ̃naʒ] in deinem Alter **III 4B**

une **agence** [ynaʒɑ̃s] eine Agentur **III 4A**

une agence de pub *(fam.)* [ynaʒɑ̃sdəpyb] eine Werbeagentur *(ugs.)* **III 4A**

un **agent** [ɛ̃naʒɑ̃] ein Polizist **I 2A**

agressif/agressive [agʀesif/agʀesiv] aggressiv/angriffslustig **III 4A**

l'aide *(f.)* [lɛd] die Hilfe **II 7**

offrir son aide à qn [ɔfʀiʀsɔ̃nɛd] jdm. seine Hilfe anbieten **II 7**

aider qn [ɛde] jdm. helfen **II 4C**

Aïe! [aj] Aua! **II 2A**

ailleurs [ajœʀ] woanders **III 4C**, 4

Va voir ailleurs. *(fam.)* Hau ab. *(ugs.)* **III 4C**, 4

aimer qn/qc [ɛme] jdn./etw. gern mögen/lieben **I 3E**

j'aimerais [ʒɛmʀɛ] *(Conditionnel von* aimer): ich würde gern … 〈**III 3Z**〉

aimer faire qc [ɛmefɛʀ] etw. gern tun **I 4C**

avoir l'air… [avwaʀlɛʀ] aussehen/scheinen **III 3B**

une **aire d'autoroute** [ynɛʀdotoʀut] eine Autobahnraststätte **III 6A**

ajouter qc [aʒute] etw. hinzufügen **II 4A**

algérien/algérienne [alʒeʀjɛ̃/alʒeʀjen] algerisch 〈**III 4Z**〉

l'allemand *(m.)* [lalmɑ̃] das Deutsche/ die deutsche Sprache **I 4C**

un Allemand/une Allemande [ɛ̃nalmɑ̃/ynalmɑ̃d] ein Deutscher/ eine Deutsche **II 6A**, 5

un/une prof d'allemand *(fam.)* [ɛ̃/ ynpʀɔfdalmɑ̃] ein Deutschlehrer/eine Deutschlehrerin *(ugs.)* **I 4E**

avoir allemand [avwaʀalmɑ̃] Deutsch/ Deutschunterricht haben **I 4C**

aller [ale] gehen/fahren **I 5E**

Ça va. [sava] Es geht (mir) gut. **I 1**

Ça va? [sava] Wie geht's? **I 1**

Tu vas où? [tyvau] Wohin gehst du? **I 5A**, 2

je suis allé ich bin gegangen **II 2B**

aller à qn [ale] jdm. passen/stehen **II 3A**

Elles te vont super bien. *(fam.)* Sie passen/stehen dir supergut. *(ugs.)* **II 3A**

Je vais t'expliquer! [ʒəvetɛksplike] Ich kann's dir erklären! **II 3C**

aller voir qn [alevwaʀ] zu jdm. gehen/ jdn. besuchen **II 6A**

Ça ne va pas, non? *(fam.)* [san(ə)vapanɔ̃] Du spinnst wohl! *(ugs.)* **III 1A**

aller aux toilettes [aleotwalɛt] auf die Toilette gehen **I 5E**

cent quarante-sept **147**

Liste des mots

aller faire qc [alefɛʁ] etw. tun werden I 8E

Où vas-tu? [uvaty] Wohin gehst du? III 6C

aller chercher qc [aleʃɛʁʃe] etw. holen (gehen)/suchen II 1

un aller-retour [ɛ̃naleʁətuʁ] eine Rückfahrkarte II 5B, 5

un aller simple [ɛ̃nalesɛ̃pl] eine (einfache) Fahrkarte II 5B, 5

Allez! [ale] Los! I 7E

Allô? [alo] Hallo? (am Telefon) I 4C

alors [alɔʁ] also I 3A

Et alors? [ealɔʁ] Na/Ja und? II 3C

Ça alors! [saalɔʁ] Das gibt's doch nicht!/Also sag mal! II 4B

une ambiance [ynɑ̃bjɑ̃s] eine Stimmung I 8B

une ambiance d'enfer [ynɑ̃bjɑ̃sdɑ̃fɛʁ] eine Superstimmung I 8B

mettre de l'ambiance (f.) [mɛtʁədəlɑ̃bjɑ̃s] für Stimmung sorgen III 1A

l'ambition (f.) [lɑ̃bisjõ] der Ehrgeiz/die Ambition III 5B

avoir de l'ambition (f.) ehrgeizig sein III 5B

améliorer qc [ameljɔʁe] etw. verbessern ⟨III 5Z⟩

un ami/une amie [ɛ̃nami/ynami] ein Freund/eine Freundin II 2B

l'amour (m.) [lamuʁ] die Liebe ⟨III M1⟩

amoureux/amoureuse [amuʁø/amuʁøz] verliebt ⟨III M1⟩

s'amuser [samyze] Spaß haben/sich amüsieren III 2B

un an [ɛ̃nɑ̃] ein Jahr I 4B

un ananas [ɛ̃nanana(s)] eine Ananas I 7E

en anglais [ɑ̃nɑ̃glɛ] auf Englisch III 2A

un animateur/une animatrice [ɛ̃nanimatœʁ/ynanimatʁis] ein Fernsehmoderator/eine Fensehmoderatorin/ein Radiosprecher/eine Radiosprecherin III 5E

une année [ynane] ein Jahr II 6C

un anniversaire [ɛ̃nanivɛʁsɛʁ] ein Geburtstag I 3A

un cadeau d'anniversaire [ɛ̃kadodanivɛʁsɛʁ] ein Geburtstagsgeschenk I 3B

Mon anniversaire, c'est le premier mars. [mõnanivɛʁsɛʁseləpʁəmjemaʁs] Ich habe am 1. März Geburtstag. I 8A, 4

une fête d'anniversaire [ynfɛtdanivɛʁsɛʁ] eine Geburtstagsfete/Geburtstagsparty I 8B, 5

une annonce [ynanõs] eine Anzeige III 3E

anonyme [anɔnim] anonym; hier: ohne Absender II 2B

un anorak [ɛ̃nanɔʁak] ein Anorak II 3E

août (m.) [ut] August I 8A, 4

un appareil [ɛ̃napaʁɛj] ein Apparat III 5B, 4

à l'appareil [alapaʁɛj] am Telefon/Apparat III 5B, 4

un appareil photo [ɛ̃napaʁɛjfɔto] ein Fotoapparat II 5A

un appartement [ɛ̃napaʁtəmɑ̃] eine Wohnung I 3A, 8

appeler qn [ap(ə)le] jdn. anrufen III 1B

appeler qn [ap(ə)le] hier: jdn. aufrufen III 3A

s'appeler [sapəle] heißen III 3C

l'appétit (m.) [lapeti] der Appetit I 6C

Bon appétit! [bɔnapeti] Guten Appetit! I 6C

applaudir qn [aplodiʁ] jdm. applaudieren/(Beifall) klatschen III 1A

apporter qc [apɔʁte] etw. bringen/mitbringen I 7C

apprendre qc [apʁɑ̃dʁ] etw. lernen I 7C

Apprenez par cœur. [apʁəneparkœʁ] Lernt auswendig. I 9, 4

un apprenti/une apprentie [ɛ̃napʁɑ̃t/ynapʁɑ̃ti] ein(e) Auszubildende(r) ⟨III 5Z⟩

s'approcher de qn [sapʁɔʃe] sich jdm. nähern III 6A

après [apʁɛ] nach (zeitlich) I 5A

après (ça) [apʁɛ(sa)] danach/dann II 6C, 4

après la lecture [apʁɛlalɛktyʁ] nach dem Lesen III 1A

un après-midi [ɛ̃napʁɛmidi] ein Nachmittag I 5B

cet après-midi [sɛtapʁɛmidi] heute Nachmittag II 3B

un arbre [ɛ̃naʁbʁ] ein Baum III 6C

l'argent (m.) [laʁʒɑ̃] das Geld II 4A

l'argent (m.) de poche [laʁʒɑ̃d(ə)pɔʃ] das Taschengeld II 7

arrêter [aʁɛte] aufhören I 6C

Arrête. [aʁɛt] Hör auf. I 6C

arrêter la musique [aʁɛtelamyzik] die Musik ausmachen I 7C

arrêter qn [aʁɛte] hier: jdn. festnehmen II 2B

s'arrêter [saʁɛte] anhalten III 6A

l'arrivée (f.) [laʁive] die Ankunft II 5A

arriver [aʁive] (an)kommen I 5A

un article [ɛ̃naʁtikl] ein Artikel/Zeitungsartikel I 4E

un artiste/une artiste [ɛ̃naʁtist/ynaʁtist] ein Künstler/eine Künstlerin III 6B

un ascenseur [ɛ̃nasɑ̃sœʁ] ein Fahrstuhl/Aufzug I 6A

assez [ase] genug II 7

assez de … [asedə] genug … II 7

assez (+ Adj.) [ase] ziemlich III 6B

une assiette [ynasjɛt] ein Teller II 4C

un assistant/une assistante [ɛ̃nasistɑ̃/ynasistɑ̃t] ein Assistent/eine Assistentin III 5B

un atelier [ɛ̃natəlje] eine Werkstatt/ein Atelier I 1; ein Club III 4A

l'athlétisme (m.) [latletism] (die) Leichtathletik II 1E

faire de l'athlétisme [fɛʁdəlatletism] Leichtathletik machen II 1E

attendre qn/qc [atɑ̃dʁ] auf jdn./etw. warten II 5C

Attention! [atɑ̃sjõ] Achtung! II 5A

Attention au départ! [atɑ̃sjõodepaʁ] Vorsicht bei der Abfahrt! II 5A

au lieu de [oljødə] (an)statt III 5C

une auberge de jeunesse [ynobɛʁʒdəʒœnɛs] eine Jugendherberge III 3A

une audition [ynodisjõ] ein Vorsprechen III 3E

aujourd'hui [oʒuʁdɥi] heute I 7E

aussi [osi] auch I 2A

aussi … que [osi … kə] so … wie III 6E

un auteur [ɛ̃notœʁ] ein Autor ⟨III 3Z⟩

une auto [ynoto] ein Auto ⟨III 3Z⟩

un autographe [ɛ̃nɔtɔgʁaf] ein Autogramm III 5C

une autoroute [ynotoʁut] eine Autobahn III 6A

autour de … [otuʁdə] um … herum III 1B

d'autres [dotʁ] andere III 2C

autre [otʁ(ə)] anderer/andere/anderes II 6C

avancé/avancée [avɑ̃se] fortgeschritten ⟨III 5Z⟩

avant [avɑ̃] vor (zeitlich) I 8A

avant [avɑ̃] vorher/zuvor ⟨III M1⟩

avant la lecture [avɑ̃lalɛktyʁ] vor der Lektüre III 1A

avec [avɛk] mit I 1

avec moi [avɛkmwa] mit mir I 3E

avec qui [avɛk(k)i] mit wem I 5B, 4

un avion [ɛ̃navjõ] ein Flugzeug III 6A

un avis [ɛ̃navi] eine Meinung/Ansicht II 6C, 2

à mon avis [amɔnavi] meiner Meinung nach II 6C, 2

148 cent quarante-huit

Liste des mots

donner son avis [dɔnesɔnavi] seine Meinung sagen II 6C, 2

avoir [avwaʀ] haben I 4C

Elles ont quel âge? [ɛlzõkɛlaʒ] Wie alt sind sie? I 4C, 2

avoir allemand [avwaʀalmã] Deutsch/Deutschunterricht haben I 4C

avoir rendez-vous avec qn [avwaʀʀãdevu] eine Verabredung mit jdm. haben/sich mit jdm. treffen I 4C

avoir mal à la tête [avwaʀmalalatɛt] Kopfschmerzen haben I 5B

avoir envie (f.) [avwaʀãvi] Lust haben I 6A

avoir faim (f.) [avwaʀfɛ̃] Hunger haben I 6B

avoir de la chance [avwaʀdəlaʃãs] Glück haben I 7C

avoir soif [avwaʀswaf] Durst haben I 8B

J'ai mal! [ʒemal] Das tut mir weh! II 2A

avoir peur de qn/qc [avwaʀpœʀ] Angst vor jdm./etw. haben II 2C

Tu as eu peur pour ton copain. [tyaypœʀpuʀtõkɔpɛ̃] Du hast Angst um deinen Freund bekommen. II 2C

avoir raison [avwaʀʀɛzõ] Recht haben II 3B

avoir tort [avwaʀtɔʀ] Unrecht haben III 1B, 6

avoir zéro [avwaʀzeʀo] Null Punkte haben III 2B

avoir le cafard (fam.) [avwaʀləkafaʀ] schlecht drauf sein/Trübsal blasen (ugs.) III 3A

avoir l'air (m.) … [avwaʀlɛʀ] aussehen/scheinen III 3B

avoir la pêche (fam.) [avwaʀlapɛʃ] sehr gut drauf sein (ugs.) III 3C, 3

avoir envie de faire qc [avwaʀãvidəfɛʀ] Lust haben etw. zu tun ⟨III 4Z⟩; III 5A

avril (m.) [avʀil] April I 8A, 4

B

le **bac** = le baccalauréat (fam.) [ləbak] das Abi (ugs.) III 5E

un **bac pro** (= un bac professionnel) [ɛ̃bakpʀo] die Fachhochschulreife/das Fachabitur III 5E

les **bagages** (m., pl.) [lebagaʒ] das Gepäck III 6A

une **baguette** [ynbagɛt] ein Baguette (frz. Stangenweißbrot) I 2A

un **ballon** [ɛ̃balõ] ein Ball ⟨III M1, 5⟩

une **banane** [ynbanan] eine Banane I 2E

la **banlieue** [labãljø] der Vorort ⟨III 3Z⟩; III 4E

la **banque** [labãk] die Bank III 5E

barrer qc [baʀe] etw. streichen II 4A

des **baskets** (f., pl.) [debaskɛt] Turnschuhe II 5E

la **guitare basse** [lagitaʀbas] die Bassgitarre III 1A

un **bateau** [ɛ̃bato] ein Schiff/Boot I 9

la **batterie** [labatʀi] das Schlagzeug III 1A

se **battre** [səbatʀ] kämpfen III 4C

une **BD**/des **BD** [ynbede] ein Comic/Comicheft I 2E

la **BD préférée** [labedepʀefeʀe] der Lieblingscomic II 5B

beau/bel/belle/beaux/belles [bo/bɛl/bɛl/bo/bɛl] schön/hübsch II 3B

Il fait beau. [ilfɛbo] Es ist schönes Wetter. III 6A

beaucoup [boku] viel I 7B

beaucoup de … [bokudə] viel (bei Mengen) … I 7B

Ben oui. [bɛ̃wi] Na klar! I 7C

le **BEP** (= le brevet d'études professionnelles) [ləbeəpe] der Fachoberschulabschluss III 5E

Beurk! [bœʀk] Äh! (Ausdruck des Ekels) II 4A

le **beurre** [ləbœʀ] die Butter III 2A

bien [bjɛ̃] gut (Adverb) I 8B

Ça marche bien. [samaʀʃbjɛ̃] Es geht/klappt gut. III 1A

Je veux bien. [ʒəvøbjɛ̃] Ich möchte gern. III 5B

Bien sûr! [bjɛ̃syʀ] Natürlich! II 5E

bientôt [bjɛ̃to] bald I 7A, 6

A bientôt! [abjɛ̃to] Bis bald! I 7A, 6

un **billet** [ɛ̃bijɛ] eine Fahrkarte II 5A

un billet de train [ɛ̃bijɛdətʀɛ̃] eine Bahnfahrkarte II 5A

bizarre/bizarre [bizaʀ] komisch/seltsam II 2A

blanc/blanche [blã/blãʃ] weiß II 3E

un **blessé**/une **blessée** [ɛ̃blese/ynblese] ein Verletzter/eine Verletzte II 2E

se **blesser** [səblese] sich verletzen III 2C

bleu/bleue [blø/blø] blau II 3E

blond/blonde [blõ/blõd] blond II 6A

un **blouson** [ɛ̃bluzõ] eine Jacke II 6E

Bof! (fam.) [bɔf] Na ja! (ugs.) I 4C

boire qc [bwaʀ] etw. trinken III 2A

bon/bonne [bõ/bɔn] gut II 4C

Bon appétit! [bɔnapeti] Guten Appetit! I 6C

le bon ordre [ləbɔnɔʀdʀə] die richtige Reihenfolge I 5B, 2

Bon week-end! [bõwikɛnd] Schönes Wochenende! I 7A

Bonne nuit! [bɔnnɥi] Gute Nacht! III 2A

C'est bon! [sɛbõ] Das schmeckt gut! I 7C

Ça sent bon. [sasãbõ] Das riecht (aber) gut. II 4C

C'est bon. [sɛbõ] Das ist (schon) gut./o.k. III 1A

Bon, … [bõ] Gut, …/Also, … II 1, 2

Bonjour! [bõʒuʀ] Guten Tag!/Guten Morgen! I 1

Bonjour, madame! [bõʒuʀmadam] Guten Tag! (zu einer Frau) I 1

Bonjour, monsieur! [bõʒuʀməsjø] Guten Tag! (zu einem Mann) I 1

au bord de … [obɔʀdə] am Ufer (der/des …) II 1

C'est le bordel. (fam.) [sɛləbɔʀdɛl] Das ist das totale Chaos. (ugs.) II 4B

une **botte** [ynbɔt] ein Stiefel; hier: ein Reitstiefel III 6C

la **bouffe** (fam.) [labuf] das Essen/Futtern (ugs.) III 2E

bouger [buʒe] sich bewegen; hier: schaukeln I 9

un **boulanger** [ynbulãʒe] ein Bäcker ⟨III 5Z⟩

une **boulangerie** [ynbulãʒʀi] eine Bäckerei I 6B

un **boulot** (fam.) [ɛ̃bulo] ein Job (ugs.) III 3B

une **bouteille** [ynbutɛj] eine Flasche I 7A

une bouteille d'huile (f.) [ynbutɛdɥil] eine Flasche Öl I 7A

un **bracelet** [ɛ̃bʀaslɛ] ein Armband I 7C

un **bras**/des **bras** [ɛ̃bʀa/debʀa] ein Arm/Arme II 2A, 4

Bravo! [bʀavo] Bravo! I 7A, 3

brun/brune [bʀɛ̃/bʀyn] braun (Haarfarbe) II 6A, 3

le **BTS** (= le brevet de technicien supérieur) [ləbeteɛs] Abschlusszeugnis nach 2-jähriger Fachausbildung nach dem Abitur (= BAC +2) III 5E

le **buffet** [ləbyfɛ] das Büfett III 2C

une **bulle** (fam.) [ynbyl] eine Blase; hier: eine Null (als Note) (ugs.) III 2B

avoir une bulle (fam.) Null Punkte haben (ugs.) III 2B

le **bulletin météo** [ləbyltɛ̃meteo] der Wetterbericht III 6C, 6

le bulletin de notes [ləbyltɛ̃dənɔt] das Zeugnis III 2B

cent quarante-neuf **149**

Liste des mots

un **bureau** [ɛ̃byʀo] ein Büro III 5A
un **bus** [ɛ̃bys] ein Bus III 2E

C

ça [sa] das hier/das da I 3E
  Ça va. [sava] Es geht (mir) gut. I 1
  Ça, c'est moi. [sasɛmwa] Das hier, das bin ich. I 3E
  Ça fait … [safɛ] Das macht … I 6B
  Ça fait combien? [safɛkõbjɛ̃] Was macht das? I 7A
  Et avec ça? [eavɛksa] Sonst noch etwas? I 7A
  comme ça [kɔmsa] so/auf diese Weise I 7C
  Ça alors! [saalɔʀ] Das gibt's doch nicht!/Also sag' mal! *(Ausdruck des Erstaunens/der Entrüstung)* II 4B
  Ça marche bien. [samaʀʃbjɛ̃] Es geht/klappt gut. III 1A
  Ça vaut la peine. [savolapɛn] Es lohnt sich./Es ist die Mühe wert. III 5B
une **cabine** [ynkabin] eine Umkleidekabine II 3C, 3
un **cadeau** [ɛ̃kado] ein Geschenk I 3E
  des cadeaux *(m., pl.)* Geschenke II 3B, 4
  un cadeau d'anniversaire [ɛ̃kadodanivɛʀsɛʀ] ein Geburtstagsgeschenk I 3B
avoir le cafard *(fam.)* [avwaʀləkafaʀ] schlecht drauf sein/Trübsal blasen *(ugs.)* III 3A
le **café** [ləkafe] der Kaffee II 4E
un **café** [ɛ̃kafe] ein Café/eine (kleine) Kneipe III 6C
un **cahier** [ɛ̃kaje] ein Heft I 3B, 1
un **caïd** *(fam.)* [ɛ̃kaid] ein Anführer/Bandenchef *(ugs.)* III 4A
  jouer au caïd [ʒweokaid] sich als Chef aufspielen III 4A
une **caisse** [ynkɛs] eine Kasse I 3C, 3
se calmer [səkalme] sich beruhigen III 2C
un **camp de vacances** [ɛ̃kɑ̃dəvakɑ̃s] ein Ferienlager II 1E
un **camping** [ɛ̃kɑ̃piŋ] ein Campingplatz II 1
  faire du camping [fɛʀdykɑ̃piŋ] campen/zelten II 1
canadien/canadienne [kanadjɛ̃/kanadjɛn] kanadisch III 6A
le **canoë** [ləkanoe] das Kanu/der Kanusport II 1E

faire du canoë [fɛʀdykanoe] Kanu fahren II 1E
  en canoë [ɑ̃kanoe] mit dem Kanu II 1
une **cantine** [ynkɑ̃tin] eine Kantine I 5E
le **CAP** *(= le certificat d'aptitude professionnelle)* [ləseape] der Facharbeiterbrief III 5E
le **caractère** [ləkaʀaktɛʀ] der Charakter III 4B, 2
une **carotte** [ynkaʀɔt] eine Karotte/Möhre I 7E
une **carte** [ynkaʀt] eine Karte/Karteikarte I 3A, 5; eine Karte II 3B, 4
  un jeu de cartes [ɛ̃ʒød(ə)kaʀt] ein Kartenspiel I 4A, 5
une **carte d'identité** [ynkaʀtididɑ̃tite] ein Personalausweis II 5A
  sur des cartes [syʀdekaʀt] auf Karten I 3A, 5
un **carton** [ɛ̃kaʀtõ] ein Karton I 3A
une **casquette** [ynkaskɛt] eine Baseballkappe I 2E
Tu me casses les pieds. *(fam.)* [tyməkaslepje] Du gehst mir (echt) auf die Nerven. *(ugs.)* III 4C, 4
un **casting** [ɛ̃kastiŋ] ein Casting III 3E
  se présenter à un casting [səpʀezɑ̃teaɛ̃kastiŋ] sich um ein Casting bewerben III 3A
une **catastrophe** [ynkatastʀɔf] eine Katastrophe I 8B
  C'est la cata! *(fam.)* [sɛlakata] Das ist die reinste Katastrophe! *(ugs.)* I 8B
un **CD/des CD** [ɛ̃sede/desede] eine CD I 3E
  un CD-ROM/des CD-ROM [ɛ̃sedeʀɔm/desedeʀɔm] eine CD-ROM I 3B
le **CDI** [ləsedei] das CDI *(Informationszentrum für Schüler)* I 5A
ce/cet/cette/ces [sə/sɛt/sɛt/se] dieser/diese/dieses II 3B
  cet après-midi [sɛtapʀɛmidi] heute Nachmittag II 3B
ce/c' [sə/s] das *(z. B. in „c'est …" = das ist)* I 1
  C'est … [sɛ] Das ist … I 1
  C'est où? [sɛu] Wo ist das? I 2A
  C'est bon! [sɛbõ] Das schmeckt gut! I 7C
  Ce n'est pas grave. [sənɛpagʀav] Das ist (doch) nicht schlimm. I 9
  c'est pour ça que … [sɛpuʀsakə] deshalb III 6E
une **ceinture** [ynsɛ̃tyʀ] ein Gürtel ⟨III M1⟩
un **centime** [ɛ̃sɑ̃tim] ein Cent I 7A

un **centre de vacances** [ɛ̃sɑ̃tʀdəvakɑ̃s] ein Ferienlager/Urlaubscenter III 6C
des **céréales** *(f., pl.)* [deseʀeal] Cornflakes/Müsli II 4E
un **certain/une certaine/certains/certaines …** [ɛ̃sɛʀtɛ̃/ynsɛʀtɛn] ein gewisser/eine gewisse/gewisse/einige … III 2C
chacun/chacune [ʃakɛ̃/ʃakyn] jeder/jede (einzelne) III 6C
une **chambre** [ynʃɑ̃bʀ] ein (Schlaf-)-Zimmer I 2E
un **champ de lavande** [ɛ̃ʃɑ̃dəlavɑ̃d] ein Lavendelfeld ⟨III 6Z⟩
un **champignon** [ɛ̃ʃɑ̃piɲõ] ein Pilz I 7E
une **chance** [ynʃɑ̃s] eine (gute) Gelegenheit III 4B
  avoir de la chance [avwaʀdəlaʃɑ̃s] Glück haben I 7C
se changer les idées [səʃɑ̃ʒelezide] auf andere Gedanken kommen III 3A
changer (de train) [ʃɑ̃ʒe] umsteigen II 5A
changer qc [ʃɑ̃ʒe] etw. ändern/verändern II 6C
une **chanson** [ynʃɑ̃sõ] ein Lied II 5C
chanter [ʃɑ̃te] singen I 3A
un **chanteur/une chanteuse** [ɛ̃ʃɑ̃tœʀ/ynʃɑ̃tøz] ein Sänger/eine Sängerin III 1A
un **chapeau/des chapeaux** [ɛ̃ʃapo/deʃapo] ein Hut/Hüte III 3C
chaque/chaque [ʃak] jeder/jede/jedes II 6C
  pour chaque partie [puʀʃakpaʀti] für jeden Abschnitt I 6C, 1
un **char** [ɛ̃ʃaʀ] ein Panzer III 6A
la **charcuterie** [laʃaʀkytʀi] der Aufschnitt/die Wurstwaren III 2A
un **chat** [ɛ̃ʃa] eine Katze II 4B, 3
chaud/chaude [ʃo/ʃod] warm; *hier:* heiß III 2A
  Il fait chaud. [ilfɛʃo] Es ist warm. *(= Wetter)* III 6B
une **chaussette** [ynʃosɛt] ein Strumpf/eine Socke II 3E
une **chaussure** [ynʃosyʀ] ein Schuh II 3E
le **chef** [ləʃɛf] der Chef; *hier:* der Bandleader III 1A
un **chemin** [ɛ̃ʃəmɛ̃] ein Weg III 4C
Cher/Chère … [ʃɛʀ/ʃɛʀ] Lieber/Liebe … *(in der Anrede)* II 6A, 5
  cher/chère [ʃɛʀ/ʃɛʀ] teuer II 3A
cher [ʃɛʀ] teuer I 6A
  C'est trop cher! [sɛtʀoʃɛʀ] Das ist zu teuer! I 6B

150 cent cinquante

Liste des mots

coûter cher [kuteʃɛʀ] teuer sein/viel (Geld) kosten **II 7**

chercher qc [ʃɛʀʃe] etw. suchen **I 3E**
Cherchez des mots avec …
[ʃɛʀʃedemoavɛk] Sucht Wörter mit …
I 1, 6

un cheval/des chevaux [ɛʃ(ə)val/deʃ(ə)vo] ein Pferd/Pferde **II 1E**
faire du cheval [fɛʀdyʃ(ə)val] reiten **II 1E**

un cheveu/des cheveux [ɛʃ(ə)vø/deʃ(ə)vø] ein Haar/Haare **II 6A**

un chewing-gum [ɛʃwiŋɡɔm] ein Kaugummi **II 4B, 4**

chez [ʃe] bei *(+ Personen)* **I 4C;** zu *(+ Personen)* **I 5E**
chez moi [ʃemwa] bei mir **I 4C**
sonner chez qn [sɔneʃe] bei jdm. klingeln **I 4C**

un chien [ɛ̃ʃjɛ̃] ein Hund **I 1**

des chips *(f., pl.)* (Kartoffel-)Chips **I 8E**

le chocolat [ləʃɔkɔla] der Kakao/die Schokolade **II 4E**

choisir qc [ʃwaziʀ] etw. wählen/aussuchen **III 1A**
Choisissez. [ʃwazise] Wählt aus.
I 6C, 2

un choix [ɛ̃ʃwa] eine Wahl **III 4C**

une chose [ynʃoz] eine Sache **III 3A, 2**
Elle ne dit pas grand-chose.
[ɛlnəditpaɡʀɑ̃ʃoz] Sie sagt nicht viel.
III 6C

Chut! [ʃyt] Psst!/Still! **I 5A**

le ciel [ləsjɛl] der Himmel **III 6A**

le ciné *(fam.)* [ləsine] das Kino *(ugs.)*
⟨**III M2, 3**⟩

le cinéma [ləsinema] das Kino **I 4B**

la cité [lasite] die Siedlung **III 4E**

citer qc [site] etw. nennen/zitieren
II 6A, 1

un citron [ɛ̃sitʀɔ̃] eine Zitrone **I 7E**
le jus de citron [ləʒydsitʀɔ̃] der Zitronensaft **I 7B**

une classe [ynklas] eine Klasse **I 4E**

le clavier [ləklavje] *hier:* das Keyboard
III 1A

une clé [ynkle] ein Schlüssel **II 6B**

Clic! [klik] Klick! **I 5C**

un client/une cliente [ɛ̃klijɑ̃/ynklijɑ̃t] ein Kunde/eine Kundin **I 7A, 6**

cliquer sur qc [klikesyʀ] auf etw.
klicken/etw. anklicken **I 4B**

un clown [ɛ̃klun] ein Clown **II 3B**
des chaussures *(f.)* de clown
[deʃosyʀdəklun] Clownschuhe **II 3B**

un club [ɛ̃klœb] ein Club/Verein **I 8E**
un club de roller [ɛ̃klœbdəʀɔlœʀ] ein
Skaterclub **I 8E**

un coca [ɛ̃kɔka] eine Cola **I 6C**

Cochez. [kɔʃe] Kreuzt an. **II 2E**

le cœur [ləkœʀ] das Herz ⟨**III 3Z**⟩
par cœur [paʀkœʀ] auswendig
⟨**III 4Z**⟩

un coiffeur/une coiffeuse [ɛ̃kwafœʀ/ynkwaføz] ein Friseur/eine Friseurin
III 3A

la colère [lakɔlɛʀ] die Wut **II 4B**
être en colère [ɛtʀɑ̃kɔlɛʀ] wütend sein
II 4B

avoir une heure de colle
[avwaʀynœʀdəkɔl] eine Stunde nachsitzen (müssen) **III 2B**

un collège [ɛ̃kɔlɛʒ] ein Collège **I 5E**

un collègue/une collègue [ɛ̃kɔlɛɡ/ynkɔlɛɡ] ein Kollege/eine Kollegin
II 2A

combien [kɔ̃bjɛ̃] wie viel **I 7A**
C'est combien, l'ananas *(m.)*? Was
kostet die Ananas? **I 7A**
Ça fait combien? [safɛkɔ̃bjɛ̃] Was
macht das? **I 7A**
combien de … [kɔ̃bjɛ̃də] wie viel(e)
… **I 7A**

combiner qc [kɔ̃bine] etw. verbinden
II 3B, 1

commander qc [kɔmɑ̃de] etw. bestellen
II 4C

comme [kɔm] wie **I 4B**
comme toi [kɔmtwa] wie du **I 4B**
comme chien et chat [kɔmʃjɛ̃eʃa] wie
Hund und Katze **II 4C, 4**
comme ça [kɔmsa] so/auf diese
Weise **I 7C**
Comme ça. [kɔmsa] *hier:* Nur so. **I 8B**

comme [kɔm] da *(Konjunktion)* **III 5B;**
als **I 7E**

commencer qc [kɔmɑ̃se] etw. anfangen/beginnen **I 8A**
commencer à faire qc [kɔmɑ̃seafɛʀ]
anfangen/beginnen etw. zu tun **III 3A**

Comment … ? [kɔmɑ̃] Wie … ? **I 1**
Comment tu t'appelles?
[kɔmɑ̃tytapɛl] Wie heißt du? **I 1**

un/une commissaire [ɛ̃/ynkɔmisɛʀ] ein
Kommissar/eine Kommissarin **II 2E**

un commissariat de police
[ɛ̃kɔmisaʀjadəpɔlis] ein Polizeirevier/
eine Polizeistation **II 2B**

le comparatif [ləkɔ̃paʀatif] der Komparativ **III 6E**

Comparez. [kɔ̃paʀe] Vergleicht. **I 6E**

la compétence [lakɔ̃petɑ̃s] die Fähigkeit; *hier:* die Kenntisse ⟨**III 5Z**⟩

Complétez. [kɔ̃plete] Ergänzt. **I 1, 6**

compliqué/compliquée [kɔ̃plike/kɔ̃plike] kompliziert **III 5C**

composter qc [kɔ̃pɔste] etw. entwerten
II 5A

comprendre qc [kɔ̃pʀɑ̃dʀ] etw. verstehen **I 6C**

compter sur qn [kɔ̃tesyʀ] auf jdn. zählen/sich auf jdn. verlassen **III 1B**

concerner qn [kɔ̃sɛʀne] jdn. angehen/betreffen **II 6B**

un concert [ɛ̃kɔ̃sɛʀ] ein Konzert **III 1B**

la conclusion [lakɔ̃klyzjɔ̃] der Schluss/die Schlussfolgerung **II 6C, 4**

un concours [ɛ̃kɔ̃kuʀ] ein Wettbewerb
III 5A
passer un concours [paseɛ̃kɔ̃kuʀ] an
einem Wettbewerb teilnehmen **III 5A**

concret/concrète [kɔ̃kʀɛ/kɔ̃kʀɛt] konkret ⟨**III 5Z**⟩

conduire [kɔ̃dɥiʀ] fahren **III 6E**

la confiture [lakɔ̃fityʀ] die Konfitüre
II 4E

conjuguer [kɔ̃ʒyge] konjugieren **III 2E;**
II 4A, 1
une forme conjuguée [ynfɔʀmkɔ̃ʒyge]
eine konjugierte Form **II 4B, 2**

la connaissance [lakɔnɛsɑ̃s] die Kenntnis ⟨**III 5Z**⟩

connaître qn/qc [kɔnɛtʀ] jdn./etw. kennen **II 6A**
être connu/connue pour qc [ɛtʀkɔny/kɔnypuʀ] für etw. bekannt sein
II 6A, 5

un conseil [ɛ̃kɔ̃sɛj] ein Rat **III 4A**

construire qc [kɔ̃stʀɥiʀ] konstruieren
III M1, 1

un contact [ɛ̃kɔ̃takt] ein Kontakt **II 6A, 4**
prendre contact avec qn
[pʀɑ̃dʀkɔ̃taktavɛk] mit jdm. Kontakt
aufnehmen **II 6A, 4**

content/contente [kɔ̃tɑ̃/kɔ̃tɑ̃t] glücklich/zufrieden **II 6C**
être content de qn/qc [ɛtʀkɔ̃tɑ̃də] mit
jdm./etw. zufrieden sein **II 6C**

continuer [kɔ̃tinɥe] fortfahren **I 4B**
Continuez. [kɔ̃tinɥe] Macht weiter.
I 2A, 4

le contraire (de) [ləkɔ̃tʀɛʀ] das Gegenteil (von) **III 2C, 5**

contre [kɔ̃tʀ] gegen **II 6A**

cool *(fam.)* [kul] cool *(ugs.)* **I 2B**
super cool *(fam.)* supercool **I 8B**

un copain/une copine [ɛ̃kɔpɛ̃/ynkɔpin]
ein Freund/eine Freundin **I 1**

copier sur qn [kɔpjesyʀ] *hier:* bei jdm.
abgucken/abschauen/abschreiben
III 2B

cent cinquante et un **151**

Liste des mots

un **correspondant**/une **correspon-**
dante [ɛ̃kɔʀɛspõdɑ̃/ynkɔʀɛspõdɑ̃t] ein
Brieffreund/eine Brieffreundin/ein
Austauschpartner/eine Austauschpartnerin I 4E
un/une **corres** *(fam.)* [ɛ̃/ynkɔʀɛs] ein
Brieffreund/eine Brieffreundin *(ugs.)*
I 4A
correspondre à qc [kɔʀɛspõdʀ] etw. ent-
sprechen ⟨III 5Z⟩
Corrigez … [kɔʀiʒe] Korrigiert …
I 4B, 2
à côté de [akotedə] neben I 8B
se coucher [səkuʃe] ins/zu Bett gehen
III 2A
la **couleur** [lakulœʀ] die Farbe II 3A
un **couloir** [ɛ̃kulwaʀ] ein Flur I 3A
un **coup** [ɛ̃ku] ein Schlag II 6E
le coup de foudre [ləkudfudʀ] *hier:*
Liebe auf den ersten Blick I 8B
courageux/courageuse [kuʀaʒø/
kuʀaʒøz] mutig III 4B
le **courant** [ləkuʀɑ̃] der Strom III 1B
un **cours** [ɛ̃kuʀ] eine Unterrichtsstunde
II 6A
avoir cours *(m., pl.)* [avwaʀkuʀ]
Unterricht haben III 2C
les **courses** *(f.)* [lekuʀs] die Einkäufe
I 7A
une liste des courses [ynlistdekuʀs]
eine Einkaufsliste/ein Einkaufszettel
I 7A, 5
faire les courses [fɛʀlekuʀs] einkaufen
I 7A
le **couscous** [ləkuskus] das Couscous,
nordafrikanisches Gericht III 3A
un **cousin**/une **cousine** [ɛ̃kuzɛ̃/ynkuzin]
ein Cousin/eine Cousine II 5E
un **couteau**/des **couteaux** [ɛ̃kuto/
dekuto] ein Messer/Messer II 4C
coûter [kute] kosten II 3C, 3
coûter cher [kuteʃɛʀ] teuer sein/viel
(Geld) kosten II 7
craquer [kʀake] zusammenbrechen/
ausrasten/ausflippen III 3B
créatif/créative [kʀeatif/kʀeativ] kreativ
III 5E
crier [kʀije] schreien II 5C
croire (que) [kʀwaʀ] glauben (, dass)
III 1B
un **croissant** [ɛ̃kʀwasɑ̃] ein Croissant
III 6B
une **cuillère** [ynkɥijɛʀ] ein Löffel
II 4C, 2
une **cuisine** [ynkɥizin] eine Küche I 3A
faire la cuisine [fɛʀlakɥizin] kochen
II 4C

un **cuisinier**/une **cuisinière** [ɛ̃kɥizinje/
ynkɥizinjɛʀ] ein Koch/eine Köchin
III 5E
la **culture** [lakyltyʀ] die Kultur ⟨III 4Z⟩
le **CV** [ləseve] der Lebenslauf ⟨III 5Z⟩

D

d'abord [dabɔʀ] zunächst/zuerst I 2E;
I 5A
D'accord. [dakɔʀ] Einverstanden./O.k.
I 2B
dangereux/dangereuse [dɑ̃ʒ(ə)ʀø/
dɑ̃ʒ(ə)ʀøz] gefährlich II 7
dans [dɑ̃] in I 2A
dans votre cahier [dɑ̃vɔtʀkaje] in euer
Heft I 3B, 1
la **danse** [ladɑ̃s] der Tanz/das Tanzen
II 1E
faire de la danse [fɛʀdəladɑ̃s] tanzen
II 1E
danser [dɑ̃se] tanzen I 8A
de/d' [də] von I 1
d'où [du] woher I 2B
de [də] von … aus I 6A
de loin [dəlwɛ̃] von weitem II 5C
de quoi [dəkwa] wovon II 6B
un **dé** [ɛ̃de] ein Würfel I 3A, 5
un **dealer** [ɛ̃diloœʀ] ein Dealer/Drogen-
verkäufer III 4C
Debout! [dəbu] Aufstehen! II 3A, 3
se débrouiller [sədebʀuje] zurechtkommen III 3A
décembre *(m.)* [desɑ̃bʀ] Dezember
I 8A, 4
une **décision** [yndesizjõ] eine Entscheidung III 1A, 5
prendre une décision
[pʀɑ̃dʀyndesizjõ] eine Entscheidung
treffen III 1A, 5
On fait des découvertes.
[õfɛdedekuvɛʀt] Wir machen Entde-
ckungen. I
découvrir qc [dekuvʀiʀ] etw. entdecken
III 3A
décrire qn/qc [dekʀiʀ] jdn./etw.
beschreiben II 6A
décrire qc à qn [dekʀiʀ] jdm. etw.
beschreiben II 6B
Décrivez. [dekʀive] Beschreibt. I 7A, 4
un **degré** [ɛ̃dəgʀe] ein Grad III 6A
déjà [deʒa] schon I 4C
un **petit-déjeuner** [ɛ̃p(ə)tideʒøne] ein
Frühstück II 2E
demain [dəmɛ̃] morgen I 4A
demander qc [dəmɑ̃de] etw. fragen I 8A

demander qc à qn [dəmɑ̃de] jdn.
(nach) etw. fragen II 6A
demander si … [dəmɑ̃de] fragen, ob
… II 6C
se demander si … [sədəmɑ̃de] sich
fragen, ob … III 2E
Il est deux heures et demie.
[ilɛdøzœʀedəmi] Es ist halb drei. I 5B
une **dent** [yndɑ̃] ein Zahn II 2A, 4
le **départ** [lədepaʀ] die Abfahrt/Abreise
II 5A
se dépêcher [sədepeʃe] sich beeilen III 2E
déposer qc/qn [depoze] etw. abstellen/
jdn. absetzen III 6A
déprimé/déprimée [depʀime] III 3C, 3
être déprimé/déprimée [ɛtʀdepʀime]
deprimiert sein III 3C, 3
déprimer [depʀime] deprimiert wer-
den/sein ⟨III M1⟩
depuis [dəpɥi] seit III 1B
déranger qn [deʀɑ̃ʒe] jdn. stören II 2A
dernier/dernière [dɛʀnje/dɛʀnjɛʀ] letz-
ter/letzte/letztes III 1B
être derrière qn [ɛtʀdɛʀjɛʀ] *hier:* hinter
jdm. her sein III 4B
derrière [dɛʀjɛʀ] hinter II 2B
descendre [desɑ̃dʀ] aussteigen/hinun-
tergehen II 5C
descendre du train [desɑ̃dʀdytʀɛ̃] aus
dem Zug aussteigen II 5C
désirer qc [dezire] etw. wünschen III 3C, 3
Désolé!/Désolée! [dezɔle] Es tut mir
leid! II 7, 10
un **dessert** [ɛ̃desɛʀ] ein Nachtisch I 7A
un **dessin** [ɛ̃desɛ̃] eine Zeichnung
I 7C, 1; II 1E
une **destination** [yndɛstinasjõ] eine
Richtung/ein Ziel II 5A
le TGV à destination de Paris
[ləteʒeveadɛstinasjõdəpaʀi] der TGV
Richtung Paris II 5A
un **détail** [ɛ̃detaj] eine Einzelheit III 3E
détester qn/qc [detɛste] jdn./etw. überhaupt nicht mögen/hassen I 3A
le/la deuxième … [lə/ladøzjɛm] der/
die/das zweite … II 5B, 5
devant [dəvɑ̃] vor *(örtlich)* I 4A, 3
devant [dəvɑ̃] vorn/vorne III 6E
devenir [dəvəniʀ] werden III 3E
Devinez. [dəvine] Erratet. I 7A, 3
une **devinette** [yndəvinɛt] ein Rätsel
⟨III M2, 2⟩
les **devoirs** *(m., pl.)* [ledəvwaʀ] die
Hausaufgaben I 4A
les devoirs de français *(m., pl.)*
[ledəvwaʀdəfʀɑ̃se] die Französisch-
hausaufgaben I 4A

152 cent cinquante-deux

Liste des mots

devoir faire qc [dəvwaʀfɛʀ] etw. tun müssen II 4A

un **dialogue** [ɛ̃djalɔg] ein Dialog I 2B, 2

un **dictionnaire** [ɛ̃diksjɔnɛʀ] ein Wörterbuch III 5C, 5

une **différence** [yndifeʀɑ̃s] ein Unterschied III 2A, 2

différent/différente [difeʀɑ̃/difeʀɑ̃t] anders/verschieden/unterschiedlich III 2A

difficile/difficile [difisil] schwierig III 6B
Ne fais pas la difficile! [nəfɛpaladifisil] *hier:* Stell dich (jetzt) nicht so an! III 6C

dimanche *(m.)* [dimɑ̃ʃ] (am) Sonntag/am nächsten Sonntag I 4C

dire qc à qn [diʀ] jdm. etw. sagen II 6B
on dit [ɔ̃di] man sagt I 1, 4
Dis donc, … [didɔ̃(k)] Sag mal, … I 8A
Dis Johnny, … [didʒɔni] Sag mal, Johnny … III 1B, 3

direct/directe [diʀɛkt] direkt II 5B, 5

un **directeur**/une **directrice** [ɛ̃diʀɛktœʀ/yndiʀɛktʀis] ein Leiter/eine Leiterin; *hier:* ein Geschäftsführer/eine Geschäftsführerin III 5B

la **direction** [ladiʀɛksjɔ̃] die Richtung II 5B

le **discours (in)direct** [lədiskuʀ(ɛ̃)diʀɛkt] die (in)direkte Rede III 5A, 3

discuter avec qn [diskyteavɛk] mit jdm. reden/diskutieren I 8A

disparaître [dispaʀɛtʀ] verschwinden III 6B

une **dispute** [yndispyt] ein Streit/eine Meinungsverschiedenheit II 2A

se disputer [sədispyte] sich streiten III 4B

un **distributeur** [ɛ̃distʀibytœʀ] ein Automat; *hier:* ein Geldautomat III 6B

un **documentaliste**/une **documentaliste** [ɛ̃/yndɔkymɑ̃talist] ein Schulbibliothekar/eine Schulbibliothekarin I 5A

C'est dommage! [sɛdɔmaʒ] Das ist (aber) schade! I 8A

donc [dɔ̃k] also III 2C

donner qc [dɔne] etw. geben II 4C
donner son avis [dɔnesɔnavi] seine Meinung sagen II 6C, 2
donner des ordres à qn [dɔnedezɔʀdʀ] jdm. Befehle erteilen III 4B

dont [dɔ̃] davon III 5B

dormir [dɔʀmiʀ] schlafen II 4B

le **dos** [lədo] der Rücken II 2A

une **douche** [ynduʃ] eine Dusche I 3A

se doucher [səduʃe] duschen III 2A

doux/douce [du/dus] zart ⟨III 5Z⟩

tout droit [tudʀwa] geradeaus II 5B

à droite [adʀwat] (nach) rechts II 5B

drôle/drôle [dʀol/dʀol] lustig/witzig III 3C

un **duo** [ɛ̃dyo] ein Duo ⟨III 4Z⟩

dur/dure [dyʀ/dyʀ] hart III 5A

un **DVD** [ɛ̃devede] eine DVD II 5E

E

l'**eau** *(f.)* [lo] das Wasser I 9

un **échange** [ɛ̃neʃɑ̃ʒ] ein Austausch II 6A, 4
un échange scolaire [ɛ̃neʃɑ̃ʒskɔlɛʀ] ein Schüleraustausch II 6A, 4

une **école** [ynekɔl] eine Schule I 2A
une école de musique [ynekɔldəmyzik] eine Musikschule I 4E

écouter qc [ekute] etw. hören I 3B
écouter qn [ekute] jdm. zuhören II 4B, 4
Ecoutez. [ekute] Hört zu. I 3A, 4

écrire qc à qn [ekʀiʀ] jdm. etw. schreiben II 6B
Ecrivez. [ekʀive] Schreibt auf. I 3A, 4

s'écrouler [sekʀule] zusammenbrechen; *hier:* zerplatzen III 3A

Ça m'est égal. [samɛtegal] Das ist mir egal. II 1, 4

une **église** [ynegliz] eine Kirche I 6B

un **élément** [ɛ̃nelemɑ̃] ein Element/Satzteil II 3B, 1

un **éléphant** [ɛ̃nelefɑ̃] ein Elefant I 3A

un **élève**/une **élève** [ɛ̃nelɛv/ynelɛv] ein Schüler/eine Schülerin I 4A

un **e-mail** [ɛ̃nimel] eine E-Mail I 8B

embrasser qn [ɑ̃bʀase] jdn. umarmen/küssen; *hier:* jdn. lieb grüßen II 4C

une **émission (de télévision)** [ynemisjɔ̃] eine (Fernseh-)Sendung III 5E

emmener qn [ɑ̃m(ə)ne] jdn. mitnehmen III 6A

une **émotion** [ynemosjɔ̃] ein Gefühl III 3C, 3

un **emploi du temps** [ɛ̃nɑ̃plwadytɑ̃] ein Stundenplan I 5A

un **employé**/une **employée** [ɛ̃nɑ̃plwaje/ynɑ̃plwaje] ein Angestellter/eine Angestellte III 5E

en [ɑ̃] auf I 2B; davon III 5C
en français [ɑ̃fʀɑ̃sɛ] auf Französisch I 2B
en Allemagne [ɑ̃nalmaɲ] in Deutschland I 4B

en vélo [ɑ̃velo] mit dem Fahrrad II 7

en face de [ɑ̃fasdə] gegenüber von II 5B

en conclusion *(f.)* [ɑ̃kɔ̃klyzjɔ̃] zum Schluss II 6C, 4

en avoir marre de qc *(fam.)* [ɑ̃navwaʀmaʀdə] die Nase von etw. voll haben *(ugs.)* II 3C

en 2065 im Jahre 2065 III 3A, 6

en plus [ɑ̃plys] und obendrein/dazu/außerdem III 5A

encore [ɑ̃kɔʀ] noch I 6B
ne … pas encore [nə…pa(z)ɑ̃kɔʀ] noch nicht II 2C

un **endroit** [ɛ̃nɑ̃dʀwa] ein Ort III 3A, 2; eine Stelle III 3C

énervant/énervante [enɛʀvɑ̃/enɛʀvɑ̃t] nervig/ärgerlich ⟨III M2⟩

énervé/énervée [enɛʀve/enɛʀve] genervt II 3A

énerver qn [enɛʀve] jdn. nerven II 4C
s'énerver [senɛʀve] sich aufregen III 4A

un **enfant** [ɑ̃nɑ̃fɑ̃] ein Kind II 4B

une **ambiance d'enfer** [ynɑ̃bjɑ̃sdɑ̃fɛʀ] eine Superstimmung I 8B

enfin [ɑ̃fɛ̃] endlich/schließlich II 1
Enfin … si. [ɑ̃fɛ̃si] Eigentlich … schon. II 6A

enlever qc [ɑ̃ləve] etw. ausziehen III 4E
enlever son chapeau [ɑ̃ləvesɔ̃ʃapo] den Hut abnehmen/ziehen III 3C

une **enquête** [ynɑ̃kɛt] eine Untersuchung/Ermittlung II 2E

enregistrer qc [ɑ̃ʀəʒistʀe] etw. (auf Band) aufnehmen III 1B, 5
Enregistrez … [ɑ̃ʀəʒistʀe] Nehmt … auf. III 1B, 5

enseigner [ɑ̃seɲe] unterrichten III 5E

ensemble [ɑ̃sɑ̃bl] zusammen I 9
tous ensemble [tusɑ̃sɑ̃bl] alle zusammen I

ensuite [ɑ̃sɥit] dann/danach III 3A

entendre qc [ɑ̃tɑ̃dʀ] etw. hören II 2E; II 5C
s'entendre avec qn [sɑ̃tɑ̃dʀavɛk] sich mit jdm. verstehen III 2B

entre [ɑ̃tʀ] zwischen II 2B
entre toi et moi [ɑ̃tʀətwaemwa] zwischen dir und mir II 2C

entre parenthèses [ɑ̃tʀpaʀɑ̃tɛz] in Klammern III 3E

une **entreprise** [ynɑ̃tʀəpʀiz] ein Unternehmen/eine Firma III 5A

entrer [ɑ̃tʀe] be-/eintreten/hineingehen I 3B
Entrez. [ɑ̃tʀe] Kommt herein! I 8B

cent cinquante-trois **153**

Liste des mots

entrer en scène [ãtʀeasɛn] auftreten
III 3C

un **entretien** [ɛ̃ɑ̃tʀətjɛ̃] ein Gespräch
III 5B

une **enveloppe** [ynãvlɔp] ein
Umschlag/Briefumschlag III 4C

avoir **envie** (f.) [avwaʀãvi] Lust haben
I 6A

avoir envie de faire qc [avwaʀãvidəfɛʀ]
Lust haben etw. zu tun ⟨III 4Z⟩; III 5A

une **épicerie** [ynepisʀi] ein (kleines)
Lebensmittelgeschäft III 6B

l'**équilibre** (m.) [lekilibʀ] das Gleich-
gewicht ⟨III 4Z⟩

une **équipe** [ynekip] eine Mannschaft
II 5B

l'**escalier** (m.) [leskalje] die Treppe I 6A
prendre l'escalier [pʀãdʀleskalje] die
Treppe nehmen I 6A

espérer (que) [espeʀe] hoffen (, dass)
III 1B

l'**espoir** (m.) [lespwaʀ] die Hoffnung
III 3A

essayer qc [eseje] etw. anprobieren/ver-
suchen II 3A

l'**essence** (f.) [lesãs] das Benzin III 6A

Est-ce que … ? [ɛskə] (Frageformel)
I 3A

et [e] und I
Et avec ça? [eavɛksa] Sonst noch
etwas? I 7A

un **étage** [ɛ̃netaʒ] eine Etage/ein Stockwerk I 6A

l'**été** (m.) [lete] der Sommer III 1B

être [ɛtʀ] sein I 2B
C'est à moi. [sɛtamwa] Ich bin dran.
I 7A
être d'accord [ɛtʀdakɔʀ] einverstanden sein I 8B
être jumelé(e) avec… [ɛtʀʒymleavɛk]
eine Städte-/Schulpartnerschaft
haben mit … II 5A, 5
être victime [ɛtʀviktim] Opfer sein
II 6B
C'est … [sɛ] Das ist … I 1
être de [ɛtʀdə] sein aus/kommen aus
I 2B
Où est … ? [uɛ] Wo ist … ? I 3A
être en train de faire qc [ɛtʀãtʀɛ̃dəfɛʀ]
dabei sein etw. zu tun III 2B
être en forme [ɛtʀãfɔʀm] gut drauf/
(gut) in Form sein (ugs.) III 3C, 3
je serai [ʒəsəʀe] (Futurform von être)
⟨III 3Z⟩
être à qn [ɛtʀa] jdm. gehören III 6B

Euh … [ø] Äh … (Ausdruck des
Zögerns) I 2B

un **euro** [ɛ̃nøʀo] ein Euro I 6A

eux (m., pl.) [ø] sie (betont) (m., pl.)
III 1A

exactement [ɛgzaktəmã] genau II 3C, 3

exagérer [ɛgsaʒeʀe] übertreiben III 1B

excellent/excellente [ɛkselã/ɛkselãt]
hervorragend II 6B

excité/excitée [ɛksite] aufgeregt II 6A

s'**excuser** [sɛkskuze] sich entschuldigen
III 2C
Excuse-moi./Excusez-moi.
[ɛkskyzmwa/ɛkskyzemwa] Entschuldige./Entschuldigen Sie. III 5B

un **exemple** [ɛ̃nɛgzãpl] ein Beispiel
I 1, 3; II 6A
par exemple [paʀɛgzãpl] zum Beispiel II 6A

un **exercice** [ɛ̃nɛgzɛʀsis] eine Übung I 1;
II 4A, 4

une **expérience** [ynɛkspeʀjãs] eine
Erfahrung ⟨III 5Z⟩

expliquer qc [ɛksplike] etw. erklären
I 8B
expliquer qc à qn [ɛksplike] jdm. etw.
erklären II 3C
Je vais t'expliquer! [ʒəvetɛksplike] Ich
kann's dir erklären! II 3C

un **exposé** [ɛ̃nɛkspoze] ein Referat/Vor-
trag II 6B

une **expression** [ynɛkspʀesjõ] ein Ausdruck II 4A, 1

exprimer qc [ɛkspʀime] etw. ausdrücken III 3C, 3

F

facile/facile [fasil] leicht II 3B

de toute **façon** [dətutfasõ] auf jeden
Fall; hier: sowieso III 1B

la **faim** [lafɛ̃] der Hunger I 6B
avoir faim (f.) [avwaʀfɛ̃] Hunger
haben I 6B
avoir une petite faim (f.)
[avwaʀynp(ə)titfɛ̃] ein bisschen Hunger haben/bekommen II 4A

faire qc [fɛʀ] etw. tun/machen I 4A
Faites des phrases. [fɛtdefʀaz] Bildet
Sätze. I 2E
Que fait … ? [kəfɛ] Was macht … ?
I 3A
Que font …? [kəfõ] Was machen … ?
I 3A
faire les courses [fɛʀlekuʀs] einkaufen
I 7A
Mais que faire? [mɛkəfɛʀ] Aber was
tun? I 8B

faire de l'athlétisme (m.)
[fɛʀdəlatletism] Leichtathletik
machen II 1E

faire du cheval [fɛʀdyʃ(ə)val] reiten
II 1E

faire de la voile [fɛʀdəlavwal] segeln
II 1E

faire du sport [fɛʀdyspɔʀ] Sport treiben II 1E

faire du VTT [fɛʀdyvetete] Mountainbike fahren II 1E

faire du camping [fɛʀdykãpiŋ] cam-
pen/zelten II 1

faire la cuisine [fɛʀlakɥizin] kochen
II 4C

faire de la place [fɛʀdəlaplas] Platz
machen III 2E

se faire du souci [səfɛʀdysusi] sich
Sorgen machen III 2B

je ferai [ʒəfəʀe] (Futurform von faire)
⟨III 3Z⟩

faire le plein [fɛʀləplɛ̃] volltanken
III 6A

Il fait beau. [ilfɛbo] Es ist schönes
Wetter. III 6A

Il fait chaud. [ilfɛʃo] Es ist warm.
(= Wetter) III 6B

faire du théâtre [fɛʀdyteatʀ] Theater
spielen III 3C

faire du stop [fɛʀdystɔp] trampen/
per Anhalter fahren III 6E

faire partie de qc [fɛʀpaʀtidə] zu etw.
gehören III 5B

faire une affaire/des affaires
[fɛʀynafɛʀ/dezafɛʀ] ein Schnäppchen
machen/etw. günstig einkaufen
II 3A

une **famille** [ynfamij] eine Familie II 4E

un **fan**/une **fan** [ɛ̃fan/ynfan] ein Fan
II 5B

fantastique/fantastique [fãtastik/
fãtastik] toll/fantastisch II 3A

fatigué/fatiguée [fatige] müde II 4B

il **faut** qc [ilfo] man braucht etw./wir
brauchen etw. II 4B
il faut faire qc [ilfofɛʀ] man muss etw.
tun/wir müssen etw. tun II 4B
il ne faut pas faire qc [ilnəfopafɛʀ]
man darf /soll etw. nicht tun II 4B, 4

faux/fausse [fo/fos] falsch III 2B, 1

une **femme** [ynfam] eine Frau II 5B, 5

ferme [fɛʀm] fest ⟨III 5Z⟩

fermé/fermée [fɛʀme/fɛʀme]
geschlossen III 1B

fermer qc [fɛʀme] etw. schließen II 4B
refermer qc [ʀəfɛʀme] etw. wieder
schließen II 3B

154 cent cinquante-quatre

Liste des mots

les **fesses** *(f.)* [lefɛs] der Po/Hintern
II 2A, 4

un **festival** [ɛ̃fɛstival] ein Festival III 6A

une **fête** [ynfɛt] eine Fete/Party I 8E
une fête d'anniversaire
[ynfɛtdanivɛRsɛR] eine Geburtstags-
fete/Geburtstagsparty I 8B, 5

une **fête d'adieu** [ynfɛtdadjø] eine
Abschiedsparty III 2B

février *(m.)* [fevRije] Februar I 8A, 4

une **fiche** [ynfiʃ] ein Blatt/eine Karteikarte III 5E

une **fiche-métier**/des **fiches-métier**
[ynfiʃmetje/defiʃmetje] ein Berufsinformationsblatt III 5E

Fiche-moi la paix. *(fam.)* Lass mich
(bloß) in Ruhe. *(ugs.)* III 4C, 4

fier/fière [fjɛR/fjɛR] stolz II 5C
être fier de/fière de qn/qc [ɛtRfjɛR/
fjɛR] auf jdn./etw. stolz sein III 4B

la **fierté** [lafjɛRte] der Stolz ⟨III 4Z⟩

un **filet de mots** [ɛ̃filɛdəmo] ein Wortnetz III 2B, 3

une **fille** [ynfij] ein Mädchen I 4B

une **fille** [ynfij] eine Tochter II 5A, 1

un **film** [ɛ̃film] ein Film I 5B, 4

un **fils** [ɛ̃fis] ein Sohn II 2E

la **fin** [lafɛ̃] das Ende I 3E
à la fin [alafɛ̃] am Ende I 7B

finalement [finalmɑ̃] schließlich ⟨III 5Z⟩

finir qc [finiR] etw. beenden/mit etw.
aufhören III 1A
finir le coca [finiRləkɔka] die Cola
austrinken III 1A, 5

une **fleur** [ynflœR] eine Blume
⟨III M1, 4⟩

une **fois** [ynfwa] einmal II 2C

une **fonction** [ynfɔ̃ksjɔ̃] eine Funktion
III 1E

le **foot** [ləfut] Fußball *(als Sportart)* I 4A

la **formation** [lafɔRmasjɔ̃] die Ausbildung III 5E

être en forme [ɛtRɑ̃fɔRm] gut
drauf/(gut) in Form sein *(ugs.)*
III 3C, 3
une forme [ynfɔRm] eine Form I 9, 4
une forme qui manque [ynfɔRmkimɑ̃k]
eine fehlende Form II 3E
une forme conjuguée [ynfɔRmkɔ̃ʒyge]
eine konjugierte Form II 4B, 2

formuler qc [fɔRmyle] etw. formulieren
II 3B, 2

mettre la radio fort [mɛtR(ə)laRadjofɔR]
das Radio laut stellen II 4A
moins fort [mwɛ̃fɔR] leiser II 4A

fou/folle/fous/folles [fu/fɔl/fu/fɔl] verrückt III 6C

une **fourchette** [ynfuRʃɛt] eine Gabel
II 4C

le **français** [ləfRɑ̃sɛ] das Französische/
die französische Sprache I 2B
en français [ɑ̃fRɑ̃sɛ] auf Französisch
I 2B
les devoirs de français
[ledəvwaRdəfRɑ̃sɛ] die Französisch-
hausaufgaben I 4A

un **frère** [ɛ̃fRɛR] ein Bruder I 6C

un **frigo** [ɛ̃fRigo] ein Kühlschrank II 4A

un **frimeur**/une **frimeuse** *(fam.)*
[ɛ̃fRimœR/ynfRimøz] ein Angeber/
Schaumschläger/eine Angeberin/
Schaumschlägerin *(ugs.)* III 1A

les **fringues** *(fam.) (f., pl.)* [lefRɛ̃g] die
Klamotten *(ugs.)* III 6B

des **frites** *(f., pl.)* Pommes frites I 7C, 2

froid/froide [fRwa/fRwad] kalt III 2A

le **fromage** [ləfRomaʒ] der Käse II 4E

les **fruits** *(m., pl.)* [lefRɥi] das Obst I 7E
un fruit [ɛ̃fRɥi] eine Frucht I 7E
une salade de fruits [ynsaladdəfRɥi]
ein Obstsalat I 7B

furieux/furieuse [fyRjø/fyRjøz] wütend
III 4B

G

gagner de l'argent *(m.)* [gaɲedəlaRʒɑ̃]
Geld verdienen II 7
Gagné! [gaɲe] Gewonnen! I 2B

un **garage** [ɛ̃gaRaʒ] eine Werkstatt/
Autowerkstatt II 7

un **garçon** [ɛ̃gaRsɔ̃] ein Junge I 2B

une **gare** [yngaR] ein Bahnhof II 5A

garer qc [gaRe] etw. parken/abstellen
III 6C

un **gâteau** [ɛ̃gato] ein Kuchen III 5C

un **gâteau au chocolat** [ɛ̃gatooʃɔkɔla]
ein Schokoladenkuchen III 5C

à gauche [agoʃ] (nach) links II 5B

être gêné/gênée [ɛtRʒene] verlegen sein
III 1A

génial/géniale/géniaux/géniales
[ʒenjal/ʒenjal/ʒenjo/ʒenjal] genial/toll/
super II 3A
génial [ʒenjal] genial/toll I 4A

les **gens** *(m., pl.)* [leʒɑ̃] die Leute II 5B

gentil/gentille [ʒɑ̃ti/ʒɑ̃tij] nett II 4C
C'est gentil! [sɛʒɑ̃ti] Das ist (aber)
nett! I 7C

une **glace** [ynglas] ein Eis I 9, 2; ein
Spiegel II 3B

gna gna gna [ɲaɲaɲa] *Ausdruck, um
jdn. zu ärgern* III 2E

grand/grande [gRɑ̃/gRɑ̃d] groß II 3B
le Grand Huit [ləgRɑ̃ɥit] I 9
un grand magasin [ɛ̃gRɑ̃magazɛ̃] ein
Kaufhaus I 6A

grandir [gRɑ̃diR] erwachsen werden ⟨III 4Z⟩

la **grand-mère** [lagRɑ̃mɛR] die Groß-
mutter/Oma I 7A

le **grand-père** [ləgRɑ̃pɛR] der Großvater/
Opa II 4B

les **grands-parents** *(m., pl.)* [legRɑ̃paRɑ̃]
die Großeltern II 4B, 1

en gras [ɑ̃gRa] fett gedruckt II 6E

gratuit/gratuite [gRatɥi/gRatɥit] kostenlos II 5B
C'est gratuit. [sɛgRatɥi] Der Eintritt ist
frei. II 5B

grave/grave [gRav] schlimm I 9
Ce n'est pas grave. [sənepagRav] Das
ist (doch) nicht schlimm. I 9

une **grille** [yngRij] eine Tabelle I 9, 1

gris/grise [gRi/gRiz] grau II 3E

un **gris-gris** [ɛ̃gRigRi] ein Amulett I 7C

gros/grosse [gRo/gRos] dick II 6A, 3

un **groupe** [ɛ̃gRup] eine Gruppe II 1;
eine Band/Musikgruppe II 5B

le **guichet** [ləgiʃɛ] der Schalter II 5B, 5

la **guitare** [lagitaR] die Gitarre III 1A
la guitare basse [lagitaRbas] die
Bassgitarre III 1A

un **guitariste**/une **guitariste** [ɛ̃gitaRist/
yngitaRist] ein Gitarrist/eine
Gitarristin III 1E

un **gymnase** [ɛ̃ʒimnaz] eine Turnhalle
I 5E

H

s'habiller [sabije] sich anziehen III 2B

un **habitant**/une **habitante** [ɛ̃nabitɑ̃/
ynabitɑ̃t] ein Einwohner/ eine Ein-
wohnerin III 6A, 3

habiter [abite] wohnen I 4B

un **hamburger** [ɛ̃ɑ̃buRgœR] ein Hamburger II 4A

le **handball** [ləɑ̃dbal] Handball/das
Handballspiel II 1E

une **heure** [ynœR] eine Stunde I 3B
Il est quelle heure? [ilekɛlœR] Wie
spät ist es? I 5B
A quelle heure? [akɛlœR] Wann?/
Um wie viel Uhr? I 5B, 1
pendant des heures [pɑ̃dɑ̃dezœR]
stundenlang II 3A
à quatre heures et quart
[akatRœRekaR] um Viertel nach vier
I 5A

cent cinquante-cinq **155**

Liste des mots

cinq heures cinq [sɛ̃kœʀsɛ̃k] fünf nach fünf **I 5B**

Il est deux heures et demie. [ildøzœʀedmi] Es ist halb drei. **I 5B**

quatre heures vingt [katʀœʀvɛ̃] zwanzig nach vier **I 5B**

oublier l'heure [ublijelœʀ] die Zeit vergessen **III 2C**

quatre heures moins le quart [katʀœʀmwɛ̃l(ə)kaʀ] Viertel vor vier **I 5B**

une heure de permanence [ynœʀdəpɛʀmanɑ̃s] eine Hohlstunde/Freistunde **II 6B**

avoir une heure de colle [avwaʀynœʀdəkɔl] eine Stunde nachsitzen (müssen) **III 2B**

un quart d'heure [ɛ̃kaʀdœʀ] eine Viertelstunde **III 1B**

un **quart d'heure** [ɛ̃kaʀdœʀ] eine Viertelstunde **III 1B**

hier [jɛʀ] gestern **II 2E**

le **hip-hop** [ləipɔp] der Hip-Hop **II 1, 4**

histoire (f.) [istwaʀ] Geschichte (als Schulfach) **I 5B, 2**

le **hit-parade** [ləitpaʀad] die Hitparade **III 6A, 4**

le **hobby** [lɔɔbi] das Hobby **I 4B**

un **homme** [ɛ̃nɔm] ein Mann **II 5B, 5**

la **honte** [laõt] die Schande **III 5C**
La honte! [laõt] Oh Schande!/Wie peinlich! **III 5C**

un **hôpital** [ɛ̃nɔpital] ein Krankenhaus **I 2A**

les **horaires** (m., pl.) [lezɔʀɛʀ] der Fahrplan **II 5B, 5**

l'**horreur** (f.) [lɔʀœʀ] der Horror ⟨**III M1**⟩
Quelle horreur! [kɛlɔʀœʀ] Wie schrecklich! ⟨**III M1**⟩

un **hôtel de ville** [ɛ̃nɔtɛldəvil] ein Rathaus (einer größeren Stadt) **II 7, 4**

un **hôtel-restaurant** [ɛ̃nɔtɛlʀɛstɔʀɑ̃] ein Hotel mit Gaststätte **II 7, 2**

l'**huile** (f.) [lɥil] das Öl/Speiseöl **I 7A**

le **Grand Huit** [ləgʀɑ̃ɥit] die Achterbahn **I 9**

I

ici [isi] hier **I 3B**

une **idée** [ynide] eine Idee **I 4C**
Ça, c'est une idée! [sasɛtynide] Das ist eine (tolle) Idee! **I 6B**
se changer les idées [səʃɑ̃ʒelezide] auf andere Gedanken kommen **III 3A**

idiot/idiote [idjo/idjɔt] idiotisch/blöd/doof **II 3A**

Il me manque qc. [ilməmɑ̃k] Mir fehlt etw. **III 5C**

Il s'est passé quelque chose? [ilsɛpasekɛlk(ə)ʃoz] Ist etwas passiert? **III 4A**

il y a [ilja] es gibt **I 2A**

il y a [ilja] vor (zeitlich) **III 3E**

Imaginez d'abord une suite. [imaʒinedabɔʀynsɥit] Denkt euch zunächst eine Fortsetzung aus. **I 8B, 1**
Imagine … [imaʒin] Stell dir … vor. **II 4B, 5**

l'**impératif positif/négatif** [lɛ̃peʀatifpozitif/negatif] der bejahte/verneinte Imperativ **III 4E**

important/importante [ɛ̃pɔʀtɑ̃/ɛ̃pɔʀtɑ̃t] wichtig **II 6C**

un **inconvénient** [ɛ̃nɛ̃kõvenjɑ̃] ein Nachteil **III 5A, 2**

une **infirmerie** [ynɛ̃fiʀməʀi] ein Krankenzimmer (einer Schule) **I 5E**

un **infirmier**/une **infirmière** [ɛ̃nɛ̃fiʀmje/ynɛ̃fiʀmjɛʀ] ein Krankenpfleger/eine Krankenschwester **III 5E**

les **infos** (pl., f.) (= les informations) [lezɛ̃fo] die Nachrichten **II 4C**

un **informaticien**/une **informaticienne** [ɛ̃nɛ̃fɔʀmatisjɛ̃/ynɛ̃fɔʀmatisjɛn] ein Informatiker/eine Informatikerin **III 5A**

une **information** [ynɛ̃fɔʀmasjõ] eine Information **I 4B, 1; II 6A, 4**
une information correcte [ynɛ̃fɔʀmasjõkɔʀɛkt] eine richtige Information **I 8B, 1**

informatique/informatique [ɛ̃fɔʀmatik] Informatik- ⟨**III 5Z**⟩

informer qn [ɛ̃fɔʀme] jdn. informieren **III 5B**

s'inquiéter [sɛ̃kjete] sich Sorgen machen **III 4B**

installer qc [ɛ̃stale] etw. anschließen/aufbauen **I 3B**
s'installer [sɛ̃stale] sich niederlassen **III 3C**
s'installer [sɛ̃stale] Platz nehmen **III 6A**
être bien installé/ée [ɛtʀbjɛ̃nɛstale] (es) sich gemütlich gemacht haben **III 6E**

un **instant** [ɛ̃nɛ̃stɑ̃] ein Augenblick **III 5B, 4**

un **instrument** (de musique) [ɛ̃nɛ̃stʀymɑ̃(dəmyzik)] ein (Musik-)Instrument **III 1A**

intelligent/intelligente [ɛ̃teliʒɑ̃/ɛ̃teliʒɑ̃t] schlau **III 4B**

intéressant/intéressante [ɛ̃teʀɛsɑ̃/ɛ̃teʀɛsɑ̃t] interessant; hier: günstig **II 3A**

intéresser qn [ɛ̃teʀɛse] jdn. interessieren **II 1**
s'intéresser à qc [sɛ̃teʀɛsea] sich für etw. interessieren **III 5E**
Ça vous intéresse? [savuzɛ̃teʀɛs] Interessiert euch/Sie das? **II 1**

(l')**Internet** (m.) [ɛ̃tɛʀnɛt] das Internet **I 3B**
sur Internet [syʀɛ̃tɛʀnɛt] im Internet **I 3B**

une **interro** (fam.) (= une interrogation) [ynɛ̃teʀo] eine Klassenarbeit/Schulaufgabe (ugs.) **I 4C**

interroger qn [ɛ̃teʀɔʒe] jdn. befragen/vernehmen **II 2A**

une **interview** [ynɛ̃tɛʀvju] ein Interview **III 5C**

un **journal intime** [ɛ̃ʒuʀnalɛ̃tim] ein Tagebuch **III 4A, 2**

une **invitation** [ynɛ̃vitasjõ] eine Einladung **I 8A**

inviter qn [ɛ̃vite] jdn. einladen **I 7A**
inviter qn à la fête [ɛ̃vitekɛlkɛ̃alafɛt] jdn. zur Fete/Party einladen **I 8E**

italien/italienne [italjɛ̃/italjɛn] italienisch **III 6A**

un **itinéraire** [ɛ̃nitineʀɛʀ] ein Weg ⟨**III 5Z**⟩

J

jaloux/jalouse [ʒalu/ʒaluz] eifersüchtig **III 4B**

ne … **jamais** [nə…ʒamɛ] nie/niemals **II 7**

la **jambe** [laʒɑ̃b] das Bein **II 2A**

le **jambon** [ləʒɑ̃bõ] der Schinken **II 4E**

janvier (m.) [ʒɑ̃vje] Januar **I 8A, 4**

jaune/jaune [ʒon/ʒon] gelb **II 3E**

un **jean** [ɛ̃dʒin] eine Jeans **II 3E**

je m'appelle … [ʒəmapɛl] ich heiße … **I**

J'en ai par-dessus le dos. (fam.) [ʒɑ̃nepaʀdəsyledo] Ich habe davon wirklich genug. (ugs.) ⟨**III 3Z**⟩

J'en ai ras le bol! (ugs.) [ʒɑ̃neʀalbɔl] Ich habe die Nase voll. **III 4C, 4**

un **jeu** [ɛ̃ʒø] ein Spiel **I 1, 7**
un jeu de sons [ɛ̃ʒød(ə)sõ] ein Spiel mit Lauten **I 1, 7**
un jeu de mots [ɛ̃ʒød(ə)mo] ein Wortspiel **I 4E**
un jeu de pantomime [ɛ̃ʒødəpɑ̃tomim] ein Spiel mit Pantomimen **I 8B, 3**
un jeu de nombres [ɛ̃ʒødənõbʀ] ein Spiel mit Zahlen **I 3A, 4**

156 cent cinquante-six

Liste des mots

un **jeu de dés** [ʒødəde] ein Würfel-
spiel I 3A, 5
un **jeu de cartes** [ɛ̃ʒød(ə)kaʀt] ein Kartenspiel I 4A, 5
jeudi *(m.)* [ʒødi] Donnerstag I 5B, 4
un **jeune**/une **jeune**/des **jeunes** [ɛ̃ʒœn/
ynʒœn/deʒœn] ein Jugendlicher/eine
Jugendliche/Jugendliche II 1
jeune/jeune [ʒœn/ʒœn] jung III 3A, 6
une **auberge de jeunesse**
[ynobɛʀʒdəʒœnɛs] eine Jugendherberge III 3A
le **jogging** [ləʒɔgiŋ] das Joggen
⟨III M1, 1⟩
joli/jolie [ʒɔli/ʒɔli] hübsch III 6B
un **jongleur** [ɛ̃ʒõglœʀ] ein Jongleur I 6C
jouer avec qn/qc [ʒweavɛk] mit jdm./
etw. spielen I 4C, 4
Jouez à quatre. [ʒweakatʀ] Spielt zu
viert. I 7E
en jouant [ɑ̃ʒwɑ̃] spielend ⟨III 3Z⟩
jouer au caïd [ʒweokaid] sich als Chef
aufspielen III 4A
jouer de la musique [ʒwedəlamyzik]
Musik machen III 1E
un **joueur**/une **joueuse** [ɛ̃ʒwœʀ/ynʒwøz]
ein Spieler/eine Spielerin ⟨III 1Z⟩
un **jour** [ɛ̃ʒuʀ] ein Tag II 2C; eines
Tages III 3E
un **journal**/des **journaux** [ɛ̃ʒuʀnal/
deʒuʀno] eine Zeitung III 3B
un **journal intime** [ɛ̃ʒuʀnalɛ̃tim] ein
Tagebuch II 4C, 3
une **journée** [ynʒuʀne] ein Tag
(im Verlauf) I 9
une journée portes ouvertes
[ynʒuʀnepɔʀtuvɛʀt] ein Tag der
offenen Tür II 6C
Joyeux anniversaire! [ʒwajøzaniveʀsɛʀ]
Herzlichen Glückwunsch zum
Geburtstag! I 3B
le **judo** [ləʒydo] Judo/der Judosport
II 1E
faire du judo [fɛʀdyʒydo] Judo
machen II 1E
juillet *(m.)* [ʒɥijɛ] Juli I 8A, 4
juin *(m.)* [ʒɥɛ̃] Juni I 8A, 4
être jumelé(e) avec… [ɛtʀʒymleavɛk]
eine Städte-/Schulpartnerschaft
haben mit … II 5A, 5
une **jupe** [ynʒyp] ein Rock II 1
le **jury** [ləʒyʀi] die Jury III 3A
un **jus** [ɛ̃ʒy] ein Saft I 7B
le jus d'orange [ləʒydɔʀɑ̃ʒ] der Orangensaft I 8A, 3
le jus de citron [ləʒydsitʀõ] der Zitronensaft I 7B

K

le **karaoké** [ləkaʀaɔke] das Karaoke I 4C
un **kilo** [ɛ̃kilo] ein Kilo I 7E
un kilo de … [ɛ̃kilədə] ein Kilo …
I 7A
un **kilomètre** [ɛ̃kilɔmɛtʀ] ein Kilometer
I 9
un **kiwi** [ɛ̃kiwi] eine Kiwi I 7E

L

là [la] da/dort I 2A
là-bas [laba] dort/dorthin II 5B
laisser qn/qc [lɛse] jdn./etw. lassen/
zurücklassen II 2C
Bon, je te laisse! [bõʒətəlɛs] Also, so
viel für heute! II 3A, 5
laisser tomber qc [lɛsetõbe] etw.
fallen lassen III 3B
Ne vous laissez pas faire!
[nəvulɛsepafɛʀ] Lasst euch nicht alles
gefallen! III 4C
laisser qc à qn [lɛse] jdm. etw. überlassen III 6C
le **lait** [lələɛ] die Milch II 4E
lancer qc [lɑ̃se] etw. werfen III 3B
une **langue** [ynlɑ̃g] eine Sprache II 6C
la langue maternelle [lalɑ̃gmatɛʀnɛl]
die Muttersprache ⟨III 5Z⟩
se laver [səlave] sich waschen III 6B
le **lundi** [ləlɛ̃di] montags/jeden Montag
I 5A
une **leçon** [ynləsõ] eine Lektion I 1
la **lecture** [lalɛktyʀ] die Lektüre III 1A
avant la lecture [avɑ̃lalɛktyʀ] vor dem
Lesen III 1A
un **légume** [ɛ̃legym] ein Gemüse I 7E
le **lendemain** [lələ̃dəmɛ̃] am Tag darauf
II 6E
une **lettre** [ynlɛtʀ] ein Brief II 2B
une **lettre de motivation**
[ynlɛtʀdəmotivasjõ] ein Bewerbungs-
brief ⟨III 5Z⟩
se lever [sələve] aufstehen III 2A
la **liaison** [laljɛzõ] die Bindung I 3B, 6
une **ligne** [ynliɲ] eine Zeile II 3C, 1
une **ligne** [ynliɲ] eine Linie II 5B, 4
une **ligne** [ynliɲ] eine Verbindung/
Leitung III 5B, 4
lire qc [liʀ] etw. lesen II 6B
Lisez … [lize] Lest … I 3E
Lisez le poème à deux.
[lizeləpɔemadø] Lest das Gedicht zu
zweit. I 3E
une **liste** [ynlist] eine Liste I 7A, 5

une **liste des courses** [ynlistdekuʀs]
eine Einkaufsliste/ein Einkaufszettel
I 7A, 5
un **lit** [ɛ̃li] ein Bett II 4C
un **livre** [ɛ̃livʀ] ein Buch I 8B, 3
local/locale [lɔkal/lɔkal] örtlich/lokal
III 5A
loin [lwɛ̃] weit II 5C
de loin [dəlwɛ̃] von weitem II 5C
les **loisirs** [lelwaziʀ] die Freizeit II 1, 5
long/longue [lõ/lõg] lang ⟨III M1⟩
le **look** [ləluk] der Look II 3E
un look d'enfer [ɛ̃lukdɑ̃fɛʀ] ein Wahnsinnslook II 3C
lorsque [lɔʀskə] wenn ⟨III 4Z⟩
lourd/lourde [luʀ/luʀd] schwer III 6E
lundi *(m.)* [lɛ̃di] (am) Montag/am
nächsten Montag I 4C
à lundi [alɛ̃di] Bis Montag! I 4C
lundi après-midi [lɛ̃diapʀemidi] Montagnachmittag I 5B
le lundi [ləlɛ̃di] montags/jeden Montag I 5A
lundi matin [lɛ̃dimatɛ̃] am Montag-
morgen I 5A
des **lunettes** *(f., pl.)* [delynɛt] eine Brille
II 6A, 3
un **lycée** [ɛ̃lise] ein Gymnasium/Lycée
III 2A

M

madame … [madam] Frau … *(als
Anrede)* I 1
Mme … [madam] Frau …*(Abkürzung
von* Madame*)* I 3A, 1
Mademoiselle [madmwazɛl] *Anrede für
eine junge Frau* II 3C, 3
un **magasin** [ɛ̃magazɛ̃] ein Geschäft/
Laden II 3A
un grand magasin [ɛ̃gʀɑ̃magazɛ̃]
ein Kaufhaus I 6A
un **magazine** [ɛ̃magazin] eine Zeitschrift II 5B
mai *(m.)* [mɛ] Mai I 8A, 4
un **maillot de bain** [ɛ̃majodəbɛ̃]
eine Badehose/ein Badeanzug/
ein Bikini II 1
une **main** [ynmɛ̃] eine Hand II 2A, 4
maintenant [mɛ̃t(ə)nɑ̃] jetzt I 5B
mais [mɛ] aber I 3B
Mais que faire? [mɛkəfɛʀ] Aber was
tun? I 8B
une **maison** [ynmezõ] ein Haus I 5B
rentrer à la maison [ʀɑ̃tʀealamezõ]
nach Hause gehen I 5B

cent cinquante-sept **157**

Liste des mots

le **mal** [ləmal] der Schmerz ⟨III 3Z⟩
avoir mal à la tête [avwaʀmalalatɛt] Kopfschmerzen haben I 5B
avoir le mal de mer [avwaʀləmaldəmɛʀ] seekrank werden ⟨III 3Z⟩
le mal du pays [ləmaldypɛi] das Heimweh ⟨III 3Z⟩

mal [mal] schlecht III 5A
Pas mal! [pamal] Ganz gut!/Nicht schlecht! II 2A, 4

mal payé/mal payée [malpɛje] schlechtbezahlt III 5A

malade [malad] krank I 5B
tomber malade [tõbemalad] krank werden III 1B

malheureux/malheureuse [maløʀø/maløʀøz] unglücklich III 4B

maman [mamã] Mama/Mami I 3A

mamie *(fam.)* [mami] Oma/Omi *(ugs.)* *(Anrede für die Oma)* I 7E

manger qc [mãʒe] etw. essen I 7C

manquer [mãke] fehlen III 5C

un **marché** [ɛ̃maʀʃe] ein Markt I 7E
au marché [omaʀʃe] auf den/dem Markt I 7E

Ça marche bien. [samaʀʃbjɛ̃] Es geht/klappt gut. III 1A

mardi *(m.)* [maʀdi] Dienstag I 5B, 4

se **marier** [səmaʀje] heiraten III 4B

une **marinade** [ynmaʀinad] eine Marinade *(Soße zum Einlegen von Fleisch und Gemüse)* I 7B

marocain/marocaine [maʀɔkɛ̃/maʀɔkɛn] marokkanisch ⟨III 4Z⟩

Ça marque! [samaʀk] Das vergisst man nicht! ⟨III 4Z⟩

marrant [maʀã] lustig/witzig I 4A

en avoir marre de qc *(fam.)* [ãnavwaʀmaʀdə] die Nase von etw. voll haben *(ugs.)* II 3C

mars *(m.)* [maʀs] März I 8A, 4

un **match** [ɛ̃matʃ] ein Spiel/eine Runde/Partie I 2B
On fait un match? [õfɛɛ̃matʃ] Spielen wir eine Partie? I 2B

le **matériel** [ləmateʀjɛl] die Ausrüstung III 1B

les **maths** *(f., pl.; fam.)* [lemat] Mathe = Mathematik I 5A

un **matin** [ɛ̃matɛ̃] ein Morgen I 5A; eines Morgens III 3A

mauvais/mauvaise [movɛ/movɛz] schlecht II 6A

le **maximum** [ləmaksimɔm] das Maximum II 1, 5

la **mayonnaise** [lamajɔnɛz] die Majonäse I 3E

un **mec**/des **mecs** *(fam.)* [ɛ̃mɛk/demɛk] ein Kerl/Kerle *(ugs.)* III 4C

un **mécanicien**/une **mécanicienne** [ɛ̃mekanisjɛ̃/ynmekanisjɛn] ein Kfz-Mechaniker/eine Kfz-Mechanikerin III 5E

méchant/méchante [meʃã/meʃãt] böse III 4B

une **médaille** [ynmedaj] eine Medaille ⟨III M1, 4⟩

les **médias** *(m., pl.)* [lemedja] die Medien III 5B

le **meilleur**/la **meilleure**/les **meilleurs**/les **meilleures** ... [ləmɛjœʀ/lamɛjœʀ/lemɛjœʀ/lemɛjœʀ] der beste/die beste/das beste/die besten ... III 6A

une **mélodie** [ynmelɔdi] eine Melodie ⟨III 3Z⟩

un **membre** [ɛ̃mãbʀ] ein Mitglied ⟨III 3Z⟩

le **même**/la **même**/les **mêmes** [ləmɛm/lamɛm/lemɛm] derselbe/dieselbe/dasselbe/dieselben II 3C
en même temps [ãmɛmtã] gleichzeitig ⟨III 4Z⟩

même [mɛm] sogar III 1A

un **menteur**/une **menteuse** [ɛ̃mãtœʀ/ynmãtøz] ein Lügner/eine Lügnerin III 4B

mentir [mãtiʀ] lügen II 4B
mentir à qn [mãtiʀ] jdn. anlügen/belügen II 7

la **mer** [lamɛʀ] das Meer II 2B

Merci. [mɛʀsi] Danke. I 1

mercredi *(m.)* [mɛʀkʀədi] Mittwoch I 5B, 4

la **mère** [lamɛʀ] die Mutter I 6E

un **message** [ɛ̃mesaʒ] eine Nachricht II 4B

la **météo** [lameteo] der Wetterbericht/die Wettervorhersage III 5B
le bulletin météo [ləbyltɛ̃meteo] der Wetterbericht III 6C, 6

un **métier** [ɛ̃metje] ein Beruf III 4B

le **métro** [ləmetʀo] die Metro/U-Bahn I 6A
prendre le métro [pʀãdʀləmetʀo] die Metro nehmen I 6A

mettre qc [mɛtʀ] etw. setzen/stellen/legen; *hier:* etw. hineintun I 7B; *hier:* etw. anziehen/anlegen I 7C
mettre la table [mɛtʀlatabl] den Tisch decken I 7C
mettre la radio fort [mɛtʀ(ə)laʀadjofɔʀ] das Radio laut stellen II 4A
mettre de l'ambiance *(f.)* [mɛtʀdəlãbjãs] für Stimmung sorgen III 1A
se mettre à table [səmɛtʀatabl] zu Tisch/zum Essen kommen III 2A

un **micro** [ɛ̃mikʀo] *(= un microphone)* ein Mikrofon III 5B

à **midi** [amidi] mittags I 5A
ce midi [səmidi] heute Mittag II 4A

midi et demie [midied(ə)mi] halb eins I 6B

mieux [mjø] besser II 4C

mince/mince [mɛ̃s] dünn II 6A, 3

un **minibus** [ɛ̃minibys] ein Kleinbus/Campingbus/Van III 6A

une **minijupe** [ynminiʒyp] ein Minirock II 3E

au **minimum** [ominimɔm] mindestens II 1, 5

Une minute! [ynminyt] Einen Moment (mal)! I 6A
une minute [ynminyt] eine Minute I 3B

la **MJC** *(= Maison des Jeunes et de la Culture)* [laɛmʒie] das MJC, *entspricht dem deutschen Jugendhaus* III 4A

Mme ... [madam] Frau ... *(Abkürzung von Madame)* I 3A, 1

moche/moche [mɔʃ] hässlich II 3B

la **mode** [lamɔd] die Mode II 3C, 2
être à la mode [ɛtʀalamɔd] modern sein/sich modisch kleiden II 3C, 2

moi [mwa] ich *(betont)* I
avec moi [avɛkmwa] mit mir I 3E
C'est à moi. [sɛtamwa] Ich bin dran. I 7A
C'est moi ... [sɛmwa] Ich *(betont)* bin ... II 3B, 4
chez moi [ʃemwa] bei mir I 4C

moins [mwɛ̃] weniger I 7A, 3
quatre heures moins dix [katʀœʀmwɛ̃dis] zehn vor vier I 5B
quatre heures moins le quart [katʀœʀmwɛl(ə)kaʀ] Viertel vor vier I 5B
au moins [omwɛ̃] wenigstens II 4E
moins fort [mwɛ̃fɔʀ] leiser II 4A

moins ... que [mwɛ̃ ... kə] weniger ... als III 6E

un **mois** [ɛ̃mwa] ein Monat III 1E

un **moment** [ɛ̃mɔmã] ein Moment III 3A
en ce moment [ãsəmɔmã] zurzeit II 3C, 3
à ce moment-là [asəmɔmãla] in diesem Augenblick III 6B

le **monde** [ləmõd] die Welt II 7

Liste des mots

monsieur ... [məsjø] Herr ... *(als Anrede)* I 1

M. ... [məsjø] Herr ... *(Abkürzung von Monsieur)* I 3A, 1

monter qc [mõte] *hier:* etw. aufstellen/ aufbauen III 6B

monter [mõte] hinaufgehen/hinauf- steigen II 2B

monter (dans qc) [mõte] (in etw.) ein- steigen II 5A

monter une pièce [mõteynpjɛs] ein Bühnenstück vorbereiten III 3C

une **montre** [ynmõtʀ] eine Armband- uhr III 6C

montrer qc [mõtʀe] etw. zeigen I 4E

Je montre le collège à Nicolas. [ʒəmõtʀləkɔlɛʒanikɔla] Ich zeige Nico- las das Collège. I 5A

un **morceau**/des **morceaux** [ɛ̃mɔʀso/ demɔʀso] ein Stück/Stücke III 1A

un **mot** [ɛ̃mo] ein Wort I 1, 6; II 6B

un **mot-clé**/des **mots-clés** [ɛ̃mokle/ demokle] ein Schlüsselwort/Schlüs- selwörter II 6B

mou/molle [mu/mɔl] weich ⟨III 5Z⟩

mouillé [muje] nass I 9

une **mousse au chocolat** [ynmusoʃɔkɔla] eine Mousse au chocolat III 2A

la **moyenne** [lamwajɛn] der Durch- schnitt ⟨III M1⟩

avoir la moyenne [avwaʀlamwajɛn] ausreichend haben ⟨III M1⟩

un **musicien** [ɛ̃myzisjɛ̃] ein Musiker I 6C

la **musique** [lamyzik] die Musik I 4E

une école de musique [ynekɔldəmyzik] eine Musikschule I 4E

la musique pop-rock [lamyzikpɔpʀɔk] die Rock-Pop-Musik III 1E

N

nager [naʒe] schwimmen II 1

naïf/naïve [naif/naiv] naiv III 4A, 4

la **naissance** [lanɛsãs] die Geburt ⟨III 4Z⟩

la **natation** [lanatasjõ] das Schwimmen II 1E

faire de la natation [fɛʀdəlanatasjõ] schwimmen II 1E

ne ... même pas [nəmɛmpa] nicht ein- mal III 3B

ne ... pas [nə...pa] nicht I 4B

ne ... pas encore [nə...pa(z)ãkɔʀ] noch nicht II 2C

ne ... rien [nə... ʀjɛ̃] nichts II 2C

ne ... plus [nə...ply] nicht mehr II 3C

ne ... pas de ... [nə...padə] kein/ keine/keinen ... II 4A

ne ... plus de ... [nə...plydə] kein/ keine/keinen ... mehr II 4A

ne ... pas du tout [ne...padytu] über- haupt nicht II 6C, 2

ne ... jamais [nə...ʒamɛ] nie/niemals II 7

ne ... pas non plus [nə...panõply] auch nicht II 7

ne ... toujours pas [nətuʒuʀpa] immer noch nicht III 3B

ne ... personne [nə...pɛʀsɔn] nie- mand III 5B

Ne fais pas la difficile! [nəfɛpaladifisil] *hier:* Stell dich (jetzt) nicht so an! III 6C

Ne quittez pas. [nəkitepa] Bitte bleiben Sie am Apparat. III 5B, 4

je suis né/née [ʒəsɥine] ich bin geboren III 4A

la **neige** [lanɛʒ] der Schnee III 6C, 5

neiger [nɛʒe] schneien III 6C, 5

nerveux/nerveuse [nɛʀvø/nɛʀvøz] auf- geregt/nervös III 5B

ne ... toujours pas [nətuʒuʀpa] immer noch nicht III 3B

n'importe quoi [nɛ̃pɔʀt(ə)kwa] Quatsch/Blödsinn III 4B

noir/noire [nwaʀ/nwaʀ] schwarz II 3E

un **nom** [ɛ̃nõ] ein Name I 4B

un **nombre** [ɛ̃nõbʀ] eine Zahl I 3E

Non. [nõ] Nein. I 1

..., non? [nõ] ..., nicht wahr/oder? I 2B

un **non-fumeur** [ɛ̃nõfymœʀ] ein Nicht- raucher II 5B, 5

normal/normale [nɔʀmal/nɔʀmal] nor- mal III 6B

une **note** [ynnɔt] eine Note/Schulnote I 7C

une super note [ynsypɛʀnɔt] eine Supernote I 7C

prendre des notes [pʀãdʀdenɔt] sich Notizen machen II 6B

noter qc [nɔte] etw. notieren III 3A

un **nouveau** [ɛ̃nuvo] ein Neuer/neuer Schüler I 5E

nouveau/nouvel/nouvelle/nouveaux/ nouvelles [nuvo/nuvɛl/nuvɛl/nuvo/ nuvɛl] neu II 3B

novembre *(m.)* [nɔvãbʀ] November I 8A, 4

un **nuage** [ɛ̃nɥaʒ] eine Wolke III 6A

la **nuit** [lanɥi] die Nacht III 2A

Bonne nuit! [bɔnnɥi] Gute Nacht! III 2A

nul/nulle [nyl/nyl] blöd/doof/öde/ schlecht II 4B

C'est nul. *(fam.)* [sɛnyl] Das ist doof/ blöd/öde. *(ugs.)* II 1

C'est trop nul! [sɛtʀonyl] Das ist zu/ total doof! II 3E

un **numéro** [ɛ̃nymeʀo] eine Nummer I 5A, 6

un numéro de téléphone [ɛ̃nymeʀodətelefɔn] eine Telefonnum- mer I 5A, 6

un numéro de portable [ɛ̃nymeʀod(ə)pɔʀtabl] eine Handy- nummer I 8A

le numéro de ligne directe [lənymeʀodəliɲədiʀɛkt] die Durch- wahlnummer III 5B, 4

O

s'occuper de qn/qc [sɔkypedə] sich um jdn./etw. kümmern III 2E

octobre *(m.)* [ɔktɔbʀ] Oktober I 5B, 4

un **œil**/des **yeux** [ɛ̃nœj/dezjø] ein Auge/ Augen II 6A, 3

Mon œil! *(fam.)* Wer's glaubt, wird selig!/Von wegen! *(ugs.)* II 4B

une **offre** [ynɔfʀ] ein Angebot III 3E

offrir qc à qn [ɔfʀiʀ] jdm. etw. anbie- ten/schenken II 7

offrir son aide à qn [ɔfʀiʀsõnɛd] jdm. seine Hilfe anbieten II 7

offrir un verre à qn [ɔfʀiʀɛ̃vɛʀ] jdn. auf ein Glas einladen II 7, 5

Oh là là! [olala] Ah! *(Ausdruck der Über- raschung)* I 8B

un **oignon** [ɛ̃nɔɲõ] eine Zwiebel I 7E

O.K. [ɔke] o.k. I 8E

On sonne. [õsɔn] Es *(= jemand)* klin- gelt. II 4A

on dit [õdi] man sagt I 1, 4

on fait [õfɛ] man macht/wir machen I 2B

un **oncle** [ɛ̃nõkl] ein Onkel II 5C, 3

un **orage** [ɛ̃nɔʀaʒ] ein Gewitter III 6C, 5

une **orange** [ynɔʀãʒ] eine Orange/ Apfelsine I 2A

un **ordinateur** [ɛ̃nɔʀdinatœʀ] ein Com- puter I 3B

un **ordre** [ɛ̃nɔʀdʀ] ein Befehl III 4B

organiser qc [ɔʀganize] etw. organisie- ren I 8E

cent cinquante-neuf **159**

Liste des mots

s'organiser [sɔʀganize] sich organisieren **III 2E**
ou [u] oder **I 3A**, 3
où [u] wo/wohin **I 2A**
  C'est où? [sɛu] Wo ist das? **I 2A**
  d'où [du] woher **I 2B**
  Tu vas où? [tyvau] Wohin gehst du?
  I 5A, 2
  Où est … ? [uɛ] Wo ist … ? **I 3A**
où [u] *(Relativpronomen) (Ort)* **III 1E**
Ouah! [wa] Wau! **I**
Ouais! *(fam.)* [wɛ] Ja! *(ugs.)* **II 3E**
oublier qc [ublije] etw. vergessen **II 4A**
  oublier l'heure *(f.)* [ublijelœʀ] die Zeit
  vergessen **III 2C**
Ouf! [uf] Uff! **I 9**
Ben oui. [bɛ̃wi] Na klar! **I 7C**
oui [wi] Ja. **I 1**
ouvert/ouverte [uvɛʀ/uvɛʀt] offen **II 6C**
  une journée portes ouvertes
  [ynʒuʀnepɔʀtuvɛʀt] ein Tag der offenen Tür **II 6C**
ouvrir qc [uvʀiʀ] etw. öffnen **II 7**

P

une page [ynpaʒ] eine Seite **I 4E**
  une page Internet [ynpaʒɛ̃tɛʀnɛt] eine
  Internetseite **I 4E**
le pain [ləpɛ̃] das Brot **II 4E**
paniquer [panike] in Panik geraten
  II 2C
un pantalon [ɛ̃pɑ̃talɔ̃] eine Hose **II 1**
un jeu de pantomime [ɛ̃ʒødəpɑ̃tɔmim]
  ein Spiel mit Pantomimen **I 8B**, 3
papa [papa] Papa **I 3A**
papi *(fam.)* [papi] Opa *(Anrede für den
  Opa)* **II 4B**
Pâques *(f., pl.)* [pak] Ostern **II 5E**
un paquet [ɛ̃pakɛ] ein Paket/Stapel
  I 4A, 5
par exemple [paʀɛgzɑ̃pl] zum Beispiel
  II 6A
  par terre [paʀtɛʀ] auf den/dem
  Boden **III 3B**
  par cœur [paʀkœʀ] auswendig
  ⟨**III 4Z**⟩
un paragraphe [ɛ̃paʀagʀaf] ein
  Abschnitt **III 3A**, 2; **III 6B**, 2
un parc [ɛ̃paʀk] ein Park **I 2B**
parce que [paʀskə] weil **I 8A**
Pardon. [paʀdɔ̃] Entschuldigung. **I 7A**
(être) pareil/pareille [paʀɛj/paʀɛj]
  gleich (sein) **III 2A**
  C'est toujours pareil avec toi. Es ist
  immer dasselbe mit dir. **III 6C**

entre parenthèses *(f., pl.)* [ɑ̃tʀəparɑ̃tɛz]
  in Klammern **III 4B**, 3
les parents *(m., pl.)* [lepaʀɑ̃] die Eltern
  I 8B
parfois [paʀfwa] manchmal **III 3C**
parler (de qc) à qn/avec qn mit jdm.
  (über etw.) sprechen **II 6B**
  Tu parles! [typaʀl] Von wegen!
  ⟨**III M2**⟩
parmi eux/elles [paʀmiø/ɛl] unter
  ihnen *(bei Personen)* **III 3C**
une parole [ynpaʀɔl] ein Wort ⟨**III M2**, 3⟩
partager qc [paʀtaʒe] etw. teilen **II 2B**
une partie [ynpaʀti] ein Teil/Abschnitt
  I 6C, 1
partir [paʀtiʀ] weggehen **II 4B**
  partir en vacances *(f., pl.)*
  [paʀtiʀɑ̃vakɑ̃s] in (die) Ferien/in (den)
  Urlaub fahren **II 5E**
partout [paʀtu] überall **II 6C**
Pas mal! [pamal] Ganz gut!/Nicht
  schlecht! **II 2A**, 4
ne … toujours pas [nətuʒuʀpa] immer
  noch nicht **III 3B**
  ne … même pas [nəmɛmpa] nicht
  einmal **III 3B**
  Pas comme toi. [pakɔmtwa] Nicht wie
  du. **III 5A**
ne … pas [nə…pa] nicht **I 4B**
  Pas de problème! [pad(ə)pʀɔblɛm]
  Kein Problem! **I 7A**, 2
  Oh non, pas elle! *(fam.)* [ɔnɔ̃paɛl] Oh
  nein, bloß nicht die schon wieder!
  (ugs.) **II 3A**
  ne … pas de … [nə…padə] kein/
  keine/keinen … **II 4A**
Pas de souci! [padsusi] Keine Sorge!
  III 2A
le passé [ləpase] die Vergangenheit
  III 3E
le passé composé [ləpasekɔ̃poze] das
  Passé composé **II 2E**
  passer (les/ses vacances) [pasele/
  sevakɑ̃s] (die) Ferien verbringen **II 1**
passer qc [pase] etw. geben/reichen
  II 4C, 2
  Je vous le/la passe. [ʒəvulə/lapas] Ich
  gebe ihn/sie Ihnen. **III 5B**, 4
se passer [səpase] sich ereignen **III 2C**
passer un concours [paseɛ̃kɔ̃kuʀ] an
  einem Wettbewerb teilnehmen **III 5A**
  passer (devant qc/qn) [pasedəvɑ̃] (an
  etw./jdm.) vorbeigehen/-laufen
  ⟨**III M1**⟩
passif/passive [pasif/pasiv] passiv **III 4A**, 4
une passion [ynpasjɔ̃] eine Leidenschaft ⟨**III 6Z**⟩

la pâte [lapat] der Teig ⟨**III 5Z**⟩
la patience [la pasjɑ̃s] die Geduld
  ⟨**III 5Z**⟩
patient/patiente [pasjɑ̃/pasjɑ̃t] geduldig
  III 4B
payer [peje] bezahlen **III 5A**
un pays [ɛ̃pei] ein Land **III 6B**
avoir la pêche *(fam.)* [avwaʀlapɛʃ] sehr
  gut drauf sein *(ugs.)* **III 3C**, 3
la peine [lapɛn] die Mühe **III 5B**
un peintre [ɛ̃pɛ̃tʀ] ein Maler **I 6B**
pendant [pɑ̃dɑ̃] während **II 3A**
  pendant des heures [pɑ̃dɑ̃dezœʀ]
  stundenlang **II 3A**
  pendant ce temps [pɑ̃dɑ̃s(ə)tɑ̃] währenddessen **II 6B**
pendant que [pɑ̃dɑ̃kə] während **III 3B**
penser à qn/qc [pɑ̃sea] an jdn./etw.
  denken **I 8B**
penser de qc [pɑ̃sedə] über etw. denken
  II 6C
pensif/pensive [pɑ̃sif/pɑ̃siv] nachdenklich **III 4A**
perdre qc [pɛʀdʀ] etw. verlieren **II 5C**
le père [ləpɛʀ] der Vater **I 6E**
une personne [pɛʀsɔn] eine Person **I 6A**
Personne ne … [pɛʀsɔnnə] Niemand …
  III 3B
une petite peste [ynp(ə)tipɛst] eine Nervensäge **II 3B**
petit/petite [p(ə)ti/p(ə)tit] klein **III 3B**
  une petite peste [ynp(ə)titpɛst] eine
  Nervensäge **II 3B**
  un petit/une petite/des petits/des
  petites [ɛ̃pəti/ynpətit/depəti/depətit]
  ein Kleiner/eine Kleine/Kleine **III 4E**
  le petit copain/la petite copine
  [ləp(ə)titkɔpɛ̃/lap(ə)titkɔpin] der
  Freund/die Freundin (mit dem/der
  man „geht") **II 3B**, 4
un petit-déjeuner [ɛ̃p(ə)tideʒøne] ein
  Frühstück **II 2E**
les petits-enfants *(m., pl.)* [leptizɑ̃fɑ̃]
  die Enkel(kinder) **II 5A**, 1
un peu [ɛ̃pø] ein bisschen/wenig **I 6C**, 3
  un peu de … [ɛ̃pødə] ein wenig/bisschen … *((bei Mengen))* **I 7B**
  peu de … [pødə] wenig/wenige **III 1B**
la peur [lapœʀ] die Angst **II 2C**
  avoir peur de qn/qc [avwaʀpœʀ]
  Angst vor jdm./etw. haben **II 2C**
  Tu as eu peur pour ton copain.
  [tyaypœʀpuʀtɔ̃kɔpɛ̃] Du hast Angst
  um deinen Freund bekommen. **II 2C**
peureux/peureuse [pøʀø/pøʀøz] ängstlich **III 6C**
peut-être [pøtɛtʀ] vielleicht **II 4B**

160 cent soixante

Liste des mots

une **photo** [ynfɔto] ein Foto I 4E
prendre des photos [pʀãdʀdefɔto]
Fotos machen/fotografieren I 6A
une **photocopie** [ynfɔtɔkɔpi] eine Fotokopie III 5A
la **photographie** [lafɔtɔgʀafi] die Foto-
grafie ⟨III 5Z⟩
une **phrase** [ynfʀaz] ein Satz I 2E
la **physique** (f.) [lafizik] Physik (als
Schulfach) ⟨III M1⟩
une **pièce** [ynpjɛs] eine Münze/ein
Geldstück III 3B
une **pièce** (de théâtre) [ynpjɛs] ein
(Theater-)Stück III 3C
monter une pièce [mõteynpjɛs] ein
Bühnenstück vorbereiten III 3C
une **pièce jointe** [ynpjɛsʒwɛ̃t] hier: eine
Anlage ⟨III 5Z⟩
un **pied** [ɛ̃pje] ein Fuß II 2A, 4
à pied [apje] zu Fuß II 5C
un **piercing** [ɛ̃pɛʀsiŋ] ein Piercing
II 6A, 3
le **ping-pong** [ləpiŋpõg] (das) Tischtennis (als Sportart) I 4B
un **pique-nique** [ɛ̃piknik] ein Picknick
I 9
la **piscine** [lapisin] das Schwimmbad
⟨III M1, 1⟩
une **pizza** [ynpidza] eine Pizza I 6A, 3
une **place** [ynplas] ein Platz I 6B
prendre place [pʀãdʀplas] Platz nehmen II 5B
faire de la place [fɛʀdəlaplas] Platz
machen III 2E
une **plage** [ynplaʒ] ein Strand II 2B
plaire à qn [plɛʀ] jdm. gefallen II 3A
Le sketch m'a plu. [ləskɛtʃmaply] Der
Sketch hat mir gefallen. II 6C
s'il te plaît [siltəplɛ] bitte (zu jemandem, den man duzt) I 5B
s'il vous plaît [silvuplɛ] bitte (zu jemandem, den man siezt bzw. zu mehreren
Personen) I 5B
un **plan** [ɛ̃plã] ein Plan; hier: ein Stadt-
plan I 2E; ein Übersichtsplan I 9
le premier plan [ləpʀəmjeplã] der Vordergrund III 3B, 3
le second plan [ləsəgõplã] der Hintergrund III 3B, 3
faire le plein [fɛʀləplɛ̃] volltanken
III 6A
plein/pleine [plɛ̃/plɛn] voll III 6A
pleurer [plœʀe] weinen III 3B
Il pleut. [ilplø] Es regnet. III 6A
Plouf! [pluf] Platsch! I 9
la **pluie** [laplɥi] der Regen III 6A
plus [plys] mehr I 7A, 3

A plus! (fam.) Bis dann! (ugs.)/
Tschüs! II 4B, 5
ne … plus [nə…ply] nicht mehr II 3C
ne … plus de … [nə…plydə] kein/
keine/keinen … mehr II 4A
plusieurs [plyzjœʀ] mehrere II 6C
le **plus-que-parfait** [ləplyskəpaʀfɛ] das
Plusquamperfekt III M1, 1
plus tard [plytaʀ] später I 3B
plutôt [plyto] eher III 4A
une **poche** [ynpɔʃ] eine (Hosen-)Tasche
II 7
un **poème** [ɛ̃pɔɛm] ein Gedicht I 3E
les **points communs** [lepwɛ̃kɔmœ̃] die
Gemeinsamkeiten ⟨III 4Z⟩
la **pointure** [lapwɛ̃tyʀ] die (Schuh-)-
Größe II 3C, 3
Quelle est votre pointure? Welche
Schuhgröße haben Sie? II 3C, 3
le **poivre** [ləpwavʀ] der Pfeffer I 7B
la **police** [lapɔlis] die Polizei II 2E
une **pomme** [ynpɔm] ein Apfel I 7E
pomper (fam.) [põpe] abschreiben
(ugs.) III 2B
un **portable** [ɛ̃pɔʀtabl] ein Handy I 8A
une **porte** [ynpɔʀt] eine Tür II 2B
un **porte-bonheur**/des **porte-bonheurs**
[ɛ̃pɔʀtbɔnœʀ/depɔʀtbɔnœʀ] ein
Glücksbringer I 7C
un **portefeuille** [ɛ̃pɔʀt(ə)fœj] eine Brieftasche I 9
porter qc [pɔʀte] etw. tragen II 3E
un **portrait** [ɛ̃pɔʀtʀɛ] ein Porträt/Bild
(einer Person) I 6B
poser des questions à qn [pozedekɛstjõa]
jdm. Fragen stellen II 6E
Posez des questions. [pozedekɛstjõ]
Stellt Fragen. I 2B, 2
possible/possible [pɔsibl] möglich
III 1B
Ce n'est pas possible! [sənɛpapɔsibl]
Das darf doch (wohl) nicht wahr
sein! III 1B
la **poste** [lapɔst] die Post II 7, 10
un **poulet** [ɛ̃pulɛ] ein Hähnchen I 1
pour [puʀ] für I 3E
pour qui [puʀki] für wen I 4A, 3
pour moi [puʀmwa] für mich I 6C
pour trouver … [puʀtʀuve] um … zu
finden I 7C
pour … [puʀ] was … angeht II 6A
pour rien [puʀʀjɛ̃] wegen nichts; hier:
wegen jeder Kleinigkeit III 3E
pour finir [puʀfiniʀ] zum Schluss; hier:
obendrein ⟨III M1⟩
un **pour cent** [ɛ̃puʀsã] ein Prozent
II 6C

Pourquoi …? [puʀkwa] Warum …? I 8A
pousser qn [puse] jdn. stoßen/schub-
sen II 2A
Ils m'ont poussé. [ilmõpuse] Sie
haben mich gestoßen/geschubst.
II 2A
pouvoir [puvwaʀ] können I 9
pouvoir faire qc [puvwaʀfɛʀ] etw. tun
können I 9
le **sport préféré** [ləspɔʀpʀefeʀe] die
Lieblingssportart II 1E
préféré/préférée [pʀefeʀe/pʀefeʀe]
Lieblings- II 5B
préférer faire qc [pʀefeʀefɛʀ] vorziehen
etw. zu tun/etw. lieber tun I 7C
le **premier**/la **première**/les **premiers**/
les **premières** … [ləpʀəmje/lapʀəmjɛʀ/
lepʀəmje/lepʀəmjɛʀ] der erste/die ers-
te(n)/das erste … II 5B
le premier mars [ləpʀəmjemaʀs] der
erste März I 8A, 4
le premier plan [ləpʀəmjeplã] der Vordergrund III 3B, 3
prendre qc [pʀãdʀ] etw. nehmen I 6A
prendre des photos [pʀãdʀdefɔto]
Fotos machen/fotografieren I 6A
prendre l'escalier [pʀãdʀlɛskalje] die
Treppe nehmen I 6A
prendre le métro [pʀãdʀləmetʀo] die
Metro nehmen I 6A
Qu'est-ce que vous prenez?
[kɛskəvupʀəne] Was darf es sein? I 6C
prendre son petit-déjeuner
[pʀãdʀsõp(ə)tideʒøne] frühstücken
II 2E
Prenez des notes. [pʀənedenɔt] Macht
euch Notizen. II 4B, 5
prendre place [pʀãdʀplas] Platz nehmen II 5B
prendre qc à qn [pʀãdʀ] hier: jdm.
etw. wegnehmen II 6E
prendre de l'essence [pʀãdʀdəlɛsãs]
tanken III 6A
prendre contact avec qn
[pʀãdʀkõtaktavɛk] mit jdm. Kontakt
aufnehmen II 6A, 4
prendre une décision [pʀãdʀyndesizjõ]
eine Entscheidung treffen III 1A, 5
se prendre pour qn [səpʀãdʀpuʀ] sich
für jdn. halten III 4A
un **prénom** [ɛ̃pʀenõ] ein Vorname I 4B
la **préparation** [lapʀepaʀasjõ] die Vorbereitung ⟨III 5Z⟩
préparer qc [pʀepaʀe] etw. vor-/zube-
reiten I 3A
se préparer [səpʀepaʀe] sich vorbereiten III 2B

cent soixante et un **161**

Liste des mots

une **préposition** [ynpʀepozisjõ] eine Präposition II 2B, 4

près [pʀɛ] nahe II 5C

près de qc [pʀɛdə] nahe bei/neben etw. II 5C

le **présent** [ləpʀezã] die Gegenwart/das Präsens II 2E

présenter qc [pʀezãte] etw. vorstellen/präsentieren II 1E; etw. vorstellen II 5B

se présenter [səpʀezãte] sich vorstellen III 3A

se présenter à un casting [səpʀezãteaẽkastiŋ] sich um ein Casting bewerben III 3A

présenter qn à qn [pʀezãte] jdn. jdm. vorstellen III 5B

presque [pʀɛsk] fast/beinahe III 1B

être **pressé(s)/pressée(s)** [ɛtʀpʀese] es eilig haben II 5C

prêt/prête [pʀɛ/pʀɛt] fertig/bereit III 1B

prêter qc [pʀɛte] etw. leihen III 6B

une **preuve** [ynpʀœv] ein Beweis II 3C, 1

un **principal**/une **principale** [ẽpʀẽsipal/ynpʀẽsipal] ein Rektor/eine Rektorin *(am Collège)* II 6A

une **prise** (de judo) [ynpʀiz] ein (Judo-)Griff ⟨III M1, 5⟩

un **prix**/des **prix** [ẽpʀi/depʀi] ein Preis/Preise II 3A

un **problème** [ẽpʀɔblɛm] ein Problem I 3B

prochain/prochaine [pʀɔʃẽ/pʀɔʃɛn] nächster/nächste/nächstes II 5C

produire qc [pʀɔdɥiʀ] etw. herstellen ⟨III 5Z⟩

un/une **prof** *(fam.)* = un/une **professeur** [ẽ/ynpʀɔf] ein Lehrer/eine Lehrerin *(ugs.)* I 4E

un/une prof d'allemand *(fam.)* [ẽ/ynpʀɔfdalmã] ein Deutschlehrer/eine Deutschlehrerin *(ugs.)* I 4E

un **professeur des écoles** [ẽpʀɔfɛsœʀdezekɔl] ein Grundschullehrer III 5E

le **professeur principal**/la **professeur principale** [ləpʀɔfɛsœʀpʀẽsipal/lapʀɔfɛsœʀpʀẽsipal] der Klassenlehrer/die Klassenlehrerin II 6A

professionnel/professionnelle [pʀɔfɛsjɔnɛl/pʀɔfɛsjɔnɛl] beruflich ⟨III 5Z⟩

un **programme** [ẽpʀɔgʀam] ein Programm III 5A

programmer qc [pʀɔgʀame] etw. programmieren III 5C

un **projet** [ẽpʀɔʒɛ] ein Projekt I 4E

promettre à qn de faire qc [pʀɔmɛtʀ] jdm. versprechen etw. zu tun II 3A

Promis! [pʀɔmi] Versprochen! II 3A

un **pronom tonique** [ẽpʀonõtɔnik] ein betontes Personalpronomen III 1A, 4

la **propreté** [lapʀɔpʀəte] die Sauberkeit III 5E

la **pub** [lapyb] *(fam.)* (= la publicité) die Werbung *(ugs.)* III 4A

le **public** [ləpyblik] das Publikum/die Öffentlichkeit III 3C

la **publicité** [lapyblisite] die Werbung III 4A

puis [pɥi] dann/danach I 4B

un **pull** [ẽpyl] ein Pulli I 2E

la **purée** [lapyʀe] das Püree II 4A

un **pyjama** [ẽpiʒama] ein Schlafanzug III 2A

Q

un **quai** [ləkɛ] der Bahnsteig ⟨III 3Z⟩

la **qualité** [lakalite] die Qualität; *hier:* die (gute) Eigenschaft III 5E

quand [kã] wann I 6C, 4

quand [kã] wenn/als II 7

quand même [kãmɛm] trotzdem III 2B

quatre heures moins le quart [katʀœʀmwẽ(ə)kaʀ] Viertel vor vier I 5B

un **quart d'heure** [ẽkaʀdœʀ] eine Viertelstunde III 1B

un **quart d'heure** [ẽkaʀdœʀ] eine Viertelstunde III 1B

un **quartier** [ẽkaʀtje] ein Stadtviertel I 2A

aussi ... que [osi ... kə] so ... wie III 6E

moins ... que [mwẽ ... kə] weniger ... als III 6E

que [kə] *(Relativpronomen, Objekt)* III 1E

Que ...? [kə] Was ... ? I 3A

Qu'est-ce que ...? [kɛskə] Was ...? I 2B

Qu'est-ce que c'est? [kɛskəsɛ] Was ist das? I 2B

Qu'est-ce que c'est en français? [kɛskəsɛãfʀãsɛ] Was heißt das auf Französisch? I 2B

Que fait ... ? [kəfɛ] Was macht ... ? I 3A

Que font ...? [kəfõ] Was machen ... ? I 3A

Qu'est-ce qu'il y a ... ? [kɛskilja] Was ist/gibt es ... ? I 3B

Qu'est-ce qu'il y a? [kɛskilja] *hier:* Was ist los/Was gibt es? I 5B

Qu'est-ce qui se passe ...? [kɛskispas] Was ist los? ⟨III M2⟩

que [kə] dass *(Konjunktion)* II 6C

il explique que ... [ilɛksplikkə] er erklärt, dass ... II 6C

quel/quelle/quels/quelles [kɛl/kɛl/kɛl/kɛl] welcher/welche/welches II 5B

Quelle journée! [kɛlʒuʀne] Was für ein Tag! II 5C, 5

Quel titre va avec quelle partie du texte? Welcher Titel passt zu welchem Textteil? I 6A, 1

Quelle est votre pointure? Welche Schuhgröße haben Sie? II 3C, 3

Elles ont quel âge? [ɛlzõkɛlaʒ] Wie alt sind sie? I 4C, 2

quelques [kɛlkə] einige/ein paar II 5B

quelque chose [kɛlk(ə)ʃoz] etwas II 6A

quelqu'un [kɛlkẽ] jemand III 5B, 5

une **question** [ynkɛstjõ] eine Frage I 2B, 4; II 6E

qui [ki] *(Relativpronomen, Subjekt)* III 1E

Qui ...? [ki] Wer ...? *(Fragepronomen)* I 3B

pour qui [puʀki] für wen I 4A, 3

avec qui [avɛk(k)i] mit wem I 5B, 4

C'est à qui? [sɛtaki] Wer ist dran? I 7A

Qui a bien pu téléphoner? [kiabjẽpytelefone] Wer hat wohl angerufen? II 4B

Qui est-ce? [kiɛs] Wer ist das? I 1

Qui est-ce que ...? [kiɛskə] Wen ...? ⟨III M2⟩

Qui est-ce qui ...? [kiɛski] Wer ...? ⟨III M2⟩

une **quiche** [ynkiʃ] eine Quiche (Speckkuchen) I 1

quitter qn [kite] jdn. verlassen; *hier:* sitzen lassen II 2C

Tu m'as quitté. [tymakite] Du hast mich sitzen lassen. II 2C

se quitter [səkite] sich trennen/Abschied nehmen III 2C

de quoi [dəkwa] wovon II 6B

Quoi? [kwa] Was? II 3C

Vous savez quoi? [vusavekwa] Wisst ihr was? II 3C

R

un **racket** [ẽʀakɛt] eine Erpressung II 6E

un **racketteur**/une **racketteuse** [ẽʀakɛtœʀ/ynʀakɛtøz] ein Erpresser/eine Erpresserin II 6A

162 cent soixante-deux

Liste des mots

raconter qc [Rakõte] etw. erzählen II 2C
  Racontez. [Rakõte] Erzählt. I 5B, 2
la radio [laRadjo] das Radio II 4A
  mettre la radio fort [mεtR(ə)laRadjofɔR] das Radio laut stellen II 4A
le raï [ləRaj] III 1B
une raison [ynRεzõ] ein Grund II 3C, 1
  avoir raison [avwaRRεzõ] Recht haben II 3B
ramasser qc [Ramase] etw. aufsammeln III 3B
une rando = une randonnée *(fam.)* [ynRãdo] eine Tour/Wanderung *(ugs.)* I 8B
  une rando roller [ynRãdoRɔlœR] eine Skatertour I 8B
ranger qc [Rãʒe] etw. aufräumen II 4A
le rap [ləRap] der Rap I 3E
rappeler [Raple] zurückrufen/wieder anrufen III 5B, 4
rapporter qc [Rapɔrte] etw. mitbringen/zurückbringen III 6B
rater qc [Rate] etw. verpassen II 5C, 3
réagir [ReaʒiR] reagieren III 3B
une recette [ynRəsεt] ein Kochrezept I 7A
une recherche [ynRəʃεRʃ] eine Recherche/Nachforschung I 4A
  Recherchez … [RəʃεRʃe] Sucht …/Recherchiert II 5B, 1
reconnaître qn [RəkɔnεtR] jdn. wiedererkennen III 3C
recopier qc [Rəkɔpje] etw. abschreiben M2, 1
la récré *(fam.)* (= la récréation) [laRekre] die (Schul-)Pause *(ugs.)* II 4E
la rédaction [laRedaksjõ] die Redaktion ⟨III 5Z⟩
une réduction [ynRedyksjõ] eine Ermäßigung/ein Rabatt II 5B, 5
refermer qc [RəfεRme] etw. wieder schließen II 3B
réfléchir [RefleʃiR] (sich) überlegen/nachdenken III 1A
regarder qc [Rəgarde] etw. ansehen/anschauen/betrachten I 4E
  Regardez le texte. [Rəgardelətεkst] Seht euch den Text an. I 2A, 1
une région [ynRεʒõ] eine Region/Gegend I 4B
une règle [ynRεglə] eine Regel I 4E
  Trouvez la règle. [truvelaRεgl] Findet die Regel. I 4E
réglé/réglée [Regle] geregelt II 6B
Relisez. [Rəlize] Lest noch einmal. I 9, 1

une remarque [ynRəmark] eine Bemerkung III 4A
remarquer qc [Rəmarke] etw. bemerken II 4E; etw. (be-)merken III 1A
remplacer qn/qc [Rãplase] jdn./etw. ersetzen II 6E
rempli [Rãpli] voll (von) ⟨III 3Z⟩
rencontrer qn [RãkõtRe] jdn. treffen I 7A
un rendez-vous [ɛ̃Rãdevu] eine Verabredung/ein Treffen I 4C
  avoir rendez-vous avec qn [avwaRRãdevu] eine Verabredung mit jdm. haben/sich mit jdm. treffen I 4C
rendre qc à qn [RãdR] jdm. etw. zurückgeben III 3B
renier qc [Rənje] etw. verleugnen ⟨III 4Z⟩
un renseignement [ɛ̃Rãsεɲəmã] eine Information/Auskunft III 3E
rentrer [RãtRe] zurückkehren/zurückkommen I 5B
  rentrer à la maison [Rãtrealamezõ] nach Hause gehen I 5B
réparer qc [Repare] etw. reparieren III 5E
repartir [RəpartiR] *hier:* wieder anfahren III 3B
le repas [ləRəpa] das Essen III 2A
répéter qc [Repete] etw. wiederholen; *hier:* proben III 1E
  Répétez. [Repete] Wiederholt. I 1, 7
une répétition [ynRepetisjõ] eine Wiederholung/Probe III 1A
un répondeur [ɛ̃RepõdœR] ein Anrufbeantworter II 4B
répondre [RepõdR] antworten II 5C
  Répondez. [Repõde] Antwortet. I 2B, 2
  répondre que … [RepõdRkə] antworten, dass … II 6C
une réponse [ynRepõs] eine Antwort I 8E
  la bonne réponse [labɔnRepõs] die richtige Antwort II 2E
un reportage [ɛ̃Rəpɔrtaʒ] eine Reportage III 1B, 5
un reporter/une reporter [ɛ̃RəpɔrtεR/ynRəpɔrtεR] ein Reporter/eine Reporterin I 3B, 2
se reposer [səRəpoze] sich ausruhen III 2C
une réservation [ynRezεrvasjõ] eine Reservierung II 5B, 5
le respect [ləRεspε] die Rücksichtnahme II 6C
respecter qn/qc [Rεspεkte] jdn./etw. respektieren/achten II 6C
rester [Rεste] bleiben I 5B

il me/te/lui/nous/vous/leur reste qc [ilmə/tə/lɥi/nu/vu/lœrRεst] mir/dir/ihm/ihr/uns/euch/ihnen bleibt etw. III 1B
un résultat [ɛ̃Rezylta] ein Ergebnis/Resultat I 8E; II 6C
un résumé [ɛ̃Rezyme] eine Zusammenfassung I 7A, 1
  Résumez. [Rezyme] Fasst zusammen. I 6C, 1
le retard [ləRətar] die Verspätung II 5A
  être en retard [εtRãRətar] spät dran sein/zu spät kommen II 5A
retourner [RətuRne] zurückkehren II 4A
  se retourner [səRətuRne] sich umdrehen III 4C
retrouver qn [Rətruve] jdn. (wieder) treffen II 2C
  se retrouver [səRətruve] sich treffen III 2E
une réunion [ynReynjõ] eine Besprechung/ein Treffen III 5A
un rêve [ɛ̃Rεv] ein Traum III 2B, 3
se réveiller [səReveje] aufwachen/wach werden III 2E
revenir [RəvəniR] zurückkommen/zurückkehren III 3E
rêver de qc [Revedə] von etw. träumen I 5B, 3
réviser [Revize] etw. wiederholen; lernen III 2B
revoir qc [RəvwaR] etw. wiedersehen ⟨III 3Z⟩
  Au revoir! [ɔrvwar] Auf Wiedersehen! I 1
ne … rien [nə… Rjɛ̃] nichts II 2C
  pour rien [purRjɛ̃] wegen nichts; *hier:* wegen jeder Kleinigkeit III 3E
la rigueur [laRigœR] die Strenge ⟨III 5Z⟩
rigoler [Rigɔle] Spaß haben/herumalbern I 9
  Tu veux rigoler un peu? *(fam.)* [tyvøRigɔleɛ̃pø] Willst du mal was zu lachen haben? *(ugs.)* II 3C
  Tu rigoles! *(fam.)* [tyRigɔl] Du spinnst wohl! *(ugs.)* II 4B
le riz [ləRi] der Reis I 7A
une robe [ynRɔb] ein Kleid II 3A
un rocher [ɛ̃Rɔʃe] ein Fels/Felsen II 2E
un **rôle** [ɛ̃rol] eine Rolle II 1, 6; III 3C, 1
le roller [ləRɔlœR] das Inlineskaten *(als Sportart)* I 4B
  un club de roller [ɛ̃klœbdəRɔlœR] ein Skaterclub I 8E
rouge/rouge [Ruʒ/Ruʒ] rot II 3E
la route [laRut] die Straße; *hier:* der Weg/die Route III 6E

cent soixante-trois **163**

Liste des mots

une **rue** [ynʀy] eine Straße **I 2A**

le **rugby** [ləʀygbi] das Rugby(-Spiel) **II 1E**

une équipe de rugby [ynekipdəʀygbi] eine Rugbymannschaft **II 5B**

S

un **sac** [ɛ̃sak] eine Tasche/Tüte/ein Rucksack **I 2E**

un **sac à dos** [ɛ̃sakado] ein Rucksack **II 3A**, 4

Je ne sais pas. [ʒənəsɛpa] Keine Ahnung./Ich weiß (es) nicht. **I 4C**

une **salade** [ynsalad] ein Salat **I 7B**

une salade de fruits [ynsaladdəfʀyi] ein Obstsalat **I 7B**

un **salaire** [ɛ̃salɛʀ] ein Lohn/Gehalt **III 5B**

une **salle** [ynsal] ein Saal/Raum **I 5A**

une salle vidéo [ynsalvideo] ein Videoraum **I 5A**

la salle de bains [lasaldəbɛ̃] das Bad/Badezimmer **III 2A**

un **salon** [ɛ̃salɔ̃] ein Wohnzimmer **I 3A**

Salut! *(fam.)* [saly] Hallo! *(ugs.)* **I**; Tschüs! *(ugs.)* **I 1**

samedi *(m.)* [samdi] (am) Samstag/am nächsten Samstag **I 4C**

un **sandwich** [ɛ̃sɑ̃dwitʃ] ein Sandwich/belegtes Brot **I 6B**

sans [sɑ̃] ohne **II 2B**

sans lui [sɑ̃lyi] ohne ihn **III 1B**

sans (+ infinitif) [sɑ̃] ohne zu (+ Infinitiv) **III 3A**

sauf [sof] außer **II 7**

sauf moi [sofmwa] außer mir **II 7**

savoir [savwaʀ] wissen **III 5B**

Je sais. [ʒəsɛ] Ich weiß (es). **II 2E**

Vous savez quoi? [vusavekwa] Wisst ihr was? **II 3C**

une **scène** [ynsɛn] eine Szene **II 6C**; *hier:* eine Bühne **III 3C**; eine Szene **I 2B**, 4

un **scooter** [ɛ̃skutœʀ] ein Roller/Motorroller **II 7E**

un/une **SDF** (= *sans domicile fixe*) [ɛ̃/ynɛsdeɛf] ein Obdachloser/eine Obdachlose **III 3B**

un **secrétaire**/une **secrétaire** [ɛ̃səkʀetɛʀ/ynsəkʀetɛʀ] ein Sekretär/eine Sekretärin **III 5A**

un **séjour** [ɛ̃seʒuʀ] ein Aufenthalt **III 2B**

le **sel** [ləsɛl] das Salz **I 7B**

une **semaine** [yns(ə)mɛn] eine Woche **I 8E**

sentir [sɑ̃tiʀ] riechen **II 4C**

Ça sent bon. [sasɑ̃bɔ̃] Das riecht (aber) gut. **II 4C**

se sentir (bien) [səsɑ̃tiʀ(bjɛ̃)] sich (wohl-/gut) fühlen **III 3A**

septembre *(m.)* [sɛptɑ̃bʀ] September **I 5A**

une **série** [ynseʀi] eine Serie **III 3E**

sérieux/sérieuse [seʀjø/seʀjøz] ernst (-haft)/seriös **III 4B**

se servir [səsɛʀviʀ] sich bedienen **III 2A**

seul/seule [sœl] allein **III 1A**

tout seul/toute seule [tusœl/tutsœl] ganz allein **III 3A**

seulement [sœlmɑ̃] nur **III 3B**

sévère/sévère [sevɛʀ/sevɛʀ] streng **III 2B**

le **shopping** [ləʃopiŋ] das Shoppen/Einkaufen **II 1E**

faire du shopping *(fam.)* [fɛʀdyʃopiŋ] einkaufen gehen/shoppen gehen *(ugs.)* **II 1E**

si [si] wenn/falls **I 9**

s'il te plaît [siltəplɛ] bitte *(zu jemandem, den man duzt)* **I 5B**

s'il vous plaît [silvuplɛ] bitte *(zu jemandem, den man siezt bzw. zu mehreren Personen)* **I 5B**

si so (+Adverb) **III 2A**

Si. [si] Doch. *(Antwort auf eine verneinte Frage)* **II 3C**

si [si] ob **III 5B**

siffler [sifle] pfeifen **III 6A**

signer qc [siɲe] etw. unterschreiben; *hier:* etw. signieren/mit Autogramm versehen **II 5C**

un **site Internet** [ɛ̃sitɛ̃tɛʀnɛt] eine Website **III 5C**

une **situation** [ynsituasjɔ̃] eine Situation **I 6C**, 2

un **sketch** [ɛ̃skɛtʃ] ein Sketsch **II 6C**

le **ski** [ləski] der Ski/das Skifahren **II 1E**

faire du ski [fɛʀdyski] Ski fahren **II 1E**

une **sœur** [ynsœʀ] eine Schwester **I 4C**

avoir soif [avwaʀswaf] Durst haben **I 8B**

soigner qn [swaɲe] jdn. pflegen **III 5E**

un **soir** [ɛ̃swaʀ] ein Abend **I 7B**

une **soirée** [ynsware] ein Abend *(im Verlauf)*; *hier:* eine Party/Fete **I 4C**

les **soldes** *(f., pl.)* [lesɔld] der Ausverkauf/Schlussverkauf **II 3A**

le **soleil** [ləsɔlɛj] die Sonne **III 6C**

sous le soleil [suləsɔlɛj] in der Sonne **III 6C**

une **solution** [ynsɔlysjɔ̃] eine Lösung **III 1B**

sonner [sɔne] klingeln/läuten **I 4C**

sonner chez qn [sɔneʃe] bei jdm. klingeln **I 4C**

sortir [sɔʀtiʀ] hinausgehen/weggehen **II 4B**

le **souci** [ləsusi] die Sorge **III 2A**

Pas de souci! [padsusi] Keine Sorge! **III 2A**

se faire du souci [səfɛʀdysusi] sich Sorgen machen **III 2B**

la **soupe** [lasup] die Suppe **II 4A**

sous [su] unter **II 5E**

sous le soleil [suləsɔlɛj] in der Sonne **III 6C**

souvent [suvɑ̃] oft **I 7C**, 3

un **spectacle** [ɛ̃spɛktakl] eine Vorführung **III 3C**

le **sport** [ləspɔʀ] (der) Sport/die Sportart **II 1E**

faire du sport [fɛʀdyspɔʀ] Sport treiben **II 1E**

sportif/sportive [spɔʀtif/spɔʀtiv] sportlich **III 4A**, 4

un **stage** [ɛ̃staʒ] ein Praktikum **III 4A**

une **star** [ynstaʀ] ein Star **III 1B**

une **station** [ynstasjɔ̃] eine Haltestelle/Station **I 6A**

les **statistiques** *(f., pl.)* [lestatistik] die Statistik **II 6C**, 4

faire du stop [fɛʀdystɔp] trampen/per Anhalter fahren **III 6E**

une **stratégie** [ynstʀateʒi] eine Strategie/Lerntechnik **I 1**, 5

stressé/stressée [stʀese/stʀese] gestresst **III 3C**, 3

un **studio** [ɛ̃stydjo] ein Studio **III 3E**

le **succès** [ləsyksɛ] der Erfolg **III 3C**

le **sucre** [ləsykʀ] der Zucker **II 4C**, 2

Ça suffit! [sasyfi] Das reicht! **III 2E**

il suffit de faire qc [ilsyfidəfɛʀ] es reicht aus, etw. zu tun/man muss nur etw. tun **III 5A**

Imaginez d'abord une suite. [imaʒinedabɔʀynsyit] Denkt euch zunächst eine Fortsetzung aus. **I 8B**, 1

un **sujet** [ɛ̃syʒɛ] ein Thema **II 6C**, 4

super *(fam.)* [sypɛʀ] super/toll *(ugs.)* **I 2A**

une super note [ynsypɛʀnɔt] eine Supernote **I 7C**

super cool *(fam.)* [sypɛʀkul] supercool *(ugs.)* **I 8B**

un **supermarché** [ɛ̃sypɛʀmaʀʃe] ein Supermarkt **I 2A**

une **superstar** [ynsypɛʀstaʀ] ein Superstar **I 4A**

sûr/sûre [syʀ/syʀ] sicher **III 3A**

164 cent soixante-quatre

Liste des mots

être sûr/sûre de … [ɛtʀsyʀdə] selbst-sicher sein **III 3A**

sur [syʀ] auf **I 2A**; über **I 6A, 4**
sur le plan [syʀləplã] auf dem Stadt-plan **I 2A**
sur Internet [syʀɛ̃tɛʀnɛt] im Internet **I 3B**
cliquer sur qc [klikesyʀ] auf etw. kli-cken/etw. anklicken **I 4B**
sur ce ton [syʀsətõ] in diesem Ton **III 4E**

avoir un 19 sur 20 en maths [avwaʀdiznœfsyʀvɛ̃] (ein) Sehr gut (= 19 von 20 Punkten) in Mathe haben **II 2A, 3**

J'ai son numéro sur moi. [ʒesõnymeʀosyʀmwa] Ich habe seine Nummer bei mir. **III 1B**

sûrement [syʀmã] bestimmt/gewiss **III 6B**

le surf [ləsœʀf] das Surfen **II 1E**
faire du surf [fɛʀdysœʀf] surfen **II 1E**

surfer [sœʀfe] surfen **I 4A**

une **surprise** [ynsyʀpʀiz] eine Überra-schung **III 2C**

surtout [syʀtu] vor allem/besonders **II 6C**

s.v.p. = **s'il vous plaît.** [silvuplɛ] bitte **II 3C, 3**

sympa (fam.) [sɛ̃pa] nett (ugs.) **I 2B**
sympa/sympa [sɛ̃pa/sɛ̃pa] hier: toll/schön **II 3A**

T

une **table** [yntabl] ein Tisch **I 3B**
mettre la table [mɛtʀlatabl] den Tisch decken **I 7C**
se mettre à table [səmɛtratabl] zu Tisch/zum Essen kommen **III 2A**

tactile [taktil] taktil, den Tastsinn betreffend ⟨**III 5C**⟩

la **taille** [lataj] die (Körper-)Größe **II 3C, 3**
Quelle est votre taille? [kɛlɛvɔtʀtaj] Welche Größe haben Sie? **II 3C, 3**

le **talent** [lətalã] das Talent **III 3C**

une **tante** [yntãt] eine Tante **II 5C, 3**

tard [taʀ] spät **I 3B**

un **technicien**/une **technicienne** [ɛ̃tɛknisjɛ̃/yntɛknisjɛn] ein Techniker/eine Technikerin **III 5B**

la **technique** [latɛknik] die Technik **III 5C**

la **télé** (fam.) [latele] (= la télévision) das Fernsehen (ugs.) **II 4B**

le **téléphérique** [latelefeʀik] die Seil-bahn **III 2B**

le **téléphone** [latelefon] das Telefon **I 4C**

téléphoner à qn [telefone a] jdn. anru-fen/mit jdm. telefonieren **I 8A**

tellement [tɛlmã] so (sehr) **III 5C**

le **temps** [lətã] die Zeit **I 6B**; das Wetter **III 6A**
avoir le temps [avwaʀlətã] Zeit haben **I 6B**
un temps du passé [ɛ̃tãdypase] eine Vergangenheitszeit **III 3E**
en même temps [ãmɛmtã] gleichzei-tig ⟨**III 4Z**⟩

Tiens. [tjɛ̃] Sieh mal einer an. **II 3A**

le **tennis** [lətɛnis] das Tennis/der Ten-nissport **II 1E**
faire du tennis [fɛʀdytɛnis] Tennis spielen **II 1E**

une **tente** [yntãt] ein Zelt **II 1**

une **terrasse** [yntɛʀas] eine Terrasse/Aussichtsplattform **I 6A**

la **terre** [latɛʀ] die Erde; hier: das Land ⟨**III 3Z**⟩
par terre [paʀtɛʀ] auf den/dem Boden **III 3B**

une **tête** [yntɛt] ein Kopf **I 5B**
avoir mal à la tête [avwaʀmalalatɛt] Kopfschmerzen haben **I 5B**

un **texte** [ɛ̃tɛkst] ein Text **I 3A, 1**
un texte en rythme [ɛ̃tɛkstãʀitm] ein rhythmisierter Text **III 4C, 2**

un **TGV** (= un train à grande vitesse) [ɛ̃teʒeve] frz. Hochgeschwindigkeits-zug **II 5A**

le **thé** [ləte] der Tee **II 4E**

un **théâtre** [ɛ̃teatʀ] ein Theater **III 3E**
faire du théâtre [fɛʀdyteatʀ] Theater spielen **III 3C**

un **thème** [ɛ̃tɛm] ein Thema **II 1, 5**

un **ticket** [ɛ̃tikɛ] eine Eintrittskarte; hier: eine Metrofahrkarte **II 5C**

Tiens. [tjɛ̃] Sieh mal einer an. **II 3A**

Quel titre va avec quelle partie du texte? Welcher Titel passt zu wel-chem Textteil? **I 6A, 1**
un titre [ɛ̃titʀ] ein Titel **II 6A**

toi [twa] du (betont) **I**
… et toi? [etwa] … und du? **I**
comme toi [kɔmtwa] wie du **I 4B**
A toi! [atwa] Du (betont) bist dran! **II 3B, 5**

les **toilettes** (f., pl.) [letwalɛt] die Toilet-ten **I 5E**
aller aux toilettes [aleotwalɛt] auf die Toilette gehen **I 5E**

une **tomate** [yntɔmat] eine Tomate **I 7E**

tomber [tõbe] fallen **I 9**
laisser tomber qc [lɛsetõbe] etw. fallen lassen **III 3B**

tomber amoureux [tõbeamuʀø] sich verlieben ⟨**III M1**⟩

tomber malade [tõbemalad] krank wer-den **III 1B**

tôt [to] früh **III 2A**

au toucher [otuʃe] beim Berühren ⟨**III 5Z**⟩

toujours [tuʒuʀ] immer/immer noch **I 8B**

une **tour** [yntuʀ] ein Turm **I 6A**

un **touriste**/une **touriste** [ɛ̃tuʀist/yntuʀist] ein Tourist/eine Touristin **I 6B**

tourner qc [tuʀne] etw. drehen/umdre-hen **II 3C**

tous ensemble [tusãsãbl] alle zusam-men **I**

tout [tu] alles **I 7A**
C'est tout? [sɛtu] Ist das alles? **I 7A**
tout droit [tudʀwa] geradeaus **II 5B**
tout seul/toute seule [tusœl/tutsœl] ganz allein **III 3A**

tout le/toute la/tous les/toutes les … [tulə/tutla/tule/tutle] (der/die/das) ganz(e)/alle … (Begleiter) **II 7E**
tout le monde [tul(ə)mõd] jeder/alle (Leute) **I 7**
toute la journée [tutlaʒuʀne] den gan-zen Tag **II 7E**
tous les garçons [tulegaʀsõ] alle Jun-gen **II 7E**
de toute façon [dətutfasõ] auf jeden Fall; hier: sowieso **III 1B**

tout à coup [tutaku] plötzlich **I 6C**

tout de suite [tutsɥit] sofort **I 7C**

Traduisez. [tʀadɥize] Übersetzt. **I 4E**

un **train** [ɛ̃tʀɛ̃] ein Zug **I 9**
descendre du train [desãdʀdytʀɛ̃] aus dem Zug aussteigen **II 5C**
être en train de faire qc [ɛtʀãtʀɛ̃dəfɛʀ] dabei sein etw. zu tun **III 2B**

traîner (fam.) [tʀene] sich herumtrei-ben (ugs.) **III 4A**

tranquille/tranquille [tʀãkil/tʀãkil] ruhig **III 4E**

le **travail** [lətʀavaj] die Arbeit **II 4A**

travailler [tʀavaje] arbeiten **II 6A, 2**; **II 4B, 2**

traverser qc [tʀavɛʀse] etw. überqueren **II 5C**

très [tʀɛ] sehr **I 4A**
Pas très bien. [patʀɛbjɛ̃] Nicht sehr gut. **II 2A**

triste/triste [tʀist] traurig **II 7**

cent soixante-cinq **165**

Liste des mots

trop [tro] zu/zu viel **I 6B**
C'est trop cher! [sɛtroʃɛr] Das ist zu teuer! **I 6B**

une **troupe (de théâtre)** [yntrup(dəteatr)] eine (Theater-)-Truppe **III 6E**

trouver qc [truve] etw. finden **I 3E**
Trouvez la règle. [truvelarɛgl] Findet die Regel. **I 4E**
pour trouver … [purtruve] um … zu finden **I 7C**
Trouvez les phrases qui vont ensemble. Findet die Sätze, die zusammenpassen. **I 9, 5**

un **T-shirt** [ɛtiʃœrt] ein T-Shirt **II 3E**

U

ultra [yltra] ultra ⟨**III 3Z**⟩
usé/usée [yze/yze] alt/abgenutzt **III 3B**
utile/utile [ytil] nützlich **II 6C**
Utilisez … [ytilize] Gebraucht … **II 4A, 4**

V

les **vacances** *(f., pl.)* [levakãs] die Ferien/der Urlaub **II 1E**
partir en vacances *(f., pl.)* [partirãvakãs] in (die) Ferien/in (den) Urlaub fahren **II 5E**
un centre de vacances [ɛsãtrdəvakãs] ein Ferienlager/Urlaubscenter **III 6C**

la **vaisselle** [lavɛsɛl] das Geschirr **II 4C**
faire la vaisselle [fɛrlavɛsɛl] abwaschen **II 4C**

Va voir ailleurs. *(fam.)* [vavwarajœr] Hau ab. *(ugs.)* **III 4C, 4**

une **vedette** [ynvədɛt] ein Star ⟨**III 3Z**⟩

un **vélo** [ɛvelo] ein Fahrrad **II 1E**
en vélo [ãvelo] mit dem Fahrrad **II 7**

un **vendeur/une vendeuse** [ɛvãdœr/ynvãdøz] ein Verkäufer/eine Verkäuferin **I 7A, 6**

une **vendeuse** [ynvãdøz] eine Verkäuferin **I 6C**

vendre qc [vãdr] etw. verkaufen **II 7**
vendredi *(m.)* [vãdrədi] Freitag **I 5B, 4**
venir de [vənirdə] kommen aus/von **II 5B**
venir (à) [vənir] kommen (nach) **II 5B**
venir de faire qc [vənirdəfɛr] etw. gerade getan haben **III 2B**
le **vent** [ləvã] der Wind **III 6B**
le **ventre** [ləvãtr] der Bauch **II 2A, 4**

un **verbe** [ɛvɛrb] ein Verb **II 5B, 1**
un verbe pronominal [ɛvɛrbpronominal] ein reflexives Verb **III 2E**

la **vérité** [laverite] die Wahrheit **II 2B**

un **verre** [ɛvɛr] ein Glas **I 8B**
un verre de coca [ɛvɛrdəkoka] ein Glas Cola **I 8B**
offrir un verre à qn [ofrirɛver] jdn. auf ein Glas einladen **II 7, 5**

vers [vɛr] gegen *(zeitlich)* **II 2B**; zu *(in Richtung von …)* **III 3B**

vert/verte [vɛr/vɛrt] grün **II 3E**

un **vêtement/des vêtements** [ɛvɛtmã/devɛtmã] ein Kleidungsstück/Kleider **II 3A**

être vexé/vexée [ɛtrvɛkse] gekränkt/beleidigt sein **II 7**

une **victime** [ynviktim] ein Opfer **II 6B**
être victime [ɛtrviktim] Opfer sein **II 6B**

une **vidéo** [ynvideo] ein Videofilm **I 5A**
la **vie** [lavi] das Leben **III 3B**
Vie de classe *(f.)* [vidəklas] (eine) Verfügungs-/Klassen(lehrer)stunde **II 6A**
vieux/vieil/vieille/vieux/vieilles [vjø/vjɛj/vjɛj/vjø/vjɛj] alt **III 6C**
un **village** [ɛvilaʒ] ein Dorf **I 9**
une **ville** [ynvil] eine Stadt **II 3E**
en ville [ãvil] in der/die Stadt **II 3E**
le **vin** [ləvɛ] der Wein **III 2A**
la **violence** [lavjolãs] die Gewalt **II 6A**
une **visite** [ynvizit] eine Besichtigung/ein Besuch **I 6B**
visiter qc [vizite] etw. besichtigen **I 9**
vite [vit] schnell **I 5A**
une **vitrine** [ynvitrin] ein Schaufenster **II 3C, 3**
voilà … [vwala] da(s) ist/sind … **I**
La/Le voilà! [la/ləvwala] Da ist sie/er (ja)! **II 5A**
Te voilà! [təvwala] Da bist du ja! **II 6B**
faire de la voile [fɛrdəlavwal] segeln **II 1E**
voir qn/qc [vwar] jdn./etw. sehen **II 3A**
un **voisin/une voisine** [ɛvwazɛ/ynvwazin] ein Nachbar/eine Nachbarin **II 4A**
une **voiture** [ynvwatyr] ein Auto **II 2A**
une voiture (de train/métro) [ynvwatyr] *hier:* ein Waggon **III 3B**
voler qc [vole] etw. stehlen **II 2E**
un **voleur/une voleuse** [ɛvolœr/ynvoløz] ein Dieb/eine Diebin **II 2C**

le **volley** [ləvolɛ] Volleyball *(als Sportart)* **I 4B**

vouloir qc [vulwar] etw. wollen **I 9**
vouloir faire qc [vulwarfɛr] etw. tun wollen **I 9**
je voudrais [ʃvudrɛ] ich möchte **I 7E**
je voudrais bien … (+ infinitif) [ʒvudrɛbjɛ] ich möchte gern … *(+ Infinitiv)* **I 8B**
vouloir dire qc [vulwardir] *hier:* etw. meinen **III 2A**
Je veux bien. [ʒəvøbjɛ] Ich möchte gern. **III 5B**

un **voyage** [ɛvwajaʒ] eine Reise **II 5A**
voyager [vwajaʒe] reisen **III 6A**
un **voyageur/une voyageuse** [ɛvwajaʒœr/ynvwajaʒøz] ein Reisender/eine Reisende **II 5B, 5**

vrai/vraie [vrɛ/vrɛ] wahr **II 3C**
C'est vrai. [sɛvrɛ] Das ist wahr./Das stimmt. **I 6E**
Ce n'est pas vrai! [s(ə)nɛpavrɛ] Das darf doch wohl nicht wahr sein! **II 3C**
vraiment [vrɛmã] wirklich **I 8B**
un **VTT** (= un vélo tout terrain) [ɛvetete] ein Mountainbike **II 1E**
une **vue** [ynvy] eine Aussicht/ein Blick **I 6A**

W

Waouh! [wao] Wow! *(Ausdruck der Begeisterung)* **I 8B**
un **week-end** [ɛwikɛnd] ein Wochenende **I 6E**

Y

y [i] dort/dorthin **III 6B**
un **yaourt** [ɛjaurt] ein Jogurt **II 4E**
un **yassa** [ɛjasa] ein Yassa **I 7A**
le yassa au poulet [ləjasaopulɛ] Yassa mit Huhn *(senegalesisches Gericht)* **I 7B**
un **œil/des yeux** [ɛnœj/dezjø] ein Auge/Augen **II 6A, 3**

Z

avoir zéro [avwarzero] Null Punkte haben **III 2B**
Zut! *(fam.)* [zyt] Mist!/Verflixt! *(ugs.)* **I 1**

166 cent soixante-six

Liste des mots

Prénoms masculins

Abdou [abdu] **I 7B**
Alex [alɛks] **II 2A**
Alexandre [alɛksɑ̃dRə] **I 1, 3**
Alexis [alɛksis] **I 1, 3**
Amadou [amadu] **I 7C**
Antoine [ɑ̃twan] **II 5B**
Arthur [aRtyR] **II 6A**
Aziz [aziz] **III 4E**
Benoît [bənwa] **I 1, 3**
Cédric [sedRik] **II 5C, 3**
Christian [kRistjɑ̃] **II 6A, 3**
Clément [klemɑ̃] **I 1, 3**
David [david] **I 4C**
Didier [didje] **III 3E**
Diego [djego] **III 5A**
Eric [eRik] **II 6B, 5**
Etienne [etjɛn] ⟨**III M1**⟩
Farid [faRid] **I 1, 3**
Frédéric [fRedeRik] **I 1, 3**
Grégory [gRegɔRi] **III 3A, 5**
Guillaume [gijom] **III 5B**
Hakim [hakim] **II 5C**
Hugo [ygo] **II 3A, 3**
Jean [ʒɑ̃] **I 9**
Jean-Pierre [ʒɑ̃pjɛR] **II 4A**
Jérémy [ʒeRemi] **II 6A, 3**
Johnny [dʒɔni] **III 1E**
Jonathan [ʒɔnatɑ̃] **III 5B**
Julien [ʒyljɛ̃] **I 1, 3**
Karim [kaRim] **I 1, 3**
Kévin [kevin] **II 1, 6**
Laurent [lɔRɑ̃] **III 5C**
Léo [leo] ⟨**III M1**⟩; ⟨**III M2**⟩
Loïc [loik] **II 6A**
Louis [lui] **II 7E**
Luc [lyk] **III 6A**
Lucas [lyka] **I 1, 3**
Marc [maRk] **I 1, 3**
Marcel [maRsɛl] **II 5C, 3**
Marco [maRko] ⟨**III M1**⟩
Mathieu [matjø] **I 1, 3**
Maurice [mɔRis] **II 3B, 4**
Max [maks] **II 3B, 4**
Maxime [maksim] **I 1, 3**
Mehdi [medi] **II 6A, 3**
Michel [miʃɛl] **I 6C**
Nicolas [nikɔla] **I 1, 3**
Pablo [pablo] **III 1A, 4**
Pascal [paskal] **II 5C**
Patrick [patRik] **II 1**
Paul [pɔl] **II 6A, 3**
Pierre [pjɛR] **I**
Rémi [Remi] **I 1, 3**
Roland [Rolɑ̃] **III 1A**
Sébastien [sebastjɛ̃] **I 8A, 2**

Simon [simɔ̃] **I 4B**
Stanislas [stanislas] **II 6C**
Steve [stiv] **III 6E**
Théo [teɔ] **I 1, 3**
Thomas [toma] **II 5E**
Victor [viktɔR] **I 7A, 2**
Wahid [waid] **III 5C**
Yann [jan] **II 2E**

Prénoms féminins

Aïcha [aiʃa] **II 2A, 3**
Alice [alis] **I 1, 3**
Aline [alin] **III 3E**
Amandine [amɑ̃din] ⟨**III M1**⟩; ⟨**III M2**⟩
Amélie [ameli] **I**
Amina [amina] **I 1, 3**
Anabelle [anabɛl] **II 3A, 3**
Anne [an] **II 2B**
Armelle [aRmɛl] **III 5A**
Audrey [ɔdRej] **III 5B**
Camille [kamij] **III 3B, 4**
Céline [selin] **I 1, 3**
Charlotte [ʃaRlɔt] **I**
Chloé [klɔe] **III 3A, 3**
Claire [klɛR] **I 1, 3**
Coralie [kɔRali] **II 6A**
Corinne [kɔRin] ⟨**III M1, 1**⟩
Dany [dani] **III 1A; III 6B**
Emma [ɛma] **II 5B**
Estelle [ɛstɛl] **III 1E**
Fanny [fani] **II 6A**
Fatima [fatima] **I 1, 3**
Fatou [fatu] **III 4E**
Isabelle [izabɛl] **I 1, 3**
Julie [ʒyli] **I 1, 3**
Justine [ʒystin] **II 6C**
Karine [kaRin] **II 2A, 3**
Laïla [laila] **III 4E**
Lara [laRa] **II 1, 4**
Lauretta [lɔRɛta] **III 3C**
Léa [lea] **I 1, 3**
Léonie [leoni] **III 2E**
Lisa [liza] **II 7, 4**
Lorie [lɔRi] **II 5C, 3**
Lucie [lysi] **II 4E**
Malika [malika] **I 1, 3**
Manon [manɔ̃] **I 1, 3**
Manu [manu] **III 4A**
Marie [maRi] **I 8B**
Marine [maRin] **I 1, 3**
Morgane [mɔRgan] **I 1, 3**
Myriam [miRjam] **III 5B**
Naïma [naima] **II 6E**
Naomie [naɔmi] **I 1, 3**
Sarah [saRa] **I 1, 3**

Sophie [sofi] **I 8E**
Valérie [valeRi] **I 5A, 7**

Noms de famille

Bernac [bɛRnak] **II 7E**
Boussac [busak] **II 6A**
Boutal [butal] **I 5A, 6**
Brunet [bRynɛ] **I 4B**
Carré [kaRe] **I 6A, 4**
Cassepieds [kaspje] **II 4A**
Costa [kɔsta] **I 7A, 7**
Dufour [dyfuR] **I 7A, 2**
Dupont [dypɔ̃] **I 5E**
Durand [dyRɑ̃] **III 2C**
Duroc [dyRɔk] **III 3A, 5**
Garcia [gaRsia] **II 6C, 3**
Garnier [gaRnje] **I 3A**
Gauthier [gotje] **III 3E**
Joli [ʒɔli] **I 8A**
Khadra [kadRa] **III 4B**
Labadi [labadi] **II 6A, 3**
Lacoste [lakɔst] **II 6E**
Lacour [lakuR] **I 5A**
Le Gall [ləgal] **II 2E**
Legrand [ləgRɑ̃] **III 5A**
Lepic [ləpik] **II 2B**
Lopez [lɔpez] **III 2E**
Marot [maRo] **II 4E**
Martin [maRtɛ̃] **II 6A, 3**
Mercier [mɛRsje] **II 3A**
Moulin [mulɛ̃] **II 2A**
Pelat [pəla] **II 7, 2**
Philippe [filip] **I 5B**
Pilou [pilu] ⟨**III M1**⟩; ⟨**III M2**⟩
Pommier [pɔmje] **I 7A**
Portadonnez [pɔRtadɔne] **II 4B, 1**
Ravel [Ravɛl] **II 5E**
Renaud [Rəno] **I 1**
Roques [Rɔk] **II 6A, 3**
Rousseau [Ruso] **III 4A**
Sakho [sako] **I 7A**
Sireau [siRo] **I 5B**
Vanel [vanɛl] **II 2A**
Vidal [vidal] **II 6A, 3**

Noms de villes

Argelès(-sur-Mer) [aRʒələs] **III 6E**
Arras [aRas] **III 3E**
Avignon [aviɲɔ̃] **III 6E**
Belfort [belfɔR] **III 1E**
Berlin [bɛRlɛ̃] **I 2B**
Berne [bɛRn] **II 5A, 5**
Biarritz [bjaRits] **II 1**

cent soixante-sept **167**

Liste des mots

Bologne [bɔlɔɲ] II 5A, 5
Bordeaux [bɔʀdo] II 5B
La Bresse [labʀɛs] II 1
Bruxelles [bʀyksɛl] II 5E
Calais [kalɛ] I 2B, 2
La Courneuve [lakuʀnœv] ⟨III 4Z⟩
Donneville [dɔnvil] II 7
Douarnenez [dwaʀnəne] ⟨III 4Z⟩
Grenoble [gʀənɔbl] II 1
Hambourg [ãbuʀ] II 6A, 4
Kiev [kjɛf] II 5A, 5
Lyon [ljõ] III 5A
Méribel [meʀibɛl] II 1
Munich [mynik] II 6A, 5
Narbonne [naʀbɔn] III 6B
Paris [paʀi] I
Pont d'Arc [põdaʀk] II 1
Prades [pʀad] III 6C
Prague [pʀag] II 5A, 5
Saint-Malo [sẽmalo] II 1
Saint-Martin [sẽmaʀtẽ] II 1
Salzbourg [saltsbuʀ] II 5A, 5
Toulon [tulõ] I 5E
Toulouse [tuluz] I 2B, 2
Tours [tuʀ] III 3A, 5

Noms géographiques

l'Allemagne *(f.)* [lalmaɲ] I 4B
l'Angleterre *(f.)* [lãglətɛʀ] III 6B, 3
l'Ardèche *(f.)* [laʀdɛʃ] II 1
l'Autriche *(f.)* [lɔtʀiʃ] III 6B, 3
la Belgique [labɛlʒik] II 6B
la Bretagne [labʀətaɲ] II 2C, 7
le Danemark [lədanmaʀk] III 6B, 3
l'Espagne *(f.)* [lɛspaɲ] III 6B, 3
les Etats-Unis *(m., pl.)* [lezetazyni]
   III 6A
l'Europe *(f.)* [løʀɔp] III 6B, 3
la France [lafʀãs] I 4B
la Grèce [lagʀɛs] III 6B, 3
la Hongrie [laõgʀi] III 6B, 3
l'Irlande [liʀlãd] III 6B, 3
l'Italie *(f.)* [litali] III 6A
les Pays-Bas [lepɛiba] III 6B, 3
la Pologne [lapɔlɔɲ] III 6B, 3
le Portugal [ləpɔʀtygal] III 6B, 3
le Québec [ləkebɛk] III 6A
la République Tchèque [laʀepybliktʃɛk]
   III 6B, 3
Seine-Saint-Denis [sɛnsẽdəni] III 4E

le Sénégal [ləsenegal] I 7A
la Suisse [lasɥis] III 6B, 3
le Vercors [ləvɛʀkɔʀ] III 2B

Noms divers

Airbus [ɛʀbys] II 6A, 5
Astérix [asteʀiks] I 4C
le Parc Astérix [ləpaʀkasteʀiks] I 9
l'Arc de Triomphe [laʀkdətʀijõf] II 5C
Bastille [bastij] III 3B, 3
le fort de la Bastille [ləfɔʀdəlabastij]
   III 2B
la rue de Belfort [laʀydəbɛlfɔʀ] III 1E
la rue Belgrand [laʀybɛlgʀã] I 5A, 6
le collège Bellevue [ləkɔlɛʒbɛlvy] II 5B, 3
Le Pont St Bénezet [ləpõsẽben(ə)zɛ]
   ⟨III 6Z⟩
la rue Brunel [laʀybʀynɛl] III 3A
Bruxelles-Midi [bʀyksɛlmidi] II 5C, 2
Cadix [kadiks] III 6A
Casino [kazino] I 2A, 4
les Catacombes *(f., pl.)* [lekatakõb]
   III 3A
les Champs-Elysées [leʃãzelize] II 5B
la place du Capitole [laplasdykapitɔl] la
rue de Charonne [laʀydəʃaʀɔn] III 3B, 3
Château-Rouge [ʃatoʀuʒ] III 3A
Châtelet [ʃatlɛ] II 5C
la rue de la Chine [laʀydəlaʃin] I 2A
le parc Debrousse [ləpaʀkdəbʀus] I 2B
   I 4B
la tour Eiffel [latuʀɛfɛl] I 6A
la Fête de la Musique [lafɛtdəlamyzik]
   II 7
la Fête de la sardine [lafɛtdəlasaʀdin]
   III 4Z
le quartier Gambetta [ləkaʀtjegãbeta]
   I 2A
le Grand Splatch [ləgʀãsplatʃ] I 9
les Halles [leal] I 6C
le Jardin de Ville [ləʒaʀdẽdəvil] III 2B
«Jeunes-Lyon» [ʒœnljõ] III 5B
Kiki [kiki] I 1
Léo [leo] I
les Loustiks [lelustik] III 1E
Milou [milu] I 4E
Minette [minɛt] I 3A
Montmartre [mõmaʀtʀ(ə)] I 2B, 3
la gare Montparnasse [lagaʀmõpaʀnas]
   II 5A

Montparnasse-Bienvenüe
   [mõpaʀnasbjẽvəny] II 5C
la gare du Nord [lagaʀdynɔʀ] II 5A
Notre-Dame [nɔtʀədam] I 6A
Obélix [ɔbeliks] I 4C
Okapi [ɔkapi] ⟨III 4Z⟩
la rue Orfila [laʀyɔʀfila] I 5A, 6
les pages jaunes [lepaʒʒon] II 4C
le Palais des Papes [ləpaledepap]
   ⟨III 6Z⟩
la rando Pari Roller [laʀãdopaʀiʀɔlœʀ]
   I 8B
Paris Nord [paʀinɔʀ] II 5C, 2
la rue Peyrolières [laʀypeʀɔljɛʀ] III 1B
le Centre Pompidou [ləsãtʀəpõpidu]
   I 6A
Radio Nova [ʀadjonova] III 3E
l'école Maurice Ravel [lekɔlmɔʀisʀavɛl]
la rue du Renard [laʀydyʀənaʀ] I 6B
la place de la République
   [laplasdəlaʀepyblik] III 3A
le Sacré-Cœur [ləsakʀekœʀ] I 6A
Saint-Michel [sẽmiʃɛl] III 3C
la Samaritaine [lasamaʀitɛn] I 6A
la rue Sorbier [laʀysɔʀbje] I 4C
Superbus [sypɛʀbys] III 1A
l'hôpital Tenon [lɔpitaltənõ] I 2A, 4
la place du Tertre [laplasdytɛʀtʀ] I 6B
le Théâtre du Renard [ləteatʀdyʀənaʀ]
   III 3C
Titeuf [titœf] II 7, 7
le Tour de France [tuʀdəfʀãs] II 1
Trocadéro [tʀɔkadeʀo] III 3B
Trottoir [tʀɔtwaʀ] III 3B
le Parc du Vercors [ləpaʀkdyvɛʀkɔʀ]
   III 2B
le Virgin [ləvœʀʒin] II 5B
Zarbi [zaʀbi] I 3E
Zay, la pêche! [zelapɛʃ] III 5B
le Zénith [ləzenit] ⟨III 4Z⟩

Noms de personnes connues

Amel Bent [amɛlbɛnt] ⟨III 4Z⟩
Geva Caban [ʒevakabã] II 6B, 5
Charles De Gaulle [ʃaʀldəgol] II 5B
Maurice Ravel [mɔʀisʀavɛl] I 4B
Hélène Ségara [elɛnsegaʀa] III 3C, 2
Zebda [zɛbda] II 5E
Zen Zila [zɛnzila] III 5C

168 cent soixante-huit

Wortliste

A

ein **Abend** un soir I 7B
   ein **Abend (im Verlauf)** une soirée I 4C
aber mais I 3B
   Aber was (kann/soll man) tun? Mais que faire? I 8B
die **Abfahrt** le départ II 5A
   Vorsicht bei der Abfahrt! Attention au départ! II 5A
abgenutzt usé/usée III 3B
abgucken *(ugs.)* pomper *(fam.)* III 2B
Hau ab. *(ugs.)* Va voir ailleurs. *(fam.)* III 4C, 4
das **Abi** *(ugs.)* le bac *(fam.)* III 5E
den Hut **abnehmen** enlever son chapeau III 3C
die **Abreise** le départ II 5A
Abschied nehmen se quitter III 2C
eine **Abschiedsparty** une fête d'adieu III 2B
abschreiben pomper *(fam.)* III 2B
jdn. **absetzen** déposer qn III 6A
etw. **abstellen** déposer qc/qn III 6A; garer qc III 6C
abwaschen faire la vaisselle II 4C
jdn./etw. **achten** respecter qn/qc II 6C
die **Achterbahn** le Grand Huit I 9
Achtung! Attention! II 5A
eine **Adresse** une adresse I 4B
eine **Agentur** une agence III 4A
aggressiv agressif/agressive III 4A
Keine Ahnung. Je ne sais pas. I 4C
aktiv actif/active III 4A, 4
alle tout le, toute la, tous les, toutes les II 7E
   alle zusammen tous ensemble I
   alle tout le monde II 7
allein seul/seule III 1A
ganz allein tout seul/toute seule III 3A
Ist das alles? C'est tout? I 7A
als comme I 7E; quand II 7
also alors I 3A
   Also, … Bon, … II 1, 2
   also donc III 2C
alt vieux/vieille/vieux/vieilles III 6C
   Wie alt sind sie? Elles ont quel âge? I 4C, 2
   alt usé/usée III 3B
das **Alter** l'âge *(m.)* I 4B
   die **Jungen in meinem Alter** les garçons de mon âge II 7E
die **Ambition** l'ambition *(f.)* III 5B
ein **Amulett** un gris-gris I 7C
sich **amüsieren** s'amuser III 2B
eine **Ananas** un ananas I 7E
jdm. etw. **anbieten** offrir qc à qn II 7

jdm. seine Hilfe **anbieten** offrir son aide à qn II 7
anderer/andere/anderes autre II 6C
andere d'autres III 2C
auf andere **Gedanken** kommen se changer les idées III 3A
etw. **ändern** changer qc II 6C
anders différent/différente III 2A
wieder **anfahren** repartir III 3B
etw. **anfangen** commencer qc I 8A
   anfangen etw. zu tun commencer à faire qc III 3A
ein **Anführer** *(ugs.)* un caïd *(fam.)* III 4A
ein **Angeber/eine Angeberin** *(ugs.)* un frimeur/une frimeuse *(fam.)* III 1A
ein **Angebot** une offre III 3E
was … **angeht** pour … II 6A
   jdn. **angehen** concerner qn II 6B
ein **Angestellter/eine Angestellte** un employé/une employée III 5E
angriffslustig agressif/agressive III 4A
die **Angst** la peur II 2C
   Angst vor jdm./etw. haben avoir peur de qn/qc II 2C
ängstlich peureux/peureuse III 6C
anhalten s'arrêter III 6A
per **Anhalter** fahren faire du stop III 6E
jdn. **anklagen** accuser qn II 2C
etw. **anklicken** cliquer sur qc I 4B
ankommen arriver I 5A
die **Ankunft** l'arrivée *(f.)* II 5A
etw. **anlegen** mettre qc I 7C
jdn. **anlügen** mentir à qn II 7
anonym anonyme II 2B
ein **Anorak** un anorak II 3E
etw. **anprobieren** essayer qc II 3A
ein **Anrufbeantworter** un répondeur II 4B
jdn. **anrufen** téléphoner à qn I 8A; appeler qn III 1B
etw. **anschauen** regarder qc I 4E
etw. **anschließen** installer qc I 3B
etw. **ansehen** regarder qc I 4E
eine **Ansicht** un avis II 6C, 2
(an)statt au lieu de III 5C
antworten répondre II 5C
eine **Anzeige** une annonce III 3E
etw. **anziehen** mettre qc I 7C
   sich **anziehen** s'habiller III 2B
ein **Apfel** une pomme I 7E
eine **Apfelsine** une orange I 2A
ein **Apparat** un appareil III 5B, 4
   am **Apparat** à l'appareil III 5B, 4
der **Appetit** l'appétit *(m.)* I 6C
   Guten Appetit! Bon appétit! I 6C
jdm. **applaudieren** applaudir qn III 1A

April avril *(m.)* I 8A, 4
die **Arbeit** le travail II 4A
arbeiten travailler II 6A, 2
ein **Arm/Arme** un bras/des bras II 2A, 4
eine **Armbanduhr** une montre III 6C
ein **Artikel** un article I 4E
ein **Assistent/eine Assistentin** un assistant/une assistante III 5B
auch aussi I 2A
   auch nicht ne … pas non plus II 7
auf sur I 2A
   Auf Wiedersehen! Au revoir! I 1
   auf Englisch en anglais III 2A
   auf den/dem Boden par terre III 3B
etw. **aufbauen** installer qc I 3B; III 1B; monter qc III 6B
ein **Aufenthalt** un séjour III 2B
aufgeregt excité/excitée II 6A; nerveux/nerveuse III 5B
etw. **aufheben** enlever qc III 3C
aufhören arrêter I 6C
   mit etw. aufhören finir qc III 1A
mit jdm. **Kontakt** aufnehmen prendre contact avec qn II 6A, 4
etw. **aufräumen** ranger qc II 4A
jdn. **aufrufen** appeler qn III 3A
etw. **aufsammeln** ramasser qc III 3B
der **Aufschnitt** la charcuterie III 2A
sich als Chef **aufspielen** jouer au caïd III 4A
Aufstehen! Debout! II 3A, 3
   aufstehen se lever III 2A
etw. **aufstellen** monter qc III 6B
auftreten entrer en scène III 3C
aufwachen se réveiller III 2E
ein **Aufzug** un ascenseur I 6A
ein **Auge** un œil/des yeux II 6A, 3
ein **Augenblick** un instant III 5B, 4
   in diesem Augenblick à ce moment-là III 6B
August août *(m.)* I 8A, 4
sein **aus** être de I 2B
die **Ausbildung** la formation III 5E
ausflippen craquer III 3B
eine **Auskunft** un renseignement III 3E
die **Musik ausmachen** arrêter la musique I 7C
ausrasten craquer III 3B
es reicht aus, etw. zu tun il suffit de faire qc III 5A
sich **ausruhen** se reposer III 2C
die **Ausrüstung** le matériel III 1B
aussehen avoir l'air III 3B
außer sauf II 7
außerdem en plus III 5A
eine **Aussicht** une vue I 6A

cent soixante-neuf **169**

Wortliste

austeigen descendre II 5C
   aus dem Zug aussteigen descendre du train II 5C
etw. aussuchen choisir qc III 1A
ein Austausch un échange II 6A, 4
ein Austauschpartner/eine Austauschpartnerin un correspondant/une correspondante I 4E; I 4E
der Ausverkauf les soldes *(f., pl.)* II 3A
etw. ausziehen enlever qc III 4E
ein Auto une voiture II 2A
eine Autobahn une autoroute III 6A
eine Autobahnraststätte une aire d'autoroute III 6A
ein Autogramm un autographe III 5C
ein Automat un distributeur III 6B
eine Autowerkstatt un garage II 7

B

eine Bäckerei une boulangerie I 6B
das Bad la salle de bains III 2A
ein Badeanzug un maillot de bain II 1
eine Badehose un maillot de bain II 1
das Badezimmer la salle de bains III 2A
eine Bahnfahrkarte un billet de train II 5A
ein Bahnhof une gare II 5A
bald bientôt I 7A, 6
eine Banane une banane I 2E
eine Band un groupe II 5B
ein Bandenchef un caïd *(fam.)* III 4A
der Bandleader le chef III 1A
die Bank la banque III 5E
eine Baseballkappe une casquette I 2E
ein Bass une basse III 1A
die Bassgitarre la guitare basse III 1A
der Bauch le ventre II 2A, 4
sich bedienen se servir III 2A
sich beeilen se dépêcher III 2E
etw. beenden finir qc III 1A
ein Befehl un ordre III 4B
jdm. Befehle erteilen donner des ordres à qn III 4B
etw. beginnen commencer qc I 8A
   beginnen etw. zu tun commencer à faire qc III 3A
bei *(+ Personen)* chez I 4C
   Ich habe seine Nummer bei mir. J'ai son numéro sur moi. III 1B
das Bein la jambe II 2A
beinahe presque III 1B
ein Beispiel un exemple I 1, 3; II 6A
für etw. bekannt sein être connu/connue pour qc II 6A, 5
beleidigt sein être vexé/vexée II 7

jdn. belügen mentir à qn II 7
etw. bemerken remarquer qc III 1A
eine Bemerkung une remarque III 4A
das Benzin l'essence *(f.)* III 6A
bereit prêt/prête III 1B
ein Beruf un métier III 4B
ein Berufsinformationsblatt une fiche-métier/des fiches-métier III 5E
sich beruhigen se calmer III 2C
jdn./etw. beschreiben décrire qn/qc II 6A
   jdm. etw. beschreiben décrire qc à qn II 6B
jdn. beschuldigen accuser qn II 2C
etw. besichtigen visiter qc I 9
eine Besichtigung une visite I 6B
besonders surtout II 6C
eine Besprechung une réunion III 5A
besser mieux II 4C
etw. bestellen commander qc II 4C
der beste/die beste/das beste/die besten ... le meilleur/la meilleure/les meilleurs/les meilleures ... III 6A
bestimmt sûrement III 6B
ein Besuch une visite I 6B
jdn. besuchen aller voir qn II 6A
etw. betrachten regarder qc I 4E
jdn. betreffen concerner qn II 6B
betreten entrer I 3B
ein Bett un lit II 4C
   ins/zu Bett gehen se coucher III 2A
bevorzugt préféré/préférée II 1E
sich bewegen bouger I 9
sich um ein Casting bewerben se présenter à un casting III 3A
ein Bewerbungsgespräch un entretien III 5B
bezahlen payer III 5A
ein Bikini un maillot de bain II 1
bis à I 4B
   Bis dann! A plus! *(fam.)* II 4B, 5
ein bisschen un peu I 6C, 3
   ein bisschen ... *(bei Mengen)* un peu de ... I 7B
   ein bisschen Hunger haben avoir une petite faim *(f.)* II 4A
bitte s'il te/vous plaît I 5B
   bitte s.v.p. = s'il vous plaît. II 3C, 3
eine Blase une bulle III 2B
ein Blatt une fiche III 5E
blau bleu/bleue II 3E
bleiben rester I 5B
   mir/uns bleibt etw. il me/nous reste qc III 1B
   Bitte bleiben Sie am Apparat. Ne quittez pas. III 5B, 4
ein Blick une vue I 6A; I 6A

Das ist blöd. *(ugs.)* C'est nul. *(fam.)* II 1
   blöd idiot/idiote II 3A; nul/nulle II 4B
Blödsinn n'importe quoi III 4B
blond blond/blonde II 6A
auf den/dem Boden par terre III 3B
ein Boot un bateau I 9
böse méchant/méchante III 4B
man braucht etw./wir brauchen etw. il faut qc II 4B
braun *(Haarfarbe)* brun/brune II 6A, 3
Bravo! Bravo! I 7A, 3
ein Brief une lettre II 2B
ein Brieffreund/eine Brieffreundin un correspondant/une correspondante I 4E; un/une corres *(fam.)* I 4A
eine Brieftasche un portefeuille I 9
ein Briefumschlag une enveloppe III 4C
eine Brille des lunettes *(f.)* II 6A, 3
etw. bringen apporter qc I 7C
das Brot le pain II 4E
ein Bruder un frère I 6C
ein Buch un livre I 8B, 3
das Büfett le buffet III 2C
eine Bühne une scène III 3C
ein Büro un bureau III 5A
ein Bus un bus III 2E
die Butter le beurre III 2A

C

ein Café un café III 6C
campen faire du camping II 1
ein Campingbus un minibus III 6A
ein Campingplatz un camping II 1
ein Casting un casting III 3E
eine CD un CD I 3E
eine CD-ROM un CD-ROM/des CD-ROM I 3B
das CDI le CDI I 5A
ein Cent un centime I 7A
Das ist das totale Chaos. *(ugs.)* C'est le bordel. *(fam.)* II 4B
der Charakter le caractère III 4B, 2
der Chef le chef III 1A
   sich als Chef aufspielen jouer au caïd III 4A
(Kartoffel-)Chips des chips *(f., pl.)* I 8E
ein Clown un clown II 3B
ein Club un club I 8E; un atelier III 4A
eine Cola un coca I 6C
ein Collège un collège I 5E
ein Comic(heft) une BD I 2E
ein Computer un ordinateur I 3B
cool *(ugs.)* cool *(fam.)* I 2B

Wortliste

Cornflakes des céréales *(f., pl.)* II 4E
das Couscous le couscous III 3A
ein Cousin/eine Cousine un cousin/
une cousine II 5E
ein Croissant un croissant III 6B

D

da(s) ist/sind … voilà … I
  da là I 2A
  Da ist sie/er (ja)! La/Le voilà! II 5A
da comme III 5B
dabei sein etw. zu tun être en train de
  faire qc III 2B
danach puis I 4B; ensuite III 3A; après
  (ça) II 6C, 4
Danke. Merci. I 1
dann puis I 4B
  dann après (ça) II 6C, 4; ensuite
  III 3A
am Tag darauf le lendemain II 6E
das (z. B. in ”c'est …” = das ist) ce/c'
  I 1
er erklärt, dass … il explique que …
  II 6C
davon en III 5C; dont III 5B
dazu en plus III 5A
ein Dealer un dealer III 4C
den Tisch decken mettre la table I 7C
an jdn./etw. denken penser à qn/qc
  I 8B
  über etw. denken penser de qc II 6C
deprimiert sein être déprimé/dépri-
  mée III 3C, 3
derselbe/dieselbe/dasselbe/dieselben
  le même/la même/les mêmes II 3C
deshalb c'est pour ça que … III 6E
das Deutsche/die deutsche Sprache
  l'allemand *(m.)* I 4C
  Deutsch/Deutschunterricht haben
  avoir allemand I 4C
ein Deutscher/eine Deutsche un Alle-
  mand/une Allemande II 6A, 5
**ein Deutschlehrer/eine Deutschlehre-
  rin** *(ugs.)* un/une prof d'allemand
  (fam.) I 4E
Dezember décembre *(m.)* I 8A, 4
dick gros/grosse II 6A, 3
ein Dieb/eine Diebin un voleur/une
  voleuse II 2C
Dienstag mardi *(m.)* I 5B, 4
dieser/diese/dieses ce/cet/cette/ces
  II 3B
direkt direct/directe II 5B, 5
mit jdm. diskutieren discuter avec qn
  I 8A

Doch. *(auf eine verneinte Frage)* Si.
  II 3C
Donnerstag jeudi *(m.)* I 5B, 4
doof idiot/idiote II 3A; nul/nulle II 4B
ein Dorf un village I 9
dort là I 2A; là-bas II 5B; y III 6B
dorthin là-bas II 5B; y III 6B
etw. drehen tourner qc II 3C
ein Drogenverkäufer un dealer III 4C
du *(betont)* toi, tu … III 1B
dünn mince/mince II 6A, 3
durch par II 6A
die Durchwahlnummer le numéro de
  ligne directe III 5B, 4
Durst haben avoir soif I 8B
eine Dusche une douche I 3A
duschen se doucher III 2A
eine DVD un DVD II 5E

E

echt un vrai frimeur III 1A
eher plutôt III 4A
der Ehrgeiz l'ambition *(f.)* III 5B
ehrgeizig sein avoir de l'ambition *(f.)*
  III 5B
eifersüchtig jaloux/jalouse III 4B
die (gute) Eigenschaft la qualité III 5E
Eigentlich … schon. Enfin … si. II 6A
es eilig haben être pressé(s)/pressée(s)
  I 5C
eines Tages un jour III 3E
einige quelques II 5B
die Einkäufe les courses *(f.)* I 7A
etw. einkaufen acheter qc I 7A
  einkaufen faire les courses I 7A
  einkaufen gehen faire du shopping
  (fam.) II 1E
  etw. günstig einkaufen faire une
  affaire/des affaires II 3A
eine Einkaufsliste une liste des courses
  I 7A, 5
jdn. einladen inviter qn I 7A
  jdn. auf ein Glas einladen offrir un
  verre à qn II 7, 5
eine Einladung une invitation I 8A
einmal une fois II 2C
(in etw.) einsteigen monter (dans qc)
  II 5A
eintreten entrer I 3B
eine Eintrittskarte un ticket II 5C
Einverstanden. D'accord. I 2B
  einverstanden sein être d'accord
  I 8B
eine Einzelheit un détail III 3E
ein Eis une glace I 9, 2

ein Elefant un éléphant I 3A
die Eltern les parents *(m.)* I 8B
eine E-Mail un e-mail I 8B
eine E-Mail-Adresse une adresse
  e-mail I 4C, 2
das Ende la fin I 3E
endlich enfin II 1
auf Englisch en anglais II 6B, 5
die Enkel(kinder) les petits-enfants
  (m., pl.) II 5A, 1
etw. entdecken découvrir qc III 3A
… km entfernt von … à … km de I 9
eine Entscheidung une décision
  III 1A, 5
  eine Entscheidung treffen prendre
  une décision III 1A, 5
sich entschuldigen s'excuser III 2C
  Entschuldige./Entschuldigen Sie.
  Excuse-moi./Excusez-moi. III 5B
Entschuldigung. Pardon. I 7A
etw. entwerten composter qc II 5A
sich ereignen se passer III 2C
der Erfolg le succès III 3C
ein Ergebnis un résultat II 6C
etw. erklären expliquer qc I 8B
  jdm. etw. erklären expliquer qc à qn
  II 3C
eine Ermäßigung une réduction II 5B, 5
eine Ermittlung une enquête II 2E
ernst(haft) sérieux/sérieuse III 4B
ein Erpresser/eine Erpresserin un
  racketteur/une racketteuse II 6A
eine Erpressung un racket II 6E
der erste/die erste(n)/das erste … le
  premier/la première/les premiers/les
  premières… II 5B
etw. erzählen raconter qc II 2C
es gibt il y a I 2A
  Es geht mir gut. Ça va. I 1
etw. essen manger qc I 7C
das Essen le repas III 2A; la bouffe
  (fam.) III 2E
  zum Essen kommen se mettre à
  table III 2A
eine Etage un étage I 6A
etwas quelque chose II 6A
ein Euro un euro I 6A

F

das Fachabitur le bac pro III 5E
der Facharbeiterbrief le CAP III 5E
die Fachhochschulreife le bac pro
  III 5E
der Fachoberschulabschluss le BEP
  III 5E

cent soixante et onze **171**

Wortliste

fahren aller I 5E

    Mountainbike fahren faire du VTT II 1E

    in (die) Ferien/in (den) Urlaub fahren

    partir en vacances *(f., pl.)* II 5E

    fahren conduire III 6E

eine Fahrkarte un billet II 5A

    eine (einfache) Fahrkarte un aller simple II 5B, 5

der Fahrplan les horaires *(m., pl.)* II 5B, 5

ein Fahrrad un vélo II 1E

    mit dem Fahrrad en vélo II 7

ein Fahrstuhl un ascenseur I 6A

auf jeden Fall de toute façon III 1B

fallen tomber I 9

    etw. fallen lassen laisser tomber qc III 3B

falls si I 9

eine Familie une famille II 4E

ein Fan un fan/une fan II 5B

fantastisch fantastique II 3A

die Farbe la couleur II 3A

fast presque III 1B

Februar février *(m.)* I 8A, 4

fehlen manquer III 5C

ein Fels/Felsen un rocher II 2E

die Ferien les vacances *(f., pl.)* II 1E

    die Ferien verbringen passer (les/ses vacances) II 1

    in (die) Ferien fahren partir en vacances *(f., pl.)* II 5E

ein Ferienlager un camp de vacances II 1E

das Fernsehen *(ugs.)* la télé *(fam.)* II 4B

ein Fernsehmoderator/eine Fernsehmoderatorin un animateur/une animatrice III 5E

eine Fernsehsendung une émission (de télévision) III 5E

fertig prêt/prête III 1B

ein Festival un festival III 6A

jdn. festnehmen arrêter qn II 2B

eine Fete une soirée I 4C; une fête I 8E

    jdn. zur Fete einladen inviter qn à la fête I 8E

ein Film un film I 5B, 4

etw. finden trouver qc I 3E

eine Firma une entreprise III 5A

eine Flasche une bouteille I 7A

ein Flugzeug un avion III 6A

ein Flur un couloir I 3A

in Form sein *(ugs.)* être en forme *(fam.)* III 3C, 3

fortfahren continuer I 4B

ein Foto une photo I 4E

ein Fotoapparat un appareil photo II 5A

fotografieren prendre des photos I 6A

eine Fotokopie une photocopie III 5A

eine Frage une question I 2B, 4

    jdm. Fragen stellen poser des questions à qn II 6E

etw. fragen demander qc I 8A

    jdn. (nach) etw. fragen demander qc à qn II 6A

    fragen, ob … demander si … II 6C

    sich fragen, ob … se demander si … III 2E

das Französische le français I 2B

eine Frau une femme II 5B, 5

Der Eintritt ist frei. C'est gratuit. II 5B

eine Freistunde une heure de permanence II 6B

Freitag vendredi *(m.)* I 5B, 4

ein Freund/eine Freundin un copain/une copine I 1; un ami/une amie II 2B

    der Freund/die Freundin (mit dem/der man „geht") le petit copain/la petite copine II 3B, 4

eine Freundin une copine I 1

ein Friseur/eine Friseurin un coiffeur/une coiffeuse III 3A

eine Frucht un fruit I 7E

früh tôt III 2A

ein Frühstück un petit-déjeuner II 2E

frühstücken prendre son petit-déjeuner II 2E

sich (wohl-/gut) fühlen se sentir (bien) III 3A

eine Funktion une fonction III 1E

für pour I 3E

ein Fuß un pied II 2A, 4

    zu Fuß à pied II 5C

Fußball *(als Sportart)* le foot I 4A

das Futtern *(ugs.)* la bouffe *(fam.)* III 2E

G

eine Gabel une fourchette II 4C

Ganz gut! Pas mal! II 2A, 4

    ganz allein tout seul/toute seule III 3A

(der/die/das) ganz(e)/alle … *(Begleiter)* tout le, toute la, tous les, toutes les II 7E

    den ganzen Tag toute la journée II 7E

etw. geben donner qc II 4C; passer qc II 4C, 2

    Was gibt es? Qu'est-ce qu'il y a? I 5B

    Das gibt's doch nicht! Ça alors! II 4B

Ich gebe ihn/sie Ihnen. *(am Telefon)* Je vous le/la passe. III 5B, 4

ich bin geboren je suis né/née III 4A

ein Geburtstag un anniversaire I 3A

ein Geburtstagsgeschenk un cadeau d'anniversaire I 3B

eine Geburtstagsparty une fête d'anniversaire I 8B, 5

auf andere Gedanken kommen se changer les idées III 3A

ein Gedicht un poème I 3E

geduldig patient/patiente III 4B

gefährlich dangereux/dangereuse II 7

jdm. gefallen plaire à qn III 3A

ein Gefühl une émotion III 3C, 3

gegen *(zeitlich)* vers II 2B

    gegen contre II 6A

eine Gegend une région I 4B

das Gegenteil (von) le contraire (de) III 2C, 5

gegenüber von en face de II 5B

ein Gehalt un salaire III 5B

gehen aller I 5E

    Wie geht's? Ça va? I 1

    Wohin gehst du? Tu vas où? I 5A, 2

    zu jdm. gehen aller voir qn II 6A

    nach Hause gehen rentrer à la maison I 5B

    einkaufen gehen faire du shopping *(fam.)* II 1E

    Es geht. Ça marche bien. III 1A

    ins/zu Bett gehen se coucher III 2A

    Wohin gehst du? Où vas-tu? III 6C

zu etw. gehören faire partie de qc III 5B

    jdm. gehören être à qn III 6B

gelb jaune/jaune II 3E

das Geld l'argent *(m.)* II 4A

    Geld verdienen gagner de l'argent II 7

ein Geldautomat un distributeur III 6B

ein Geldstück une pièce III 3B

eine (gute) Gelegenheit une chance III 4B

ein Gemüse un légume I 7E

genau exactement II 3C, 3

genervt énervé/énervée II 3A

genial génial/géniale/géniaux/géniales II 3A; génial I 4A

genug … assez (de) … II 7

das Gepäck les bagages *(m., pl.)* III 6A

etw. gerade getan haben venir de faire qc III 2B

geradeaus tout droit II 5B

in Panik geraten paniquer II 2C

geregelt réglé/réglée II 6B

jdn./etw. gern mögen aimer qn/qc I 3E

Wortliste

Ich möchte gern. Je veux bien. III 5B
    etw. gern tun aimer faire qc I 4C
ein Geschäft un magasin II 3A
ein Geschäftsführer/eine Geschäfts-führerin un directeur/une directrice III 5B
ein Geschenk un cadeau I 3E, des cadeaux *(m., pl.)* II 3B, 4
Geschichte *(als Schulfach)* histoire *(f.)* I 5B, 2
geschickt adroit/adroite III 5E
das Geschirr la vaisselle II 4C
geschlossen fermé/fermée III 1B
gestern hier II 2E
gestresst stressé/stressée III 3C, 3
die Gewalt la violence II 6A
Gewonnen! Gagné! I 2B
ein gewisser/eine gewisse/gewisse/ einige ... un certain/une certaine/ certains/certaines ... III 2C
gewiss sûrement III 6B
ein Gewitter un orage III 6C, 5
die Gitarre la guitare III 1A
ein Gitarrist/eine Gitarristin un guita-riste/une guitariste III 1E
ein Glas un verre I 8B
    ein Glas Cola un verre de coca I 8B
    jdn. auf ein Glas einladen offrir un verre à qn II 7, 5
glauben (, dass) croire (que) III 1B
gleich (sein) (être) pareil/pareille III 2A
ein Gleis une voie II 5A
Glück haben avoir de la chance I 7C
glücklich content/contente II 6C
ein Glücksbringer un porte-bonheur/ des porte-bonheurs I 7C
Herzlichen Glückwunsch zum Geburtstag! Joyeux anniversaire! I 3B
ein Grad un degré III 6A
grau gris/grise II 3E
groß grand/grande II 3B
die (Körper-)Größe la taille II 3C, 3
    die (Schuh-)Größe la pointure II 3C, 3
die Großeltern les grands-parents *(m., pl.)* II 4B, 1
die Großmutter la grand-mère I 7A
der Großvater le grand-père I 4B
grün vert/verte II 3E
ein Grundschullehrer un professeur des écoles III 5E
eine Gruppe un groupe II 1
jdn. lieb grüßen embrasser qn II 4C
günstig intéressant/intéressante II 3A
    etw. günstig einkaufen faire une affaire/des affaires II 3A
gut bon/bonne II 4C

Guten Tag/Morgen! Bonjour (, Madame/Monsieur)! I 1
Guten Appetit! Bon appétit! I 6C
Gute Nacht! Bonne nuit! III 2A
gut *(Adverb)* bien I 8B
    Gut, ... Bon, ... II 1, 2
    Das ist (schon) gut. C'est bon. III 1A
    sehr gut drauf sein *(ugs.)* avoir la pêche *(fam.)* III 3C, 3
ein Gymnasium un lycée III 2A

H

ein Haar/Haare un cheveu/des che-veux II 6A
haben avoir I 4C
ein Hähnchen un poulet I 1
Hallo! *(ugs.)* Salut! *(fam.)* I
Hallo? *(am Telefon)* Allô? I 4C
sich für ... halten se prendre pour ... III 4A
eine Haltestelle une station I 6A
ein Hamburger un hamburger II 4A
eine Hand une main II 2A, 4
Handball le handball II 1E
ein Handy un portable I 8A
eine Handynummer un numéro de portable I 8A
hart dur/dure III 5A
jdn./etw. hassen détester qn/qc I 3A
hässlich moche/moche II 3B
ein Haus une maison I 5B
    nach Hause gehen rentrer à la mai-son I 5B
die Hausaufgaben les devoirs *(m., pl.)* I 4A
ein Heft un cahier I 3B, 1
heiraten se marier III 4B
heiß chaud/chaude III 2A
heißen s'appeler III 3C
jdm. helfen aider qn II 4C
Kommt herein! Entrez. I 8B
Herr ... *(als Anrede)* monsieur ... I 1
herumalbern rigoler I 9
sich herumtreiben *(ugs.)* traîner *(fam.)* III 4A
hervorragend excellent/excellente II 6B
heute aujourd'hui I 7E
hier ici I 3B
die Hilfe l'aide *(f.)* II 7
    jdm. seine Hilfe anbieten offrir son aide à qn II 7
der Himmel le ciel III 6A
hinaufgehen monter II 2B
hinausgehen sortir II 4B

hineingehen entrer I 3B
etw. hineintun mettre qc I 7B
hinter derrière II 2B
    hinter jdm. her sein être derrière qn III 4B
der Hintern les fesses *(f.)* II 2A, 4
hinuntergehen descendre II 5C
etw. hinzufügen ajouter qc II 4A
der Hip-Hop le hip-hop II 1, 4
die Hitparade le hit-parade III 6A, 4
das Hobby le hobby I 4B
hoffen (, dass) espérer (que) III 1B
die Hoffnung l'espoir *(m.)* III 3A
eine Hohlstunde une heure de perma-nence II 6B
etw. holen (gehen) aller chercher qc II 1
etw. hören écouter qc I 3B; entendre qc II 5C
eine Hose un pantalon II 1
ein Hotel mit Gaststätte un hôtel-restaurant II 7, 2
hübsch beau/bel/belle/beaux/belles II 3B
hübsch joli/jolie III 6B
ein Hund un chien I 1
der Hunger la faim I 6B
    Hunger haben avoir faim *(f.)* I 6B
    ein bisschen Hunger haben avoir une petite faim *(f.)* II 4A
ein Hut/Hüte un chapeau/des chapeaux III 3C

I

ich *(betont)* moi I
eine Idee une idée I 4C
idiotisch idiot/idiote II 3A
im Internet sur Internet I 3B
immer noch toujours I 8B; I 8B
    immer noch nicht ne ... toujours pas III 3B
in à I; dans I 2A
    in Deutschland en Allemagne I 4B
    in der/die Stadt en ville II 3E
    in diesem Ton sur ce ton III 4E
ein Informatiker/eine Informatikerin un informaticien/une informati-cienne III 5A
eine Information une information I 4B, 1; un renseignement III 3E
jdn. informieren informer qn III 5B
das Inlineskaten le roller I 4B
ein (Musik-)Instrument un instrument (de musique) III 1A
interessant intéressant/intéressante II 3A

cent soixante-treize **173**

Wortliste

jdn. interessieren intéresser qn II 1
   sich für etw. interessieren s'intéresser à qc III 5E
das Internet (l')Internet *(m.)* I 3B
   im Internet sur Internet I 3B
eine Internetseite une page Internet I 4E
ein Interview une interview III 5C
italienisch italien/italienne III 6A

J

Ja. oui I 1
   Ja! *(ugs.)* Ouais! *(fam.)* II 3E
eine Jacke un blouson II 6E
ein Jahr un an I 4B
Januar janvier *(m.)* I 8A, 4
eine Jeans un jean II 3E
jeden Montag le lundi I 5A
   jeder/jede/jedes chaque/chaque II 6C
   jeder/jede (einzelne) chacun/chacune III 6C
   jeder tout le monde II 7
   wegen jeder Kleinigkeit pour rien III 3E
jemand quelqu'un III 5B, 5
jetzt maintenant I 5B
ein Job *(ugs.)* un boulot *(fam.)* III 3B
ein Jogurt un yaourt II 4E
ein Jongleur un jongleur I 6C
Judo le judo II 1E
eine Jugendherberge une auberge de jeunesse III 3A
ein Jugendlicher/eine Jugendliche/Jugendliche un jeune/une jeune/des jeunes II 1
Juli juillet *(m.)* I 8A, 4
jung jeune/jeune III 3A, 6
ein Junge un garçon I 2B
Juni juin *(m.)* I 8A, 4
die Jury le jury III 3A

K

der Kaffee le café II 4E
der Kakao le chocolat II 4E
kalt froid/froide III 2A
kämpfen se battre III 4C
kanadisch canadien/canadienne III 6A
eine Kantine une cantine I 5E
das Kanu le canoë II 1E
das Karaoke le karaoké I 4C
eine Karotte une carotte I 7E
eine Karte une carte I 3A, 5; II 3B, 4
eine Karteikarte une fiche III 5E;
   une carte I 3A, 5

Kartoffelchips des chips *(f., pl.)* I 8E
ein Karton un carton I 3A
der Käse le fromage II 4E
eine Kasse une caisse II 3C, 3
eine Katastrophe une cata *(fam.)* I 8B; une catastrophe I 8B
eine Katze un chat I 4B, 3
etw. kaufen acheter qc I 7A
   sich etw. kaufen s'acheter qc III 3A
ein Kaufhaus un grand magasin I 6A
ein Kaugummi un chewing-gum II 4B, 4
kein/keine/keinen … ne … pas de … II 4A
   Keine Ahnung. Je ne sais pas. I 4C
   Kein Problem! Pas de problème! I 7A, 2
   Keine Sorge! Pas de souci! III 2A
   kein/keine/keinen … mehr ne … plus de … II 4A
jdn./etw. kennen connaître qn/qc II 6A
ein Kerl/Kerle *(ugs.)* un mec/des mecs *(fam.)* III 4C
das Keyboard le clavier III 1A
ein Kfz-Mechaniker/eine Kfz-Mechanikerin un mécanicien/une mécanicienne III 5E
ein Kilo un kilo I 7E
   ein Kilo … un kilo de … I 7A
ein Kilometer un kilomètre I 9
ein Kind un enfant I 4B
das Kino le cinéma I 4B
eine Kirche une église I 6B
eine Kiwi un kiwi I 7E
die Klamotten *(ugs.)* les fringues *(f., pl., fam.)* III 6B
Es klappt gut. Ça marche bien. III 1A
Na klar. Ben oui. I 7C
eine Klasse une classe I 4E
Klasse 3 E la 3ᵉE II 3A
eine Klassenarbeit *(ugs.)* une interro *(fam.)* (= une interrogation) I 4C
der Klassenlehrer/die Klassenlehrerin le professeur principal/la professeur principale II 6A
(eine) Klassen(lehrer)stunde Vie de classe *(f.)* II 6A
jdm. Beifall klatschen applaudir qn III 1A
der Klebstoff la colle III 2B
ein Kleid une robe II 3A
sich modisch kleiden être à la mode II 3C, 2
ein Kleidungsstück/Kleider un vêtement/des vêtements II 3A
klein petit/petite II 3B

ein Kleinbus un minibus III 6A
ein Kleiner/eine Kleine/Kleine un petit/une petite/des petits/des petites III 4E
wegen jeder Kleinigkeit pour rien III 3E
Klick! Clic! II 5C
auf etw. klicken cliquer sur qc I 4B
klingeln sonner I 4C
   bei jdm. klingeln sonner chez qn I 4C
eine (kleine) Kneipe un café III 6C
kochen faire la cuisine II 4C
ein Koch/eine Köchin un cuisinier/une cuisinière III 5E
ein Kochrezept une recette I 7A
ein Kollege/eine Kollegin un collègue/une collègue II 2A
komisch bizarre II 2A
(an)kommen arriver I 5A
   kommen (nach) venir (à) II 5B
   kommen aus/von venir de II 5B
   zu Tisch/zum Essen kommen se mettre à la table III 2A
ein Kommissar/eine Kommissarin un/une commissaire II 2E
kompliziert compliqué/compliquée III 5C
die Konfitüre la confiture II 4E
können pouvoir I 9
   etw. tun können pouvoir faire qc I 9
ein Kontakt un contact I 6A, 4
   mit jdm. Kontakt aufnehmen prendre contact avec qn II 6A, 4
ein Konzert un concert III 1B
ein Kopf une tête I 5B
Kopfschmerzen haben avoir mal à la tête I 5B
kosten coûter II 3C, 3
   Was kostet die Ananas? C'est combien, l'ananas? I 7A
   viel (Geld) kosten coûter cher II 7
kostenlos gratuit/gratuite II 5B
krank malade I 5B
   krank werden tomber malade III 1B
gekränkt sein être vexé/vexée II 7
ein Krankenhaus un hôpital I 2A
ein Krankenpfleger un infirmier III 5E
eine Krankenschwester une infirmière III 5E
ein Krankenzimmer *(einer Schule)* une infirmerie I 5E
kreativ créatif/créative III 5E
eine Küche une cuisine I 3A
ein Kuchen un gâteau III 5C
ein Kühlschrank un frigo II 4A
sich um jdn./etw. kümmern s'occuper de qn/qc III 2E

Wortliste

ein Kunde/eine Kundin un client/une cliente **I 7A,** 6
ein Künstler/eine Künstlerin un artiste/une artiste **III 6B**
jd. küssen embrasser qn **II 4C**

L

ein Laden un magasin **II 3A**
ein Land un pays **III 6B**
lassen laisser **I 7B**
  jdn./etw. lassen laisser qn/qc **II 2C**
  Lasst euch nicht alles gefallen! Ne vous laissez pas faire! **III 4C**
  Lass mich (bloß) in Ruhe. *(ugs.)* Fiche-moi la paix. *(fam.)* **III 4C,** 4
das Radio laut stellen mettre la radio fort **II 4A**
läuten sonner **I 4C**
das Leben la vie **III 3B**
ein (kleines) Lebensmittelgeschäft une épicerie **III 6B**
etw. legen mettre qc **I 7B**
ein Lehrer/eine Lehrerin *(ugs.)* un/une prof *(fam.)* = un/une professeur **I 4E**
leicht facile/facile **II 3B**
(die) Leichtathletik l'athlétisme *(m.)* **II 1E**
  Leichtathletik machen faire de l'athlétisme *(m.)* **II 1E**
Es tut mir leid! Désolé!/Désolée! **II 7,** 10
leiser moins fort **II 4A**
ein Leiter/eine Leiterin un directeur/une directrice **III 5B**
eine Leitung une ligne **III 5B,** 4
eine Lektion une leçon **I 1; I 7C**
die Lektüre la lecture **III 1A**
etw. lernen apprendre qc **I 7C;** réviser **III 2B**
etw. lesen lire qc **II 6B**
  vor dem Lesen avant la lecture **III 1A**
letzter/letzte/letztes dernier/dernière **III 1B**
die Leute les gens *(m., pl.)* **II 5B**
Lieber/Liebe … *(in der Anrede)* Cher/Chère … **II 6A,** 5
Liebe auf den ersten Blick le coup de foudre **I 8B**
jdn./etw. lieben aimer qn/qc **I 3E;** adorer qn/qc **I 4B**
etw. lieber tun préférer faire qc **I 7C**
Lieblings- préféré/préférée **II 5B**
die Lieblingssportart le sport préféré **II 1E**
ein Lied une chanson **II 5C**
(nach) links à gauche **II 5B**

eine Liste une liste **I 7A,** 5
ein Löffel une cuillère **II 4C,** 2
ein Lohn un salaire **III 5B**
Es lohnt sich. Ça vaut la peine. **III 5B**
lokal local/locale **III 5A**
der Look le look **II 3E**
Los! Allez! **I 7E**
eine Lösung une solution **III 1B**
lügen mentir **II 4B**
ein Lügner/eine Lügnerin un menteur/une menteuse **III 4B**
Lust haben avoir envie *(f.)* **I 6A**
  Lust haben etw. zu tun avoir envie de faire qc **III 5A**
lustig drôle/drôle **III 3C;** marrant **I 4A**
ein Lycée un lycée **III 2A**

M

etw. machen faire qc **I 4A**
  Fotos machen prendre des photos **I 6A**
  Das macht … Ça fait … **I 6B**
  sich Notizen machen prendre des notes **II 6B**
  sich Sorgen machen s'inquiéter **III 4B**
ein Mädchen une fille **I 4B**
die Mahlzeit le repas **III 2A**
Mai mai *(m.)* **I 8A,** 4
die Majonäse la mayonnaise **I 3E**
ein Maler un peintre **I 6B**
Mama maman **I 3A**
manchmal parfois **III 3C**
man darf /soll etw. nicht tun il ne faut pas faire qc **II 4B,** 4
ein Mann un homme **II 5B,** 5
eine Mannschaft une équipe **II 5B**
eine Marinade une marinade **I 7B**
ein Markt un marché **I 7E**
März mars *(m.)* **I 8A,** 4
Mathe = Mathematik les maths *(f., pl.; fam. = les mathématiques)* **I 5A**
die Medien les médias *(m., pl.)* **III 5B**
das Meer la mer **II 2B**
mehr plus **I 7A,** 3
mehrere plusieurs **II 6C**
etw. meinen vouloir dire qc **III 2A**
eine Meinung un avis **II 6C,** 2
  Ich bin deiner Meinung. Je suis de ton avis. **II 6C,** 2
  meiner Meinung nach à mon avis **II 6C,** 2
  seine Meinung sagen donner son avis **II 6C,** 2
etw. (be-)merken remarquer qc **III 1A**

ein Messer/Messer un couteau/des couteaux **II 4C**
die Metro le métro **I 6A**
  die Metro nehmen prendre le métro **I 6A**
eine Metrofahrkarte un ticket **II 5C**
ein Mikrofon un micro (= *un microphone*) **III 5B**
die Milch le lait **II 4E**
ein Minirock une minijupe **II 3E**
eine Minute une minute **I 3B**
mit mir avec moi **I 3E**
  bei mir chez moi **I 4C**
Mist! *(ugs.)* Zut! *(fam.)* **I 1**
mit avec **I 1**
  mit mir avec moi **I 3E**
  mit dem Kanu en canoë **II 1**
etw. mitbringen apporter qc **I 7C;** rapporter qc **III 6B**
jdn. mitnehmen emmener qn **III 6A**
heute Mittag ce midi **II 4A**
mittags à midi **I 5A**
Mittwoch mercredi *(m.)* **I 5B,** 4
das MJC la MJC **III 4A**
die Mode la mode **II 3C,** 2
modern sein être à la mode **II 3C,** 2
jdn./etw. gern mögen aimer qn/qc **I 3E**
  jdn./etw. überhaupt nicht mögen détester qn/qc **I 3A**
  jdn./etw. mögen adorer qn/qc **I 4B**
  ich möchte je voudrais **I 7E**
  ich möchte gern … (+ Infinitiv) je voudrais bien … *(+ infinitif)* **I 8B**
möglich possible/possible **III 1B**
eine Möhre une carotte **I 7E**
Einen Moment (mal)! Une minute! **I 6A**
ein Monat un mois **III 1E**
(am) Montag lundi *(m.)* **I 4C**
Montagnachmittag lundi après-midi **I 5B**
montags/jeden Montag le lundi **I 5A**
morgen demain **I 4A**
ein Morgen un matin **I 5A**
  Guten Morgen! Bonjour! **I 1**
  eines Morgens un matin **III 3A**
ein Motorroller un scooter **II 7E**
ein Mountainbike un VTT **II 1E**
  Mountainbike fahren faire du VTT **II 1E**
eine Mousse au chocolat une mousse au chocolat **III 2A**
müde fatigué/fatiguée **II 4B**
die Mühe la peine **III 5B**
eine Münze une pièce **III 3B**
die Musik la musique **I 4E**

cent soixante-quinze **175**

Wortliste

die Musik ausmachen arrêter la musique **I 7C**

Musik machen jouer de la musique **III 1E**

ein Musiker un musicien **I 6C**

eine Musikgruppe un groupe **II 5B**

ein Musikinstrument un instrument (de musique) **III 1A**

eine Musikschule une école de musique **I 4E**

etw. tun müssen devoir faire qc **II 4A**

man muss etw. tun/wir müssen etw. tun il faut faire qc **II 4B**

man muss nur etw. tun il suffit de faire qc **III 5A**

mutig courageux/courageuse **III 4B**

die Mutter la mère **I 6E**

N

Na ja! *(ugs.)* Bof! *(fam.)* **I 4C**

Na klar. Ben oui. **I 7C**

Na/Ja und? Et alors? **II 3C**

nach *(zeitlich)* après **I 5A**

zwanzig nach vier quatre heures vingt **I 5B**

ein Nachbar/eine Nachbarin un voisin/une voisine **II 4A**

nachdenken réfléchir **III 1A**

nachdenklich pensif/pensive **III 4A**

eine Nachforschung une recherche **I 4A**

ein Nachmittag un après-midi **I 5B**

heute Nachmittag cet après-midi **II 3B**

eine Nachricht un message **II 4B**

die Nachrichten les infos *(f., pl.)* (= *les informations*) **II 4C**

eine Stunde nachsitzen (müssen) avoir une heure de colle **III 2B**

am nächsten Sonntag dimanche *(m.)* **I 4C**

nächster/nächste/nächstes prochain/ prochaine **II 5C**

die Nacht la nuit **III 2A**

Gute Nacht! Bonne nuit! **III 2A**

ein Nachtisch un dessert **I 7A**

nahe près **II 5C**

nahe bei etw. près de qc **II 5C**

sich jdm. nähern s'approcher de qn **III 6A**

naiv naïf/naïve **III 4A, 4**

ein Name un nom **I 4B**

die Nase von etw. voll haben *(ugs.)* en avoir marre de qc *(fam.)* **II 3C**

Ich habe die Nase voll. J'en ai ras le bol! *(ugs.)* **III 4C, 4**

nass mouillé **I 9**

Natürlich! Bien sûr! **II 5E**

neben etw. près de qc **II 5C**

neben à côté de **I 8B**

etw. nehmen prendre qc **I 6A**

Platz nehmen prendre place **II 5B**; s'installer **III 6A**

die Metro nehmen prendre le métro **I 6A**

Nein. Non. **I 1**

jdn. nerven énerver qn **II 4C**

eine Nervensäge une petite peste **II 3B**

nervös nerveux/nerveuse **III 5B**

nett *(ugs.)* sympa *(fam.)* **I 2B**

Sind eure Lehrerinnen und Lehrer nett? Vos profs sont sympas? **I 6E**

nett gentil/gentille **II 4C**

neu nouveau/nouvel/nouvelle/ nouveaux/nouvelles **II 3B**

nicht ne … pas **I 4B**

nicht wahr … , non? **I 2B**

noch nicht ne … pas encore **II 2C**

nicht mehr ne … plus **II 3C**

überhaupt nicht ne … pas du tout **II 6C, 2**

auch nicht ne … pas non plus **II 7**

nicht einmal ne … même pas **III 3B**

Nicht wie du. Pas comme toi. **III 5A**

ein Nichtraucher un non-fumeur **II 5B, 5**

nichts ne … rien **II 2C**

wegen nichts pour rien **III 3E**

ein Nicht-Sesshafter/eine Nicht-Sesshafte un/une SDF **III 3B**

nie ne … jamais **II 7**

sich niederlassen s'installer **III 3C**

niemals ne … jamais **II 7**

Niemand … Personne ne … **III 3B**

noch encore **I 6B**

normal normal/normale **III 6B**

eine Note une note **I 7C**

eine Supernote une super note **I 7C**

etw. notieren noter qc **III 3A**

sich Notizen machen prendre des notes **II 6B**

November novembre *(m.)* **I 8A, 4**

eine Null (als Note) *(ugs.)* une bulle *(fam.)* **III 2B**

Null Punkte haben *(ugs.)* avoir une bulle *(fam.)* **III 2B**

Null Punkte haben avoir zéro **III 2B**

eine Nummer un numéro **I 5A, 6**

eine Telefonnummer un numéro de téléphone **I 5A, 6**

nur seulement **III 3B**

Nur so. Comme ça. **I 8B**

nützlich utile/utile **II 6C**

O

Ich weiß nicht, ob … Je ne sais pas si … **III 1A**

ob si **III 5B**

ein Obdachloser/eine Obdachlose un/ une SDF (= *sans domicile fixe*) **III 3B**

und obendrein en plus **III 5A**

das Obst les fruits *(m., pl.)* **I 7E**

ein Obstsalat une salade de fruits **I 7B**

Das ist öde. *(ugs.)* C'est nul. *(fam.)* **II 1**

öde nul/nulle **II 4B**

… , oder? … , non? **I 2B**

oder ou **I 3A, 3**

offen ouvert/ouverte **II 6C**

die Öffentlichkeit le public **III 3C**

etw. öffnen ouvrir qc **II 7**

oft souvent **I 7C, 3**

ohne sans **II 2B**

ohne ihn sans lui **III 1B**

ohne zu (+ Infinitiv) sans (+ *infinitif*) **III 3A**

o.k. D'accord. **I 2B**; O.K. **I 8E**

Das ist o.k. C'est bon. **III 1A**

Oktober octobre *(m.)* **I 5B, 4**

das Öl l'huile *(f.)* **I 7A**

eine Flasche Öl une bouteille d'huile *(f.)* **I 7A**

Oma *(ugs.)* mamie *(fam.)* **I 7E**

die Oma la grand-mère **I 7A**

ein Onkel un oncle **II 5C, 3**

Opa papi *(fam.)* **II 4B**

ein Opfer une victime **II 6B**

eine Orange une orange **I 2A**

der Orangensaft le jus d'orange **I 8A, 3**

etw. organisieren organiser qc **I 8E**

sich organisieren s'organiser **III 2E**

ein Ort un endroit **III 3A, 2**

örtlich local/locale **III 5A**

Ostern Pâques *(f., pl.)* **II 5E**

P

ein paar quelques **II 5B**

in Panik geraten paniquer **II 2C**

ein Panzer un char **III 6A**

Papa papa **I 3A**

ein Park un parc **I 2B**

etw. parken garer qc **III 6C**

eine Partie un match **I 2B**

Spielen wir eine Partie? On fait un match? **I 2B**

eine Party une soirée **I 4C**; une fête **I 8E**

jdn. zur Party einladen inviter qn à la fête **I 8E**

jdm. passen aller à qn **II 3A**

176 cent soixante-seize

Wortliste

Sie passen dir supergut. Elles te vont super bien. *(fam.)* **II 3A**

Ist etwas passiert? Il s'est passé quelque chose? **III 4A**

passiv passif/passive **III 4A, 4**

die (Schul-)Pause *(ugs.)* la récré *(fam.)* (= la récréation) **II 4E**

Wie peinlich! La honte! **III 5C**

eine Person une personne **I 6A**

ein Personalausweis une carte d'identité **II 5A**

der Pfeffer le poivre **I 7B**

pfeifen siffler **III 6A**

ein Pferd un cheval/des chevaux **II 1E**

jdn. pflegen soigner qn **III 5E**

ein Picknick un pique-nique **I 9**

ein Piercing un piercing **II 6A, 3**

ein Pilz un champignon **I 7E**

eine Pizza une pizza **I 6A, 3**

ein Plakat une affiche **I 8E**

ein Plan un plan **I 2E**

  ein Übersichtsplan un plan **I 9**

Platsch! Plouf! **I 9**

ein Platz une place **I 6B**

  Platz nehmen prendre place **II 5B**; s'installer **III 6A**

  Platz machen faire de la place **III 2E**

plötzlich tout à coup **I 6C**

der Po les fesses *(f.)* **II 2A, 4**

die Polizei la police **II 2E**

ein Polizeirevier un commissariat de police **II 2B**

ein Polizist un agent **I 2A**

Pommes frites des frites *(f., pl.)* **I 7C, 2**

ein Porträt un portrait **I 6B**

die Post la poste **II 7, 10**

ein Praktikum un stage **III 4A**

ein Preis/Preise un prix/des prix **II 3A**

eine Probe une répétition **III 1A**

proben répéter **III 1E**

etw. probieren essayer qc **II 3A**

ein Problem un problème **I 3B**

ein Programm un programme **III 5A**

etw. programmieren programmer qc **III 5C**

ein Projekt un projet **I 4E**

ein Prozent un pour cent **II 6C**

Psst! Chut! **I 5A**

das Publikum le public **III 3C**

ein Pulli un pull **I 2E**

das Püree la purée **II 4A**

Q

die Qualität la qualité **III 5E**

Quatsch n'importe quoi **III 4B**

R

ein Rabatt une réduction **II 5B, 5**

das Radio la radio **II 4A**

ein Radiosprecher un animateur/une animatrice **III 5E**

der Rap le rap **I 3E**

ein Rat un conseil **III 4A**

ein Rathaus *(einer größeren Stadt)* un hôtel de ville **II 7, 4**

ein Raum une salle **I 5A**

reagieren réagir **III 3B**

eine Recherche une recherche **I 4A**

Recht haben avoir raison **II 3B**

(nach) rechts à droite **II 5B**

mit jdm. reden discuter avec qn **I 8A**

ein Referat un exposé **II 6B**

eine Regel une règle **I 4E**

der Regen la pluie **III 6A**

eine Region une région **I 4B**

Es regnet. Il pleut. **III 6A**

Das reicht! Ça suffit! **III 2E**

  etw. reichen passer qc **II 4C, 2**

der Reis le riz **I 7A**

eine Reise un voyage **II 5A**

reisen voyager **III 6A**

ein Reisender/eine Reisende un voyageur/une voyageuse **II 5B, 5**

reiten faire du cheval **II 1E**

ein Reitstiefel une botte **III 6C**

ein Rektor/eine Rektorin *(am Collège)* un principal/une principale **II 6A**

etw. reparieren réparer qc **III 5E**

eine Reportage un reportage **III 1B, 5**

ein Reporter/eine Reporterin un reporter/une reporter **I 3B, 2**

eine Reservierung une réservation **II 5B, 5**

jdn./etw. respektieren respecter qn/qc **II 6C**

ein Resultat un résultat **II 6C**

eine Richtung une destination **II 5A**

  der TGV Richtung Paris le TGV à destination de Paris **II 5A**

  die Richtung la direction **II 5B**

riechen sentir **II 4C**

ein Rock une jupe **II 1**

die Rock-Pop-Musik la musique pop-rock **III 1E**

eine Rolle un rôle **III 3C, 1**

ein Roller un scooter **II 7E**

rot rouge/rouge **II 3E**

die Route la route **III 6E**

der Rücken le dos **II 2A**

eine Rückfahrkarte un aller-retour **II 5B, 5**

ein Rucksack un sac **I 2E**; un sac à dos **II 3A, 4**

die Rücksichtnahme le respect **II 6C**

das Rugby(-Spiel) le rugby **II 1E**

eine Rugbymannschaft une équipe de rugby **II 5B**

Lass mich (bloß) in Ruhe. *(ugs.)* Fiche-moi la paix. *(fam.)* **III 4C, 4**

ruhig tranquille/tranquille **III 4E**

eine Runde un match **I 2B**

S

ein Saal une salle **I 5A**

die Sachen les affaires *(f., pl.)* **II 3A**

  eine Sache une chose **III 3A, 2**

ein Saft un jus **I 7B**

Sag mal, … Dis donc, … **I 8A**

  Also sag mal! Ça alors! **II 4B**

  jdm. etw. sagen dire qc à qn **II 6B**

  seine Meinung sagen donner son avis **II 6C, 2**

  Sag mal, Johnny … Dis Johnny, … **III 1B, 3**

ein Skaterclub un club de roller **I 8E**

ein Salat une salade **I 7B**

das Salz le sel **I 7B**

(am) Samstag samedi *(m.)* **I 4C**

ein Sandwich un sandwich **I 6B**

ein Sänger/eine Sängerin un chanteur/une chanteuse **III 1A**

ein Satz une phrase **I 2E**

die Sauberkeit la propreté **III 5E**

der Schalter le guichet **II 5B, 5**

die Schande la honte **III 5C**

  Oh Schande! La honte! **III 5C**

ein Schaufenster une vitrine **II 3C, 3**

schaukeln bouger **I 9**

ein Schauspieler/eine Schauspielerin un acteur/une actrice **III 3E**

  Schauspieler werden devenir acteur **III 3E**

scheinen avoir l'air **III 3B**

jdm. etw. schenken offrir qc à qn **II 7**

ein Schiff un bateau **I 9**

der Schinken le jambon **II 4E**

ein Schlafanzug un pyjama **III 2A**

schlafen dormir **II 4B**

ein Schlafzimmer une chambre **I 2E**

ein Schlag un coup **II 6E**

das Schlagzeug la batterie **III 1A**

schlau intelligent/intelligente **III 4B**

schlecht nul/nulle **II 4B**; mauvais/mauvaise **II 6A**

cent soixante-dix-sept **177**

Wortliste

schlecht drauf sein *(ugs.)* avoir le cafard *(fam.)* **III 3A**

Nicht schlecht! Pas mal! **II 2A, 4**

   schlecht mal **III 5A**

schlechtbezahlt mal payé/mal payée **III 5A**

etw. schließen fermer qc **II 4B**

   etw. wieder schließen refermer qc **II 3B**

schlimm grave/grave **I 9**

zum Schluss à la fin **I 7B**

   der Schluss la conclusion **II 6C, 4**

   zum Schluss en conclusion *(f.)* **II 6C, 4**

ein Schlüssel une clé **II 6B**

ein Schlüsselwort/Schlüsselwörter un mot-clé/des mots-clés **II 6B**

die Schlussfolgerung la conclusion **II 6C, 4**

der Schlussverkauf les soldes *(f., pl.)* **II 3A**

ein Schnäppchen machen faire une affaire/des affaires **II 3A**

schneien neiger **III 6C, 5**

schnell vite **I 5A**

die Schokolade le chocolat **II 4E**

ein Schokoladenkuchen un gâteau au chocolat **III 5C**

schön sympa/sympa **II 3A;** beau/bel/belle/beaux/belles **II 3B**

   Schönes Wochenende! Bon week-end! **I 7A**

schon déjà **I 4C**

jdm. etw. schreiben écrire qc à qn **II 6B**

schreien crier **II 5C**

jdn. schubsen pousser qn **II 2A**

ein Schuh une chaussure **II 3E**

Welche Schuhgröße haben Sie? Quelle est votre pointure? **II 3C, 3**

eine Schulaufgabe *(ugs.)* une interro *(fam.)* (= une interrogation) **I 4C**

ein Schulbibliothekar/eine Schulbibliothekarin un documentaliste/une documentaliste **I 5A**

eine Schule une école **I 2A**

ein Schüler/eine Schülerin un élève/une élève **I 4A**

ein Schüleraustausch un échange scolaire **II 6A, 4**

schulisch scolaire/scolaire **II 6A, 4**

eine Schulnote une note **I 7C**

eine Schulpartnerschaft haben mit … être jumelé(e) avec… **II 5A, 5**

schwarz noir/noire **II 3E**

schwer lourd/lourde **III 6E**

eine Schwester une sœur **I 4C**

schwierig difficile/difficile **III 6B**

schwimmen nager **II 1**

das Schwimmen la natation **II 1E**

segeln faire de la voile **II 1E**

jdn./etw. sehen voir qn/qc **II 3A**

   Sieh mal einer an. Tiens. **II 3A**

   Ich will/kann dich nicht mehr sehen! Je ne veux plus te voir! **II 3C**

sehr très **I 4A**

die Seilbahn le téléphérique **III 2B**

sein être **I 2B**

   Das ist … C'est … **I 1**

   sein aus être de **I 2B**

   Ich bin dran. C'est à moi. **I 7A**

   Da bist du ja! Te voilà! **II 6B**

   Wo ist … ? Où est … ? **I 3A**

   Wer ist das? Qui est-ce? **I 1**

seit pendant **II 3A;** depuis **III 1B**

eine Seite une page **I 4E**

ein(e) Sekretär(in) un secrétaire/une secrétaire **III 5A**

selbstsicher sein être sûr/sûre de … **III 3A**

seltsam bizarre **II 2A**

eine (Fernseh-)Sendung une émission (de télévision) **III 5E**

September septembre *(m.)* **I 5A**

eine Serie une série **III 3E**

seriös sérieux/sérieuse **III 4B**

etw. setzen mettre qc **I 7B**

das Shoppen le shopping **II 1E**

shoppen gehen faire du shopping *(fam.)* **II 1E**

sicher sûr/sûre **III 3A**

Siedlung la cité **III 4E**

singen chanter **I 3A**

eine Situation une situation **I 6C, 2**

jdn. sitzen lassen quitter qn **II 2C**

eine Skatertour une rando roller **I 8B**

ein Sketsch un sketch **II 6C**

der Ski le ski **II 1E**

das Skifahren le ski **II 1E**

so *(+Adverb)* si **III 2A**

   so … wie aussi … que **III 6E**

   so comme ça **I 7C**

   Nur so. Comme ça. **I 8B**

   so (sehr) tellement **III 5C**

eine Socke une chaussette **II 3E**

sofort tout de suite **I 7C**

sogar même **III 1A**

ein Sohn un fils **II 2E**

der Sommer l'été *(m.)* **III 1B**

die Sonne le soleil **III 6C**

   in der Sonne sous le soleil **III 6C**

(am) Sonntag dimanche *(m.)* **I 4C**

Sonst noch etwas? Et avec ça? **I 7A**

die Sorge le souci **III 2A**

   Keine Sorge! Pas de souci! **III 2A**

für Stimmung sorgen mettre de l'ambiance **III 1A**

sich Sorgen machen se faire du souci **III 2B;** s'inquiéter **III 4B**

sowieso de toute façon **III 1B**

Spaß haben rigoler **I 9**

   Spaß haben/sich amüsieren s'amuser **III 2B**

spät tard **I 3B**

   Wie spät ist es? Il est quelle heure? **I 5B**

   spät dran sein être en retard **II 5A**

   Es ist zu spät. Il est trop tard. **II 5C**

später plus tard **I 3B**

   eine Stunde später une heure plus tard **I 3B**

das Speiseöl l'huile *(f.)* **I 7A**

ein Spiegel une glace **II 3B**

ein Spiel un match **I 2B**

mit jdm./etw. spielen jouer avec qn/qc **I 4C, 4**

   Spielen wir eine Partie? On fait un match? **I 2B**

   Theater spielen faire du théâtre **III 3C**

Du spinnst wohl! *(ugs.)* Tu rigoles! *(fam.)* **II 4B**

(der) Sport/die Sportart le sport **II 1E**

   Sport treiben faire du sport **III 1E**

sportlich sportif/sportive **III 4A, 4**

eine Sprache une langue **II 6C**

mit jdm. (über etw.) sprechen parler (de qc) à qn/avec qn **II 6B**

eine Stadt une ville **II 3E**

eine Städtepartnerschaft haben mit … être jumelé(e) avec… **II 5A, 5**

ein Stadtplan un plan **I 2E**

ein Stadtviertel un quartier **I 2A**

ein Star une star **III 1B**

eine Station une station **I 6A**

die Statistik les statistiques *(f., pl.)* **II 6C, 4**

statt au lieu de **III 5C**

jdm. stehen aller à qn **II 3A**

etw. stehlen voler qc **II 2E**

eine Stelle un endroit **III 3C**

etw. stellen mettre qc **I 7B**

ein Stiefel une botte **III 6C**

Still! Chut! **I 5A**

Das stimmt. C'est vrai. **I 6E**

eine Stimmung une ambiance **I 8B**

   für Stimmung sorgen mettre de l'ambiance **III 1A**

ein Stockwerk un étage **I 6A**

stolz fier/fière **II 5C**

   auf jdn./etw. stolz sein être fier/fière de qn/qc **III 4B**

jdn. stören déranger qn **II 2A**

178 cent soixante-dix-huit

Wortliste

jdn. stoßen pousser qn II 2A
ein Strand une plage II 2B
die Straße la route III 6E
    eine Straße une rue I 2A
etw. (durch)streichen barrer qc II 4A
Streit une dispute II 2A
sich streiten se disputer III 4B
streng sévère/sévère III 2B
ein Strumpf une chaussette II 3E
ein Stück/Stücke un morceau/des
    morceaux III 1A
    ein (Theater-)Stück une pièce (de
    théâtre) III 3C
ein Studio un studio III 3E
eine Stunde une heure I 3B
    eine Viertelstunde un quart d'heure
    III 1B
    eine Stunde nachsitzen (müssen)
    avoir une heure de colle III 2B
stundenlang pendant des heures II 3A
ein Stundenplan un emploi du temps
    I 5A
etw. suchen chercher qc I 3E; aller
    chercher qc II 1
super *(ugs.)* super *(fam.)* I 2A
    super génial/géniale/géniaux/
    géniales II 3A
supercool *(ugs.)* super cool *(fam.)* I 8B
ein Supermarkt un supermarché I 2A
eine Supernote une super note I 7C
ein Superstar une superstar I 4A
eine Superstimmung une ambiance
    d'enfer I 8B
die Suppe la soupe II 4A
surfen surfer I 4A
    das Surfen le surf II 1E
eine Szene une scène II 6C; I 2B, 4

T

ein Tag un jour II 2C
    ein Tag *(im Verlauf)* une journée I 9
    den ganzen Tag toute la journée
    II 7E
    ein Tag der offenen Tür une journée
    portes ouvertes II 6C
ein Tagebuch un journal intime
    III 4A, 2; II 4C, 3
das Tagesgeschehen l'actualité *(f.)*
    III 5E
das Talent le talent III 3C
tanken prendre de l'essence III 6A
eine Tante une tante II 5C, 3
der Tanz la danse II 1E
tanzen danser I 8A
das Tanzen la danse II 1E

eine Tasche un sac I 2E
    eine (Hosen-)Tasche une poche II 7
das Taschengeld l'argent *(m.)* de poche
    II 7
die Technik la technique III 5C
ein Techniker/eine Technikerin un
    technicien/une technicienne III 5B
der Tee le thé II 4E
etw. teilen partager qc II 2B
das Telefon le téléphone I 4C
    am Telefon à l'appareil III 5B, 4
mit jdm. telefonieren téléphoner à qn
    I 8A
eine Telefonnummer un numéro de
    téléphone I 5A, 6
ein Teller une assiette II 4C
das Tennis le tennis II 1E
eine Terrasse une terrasse I 6A
teuer cher I 6A; cher/chère II 3A
    Das ist zu teuer. C'est trop cher!
    I 6B
    teuer sein coûter cher II 7
ein Text un texte III 3A, 1
ein TGV un TGV II 5A
ein Theater un théâtre III 3E
    Theater spielen faire du théâtre
    III 3C
ein Theaterstück une pièce de théâtre
    III 3C
eine Theatertruppe une troupe (de
    théâtre) III 6E
ein Thema un sujet II 6C, 4
ein Tisch une table I 3B
    den Tisch decken mettre la table
    I 7C
    zu Tisch kommen se mettre à table
    III 2A
(das) Tischtennis le ping-pong I 4B
ein Titel un titre II 6A
eine Tochter une fille II 5A, 1
die Toiletten les toilettes *(f., pl.)* I 5E
toll fantastique/fantastique II 3A;
    sympa/sympa II 3A; génial/géniale/
    géniaux/géniales I 4A; II 3A
toll *(ugs.)* super *(fam.)* I 2A
eine Tomate une tomate I 7E
eine Tour *(ugs.)* une rando *(fam.)* I 8B
ein Tourist/eine Touristin un touriste/
    une touriste I 6B
etw. tragen porter qc II 3E
trampen faire du stop III 6E
ein Traum un rêve III 2B, 3
von etw. träumen rêver de qc I 5B, 3
traurig triste/triste II 7
jdn. treffen rencontrer qn I 7A
    jdn. (wieder) treffen retrouver qn
    II 2C

eine Entscheidung treffen prendre
    une décision III 1A, 5
sich treffen se retrouver III 2E
sich mit jdm. treffen avoir rendez-
    vous avec qn I 4C
ein Treffen un rendez-vous I 4C; une
    réunion III 5A
sich trennen se quitter III 2C
die Treppe l'escalier *(m.)* I 6A
    die Treppe nehmen prendre
    l'escalier *(m.)* I 6A
etw. trinken boire qc III 2A
trotzdem quand même III 2B
Trübsal blasen avoir le cafard *(fam.)*
    III 3A
eine (Theater-)Truppe une troupe
    (de théâtre) III 6E
Tschüs! *(ugs.)* Salut! *(fam.)* I 1
ein T-Shirt un T-shirt II 3E
etw. tun faire qc I 4A
    Aber was (kann/soll man) tun? Mais
    que faire? I 8B
    etw. gern tun aimer faire qc I 4C
    etw. tun werden aller faire qc I 8E
eine Tür une porte II 2B
ein Turm une tour I 6A
eine Turnhalle un gymnase I 5E
Turnschuhe des baskets *(f., pl.)* II 5E
eine Tüte un sac I 2E

U

die U-Bahn le métro I 6A
über sur I 6A, 4
überall partout II 6C
überhaupt nicht ne … pas du tout
    II 6C, 2
jdm. etw. überlassen laisser qc à qn
    III 6C
(sich) überlegen réfléchir III 1A
etw. überqueren traverser qc II 5C
eine Überraschung une surprise III 2C
ein Übersichtsplan un plan I 9
übertreiben exagérer III 1B
eine Übung un exercice I 1; II 4A, 4
am Ufer (der/des …) au bord de … II 1
Um wie viel Uhr? A quelle heure? I 5B, 1
um (etw. zu tun) pour (faire qc) II 2A
jdn. umarmen embrasser qn II 4C
etw. umdrehen tourner qc II 3C
    sich umdrehen se retourner III 4C
um … herum autour de … III 1B
eine Umkleidekabine une cabine
    II 3C, 3
ein Umschlag une enveloppe III 4C
umsteigen changer (de train) II 5A

cent soixante-dix-neuf **179**

Wortliste

und et I
ein Unfall un accident II 4A, 4
unglücklich malheureux/malheureuse III 4B
Unrecht haben avoir tort III 1B, 6
unter sous II 5E
    unter ihnen *(bei Personen)* parmi eux/elles III 3C
ein Unternehmen une entreprise III 5A
Unterricht haben avoir cours *(m., sg.)* III 2C
unterrichten enseigner III 5E
eine Unterrichtsstunde un cours II 6A
ein Unterschied une différence III 2A, 2
unterschiedlich différent/différente III 2A
etw. unterschreiben signer qc II 5C
eine Untersuchung une enquête II 2E
der Urlaub les vacances *(f., pl.)* II 1E

V

ein Van un minibus III 6A
der Vater le père I 6E
eine Verabredung un rendez-vous I 4C
    eine Verabredung mit jdm. haben avoir rendez-vous avec qn I 4C
etw. verändern changer qc II 6C
eine Verbindung une ligne III 5B, 4
(die Ferien) verbringen passer (les/ses vacances) II 1
Geld verdienen gagner de l'argent II 7
ein Verein un club I 8E
Verflixt! *(ugs.)* Zut! *(fam.)* I 1
(eine) Verfügungsstunde Vie de classe *(f.)* II 6A
etw. vergessen oublier qc II 4A
    die Zeit vergessen oublier l'heure III 2C
etw. verkaufen vendre qc II 7
ein Verkäufer/eine Verkäuferin un vendeur/une vendeuse I 7A, 6
eine Verkäuferin une vendeuse I 6C
jdn. verlassen quitter qn II 2C
sich auf jdn. verlassen compter sur qn III 1B
verlegen sein être gêné/gênée III 1A
sich verletzen se blesser III 2C
ein Verletzter/eine Verletzte un blessé/une blessée II 2E
etw. verlieren perdre qc II 5C
jdn. vernehmen interroger qn II 2A
etw. verpassen rater qc II 5C, 3
verrückt fou/folle/fous/folles III 6C
verschieden différent/différente III 2A
verschwinden disparaître III 6B

die Verspätung le retard II 5A
jdm. versprechen etw. zu tun promettre à qn de faire qc II 3A
Versprochen! Promis! II 3A
etw. verstehen comprendre qc I 6C
    Ich verstehe dich nicht. Je ne te comprends pas. II 1
sich mit jdm. verstehen s'entendre avec qn III 2B
etw. versuchen essayer qc II 3A
ein Videofilm une vidéo I 5A
ein Videoraum une salle vidéo I 5A
viel beaucoup I 7B
    viel … *(bei Mengen)* beaucoup de … I 7B
vielleicht peut-être II 4B
ein Viertel un quartier I 2A
eine Viertelstunde un quart d'heure III 1B
Viertel nach eins une heure et quart I 5A
eine Viertelstunde un quart d'heure III 1B
voll plein/pleine III 6A
    die Nase von etw. voll haben *(ugs.)* en avoir marre de qc *(fam.)* II 3C
    Ich habe die Nase voll. J'en ai ras le bol! *(ugs.)* III 4C, 4
Volleyball *(als Sportart)* le volley I 4B
volltanken faire le plein III 6A
von de I 1
    von … aus de I 6A
vor *(örtlich)* devant I 4A, 3
vor *(zeitlich)* avant I 8A; il y a III 3E
vor allem surtout II 6C
etw. vorbereiten préparer qc I 3A
    sich vorbereiten se préparer III 2B
    ein Bühnenstück vorbereiten monter une pièce III 3C
eine Vorführung un spectacle III 3C
vorn/vorne devant III 6E
ein Vorname un prénom I 4B
der Vorort la banlieue III 4E
Vorsicht bei der Abfahrt! Attention au départ! II 5A
ein Vorsprechen une audition III 3E
etw. vorstellen présenter qc II 5B
    sich vorstellen se présenter III 3A
    jdn. jdm. vorstellen présenter qn à qn III 5B
ein Vortrag un exposé II 6B
vorziehen etw. zu tun préférer faire qc I 7C

W

wach werden se réveiller III 2E

ein Waggon une voiture (de train/métro) III 3B
eine Wahl un choix III 4C
etw. wählen choisir qc III 1A
ein Wahnsinnslook un look d'enfer II 3C
wahr vrai/vraie II 3C
    Das darf doch wohl nicht wahr sein! Ce n'est pas vrai! II 3C; Ce n'est pas possible! III 1B
während pendant II 3A; pendant que III 3B
währenddessen pendant ce temps II 6B
die Wahrheit la vérité II 2B
eine Wanderung *(ugs.)* une rando = une randonnée *(fam.)* I 8B
wann quand I 6C, 4
Wann? A quelle heure? I 5B, 1
warm chaud/chaude III 2A
    Es ist warm. Il fait chaud. III 6B
auf jdn./etw. warten attendre qn/qc II 5C
Warum …? Pourquoi …? I 8A
Was …? Qu'est-ce que …? I 2B
    Was ist das? Qu'est-ce que c'est? I 2B
    Was … ? Que …? I 3A
    Was macht … ? Que fait … ? I 3A
    Was ist … ? Qu'est-ce qu'il y a … ? I 3B
    Was gibt es …? Qu'est-ce qu'il y a … ? I 3B
    Was ist los? Qu'est-ce qu'il y a? I 5B
    Was macht das? Ça fait combien? I 7A
    was qu'est-ce que I 8A
was … angeht pour … II 6A
Was? Quoi? II 3C
Was für ein Tag! Quelle journée! II 5C, 5
sich waschen se laver III 6B
das Wasser l'eau *(f.)* I 9
Wau! Ouah! I
eine Website un site (Internet) III 5C
ein Weg un chemin III 4C
    der Weg la route III 6E
wegen dir à cause de toi II 2C
    wegen jeder Kleinigkeit pour rien III 3E
weggehen sortir II 4B; partir II 4B
jdm. etw. wegnehmen prendre qc à qn II 6E
Das tut mir weh! J'ai mal! II 2A
weil parce que I 8A
der Wein le vin III 2A
weinen pleurer III 3B
auf diese Weise comme ça I 7C
weiß blanc/blanche II 3E
weit loin II 5C
    von weitem de loin II 5C

180 cent quatre-vingts

Wortliste

weitermachen continuer I 4B
welcher/welche/welches quel/quelle/quels/quelles II 5B
    Welche Größe haben Sie? Quelle est votre taille? II 3C, 3
die Welt le monde II 7
Wem … ? A qui est-ce que… ? II 6A
ein wenig un peu I 6C, 3
    ein wenig … *(bei Mengen)* un peu de … I 7B
    wenig/wenige peu de … III 1B
weniger moins I 7A, 3
    weniger … als moins … que III 6E
wenigstens au moins II 4E
wenn si I 9; quand II 7
Wer …? *(Fragepronomen)* Qui …? I 3B
    Wer ist dran? C'est à qui? I 7A
    Wer's glaubt, wird selig! Mon œil! *(fam.)* II 4B
für wen pour qui I 4A, 3
eine Werbeagentur *(ugs.)* une agence de pub *(fam.)* III 4A
die Werbung la publicité III 4A
    die Werbung *(ugs.)* la pub *(= la publicité)* *(fam.)* III 4A
werden devenir III 3E
etw. werfen lancer qc III 3B
eine Werkstatt un garage II 7; un atelier III 4A
ein Wettbewerb un concours III 5A
    an einem Wettbewerb teilnehmen passer un concours III 5A
das Wetter le temps III 6A
der Wetterbericht la météo III 5B; le bulletin météo III 6C, 6
die Wettervorhersage la météo III 5B
wichtig important/importante II 6C
wie comme I 4B
    wie du comme toi I 4B
    wie Hund und Katze comme chien et chat II 4C, 4
    Wie … ? Comment … ? I 1
    Wie heißt du? Comment tu t'appelles? I 1
    Wie alt sind sie? Elles ont quel âge? I 4C, 2
    Wie spät ist es? Il est quelle heure? I 5B
wieder anfahren repartir III 3B
    wieder anrufen rappeler III 5B, 4
    etw. wieder schließen refermer qc II 3B
jdn. wiedererkennen reconnaître qn III 3C
etw. wiederholen répéter qc III 1E; réviser qc III 2B
eine Wiederholung une répétition III 1A
Auf Wiedersehen! Au revoir! I 1

wie viel combien I 7A
    wie viel(e) … combien de … I 7A
der Wind le vent III 6B
wirklich vraiment I 8B
wissen savoir III 5B
    Ich weiß (es). Je sais. II 2E
    Ich weiß (es) nicht. Je ne sais pas. I 4C
    Wisst ihr was? Vous savez quoi? II 3C
witzig marrant I 4A; drôle/drôle III 3C
wo où I 2A
    Wo ist das? C'est où? I 2A
    Wo ist … ? Où est … ? I 3A
wo *(Relativpronomen) (Ort)* où III 1E
woanders ailleurs III 4C, 4
eine Woche une semaine I 8E
ein Wochenende un week-end I 6E
    Schönes Wochenende! Bon week-end! I 7A
woher d'où I 2B
    Woher seid ihr?/Woher sind Sie? Vous êtes d'où? I 2B
wohin où I 2A
    Wohin gehst du? Tu vas où? I 5A, 2
wohnen habiter I 4B
eine Wohnung un appartement I 3A, 8
ein Wohnzimmer un salon I 3A
eine Wolke un nuage III 6A
etw. wollen vouloir qc I 9
    etw. tun wollen vouloir faire qc I 9
ein Wort un mot I 1, 6
ein Wörterbuch un dictionnaire III 5C, 5
ein Wortspiel jeu de mots I 4E
wovon de quoi II 6B
etw. wünschen désirer qc II 3C, 3
ein Würfel un dé I 3A, 5
die Wurstwaren la charcuterie III 2A
die Wut la colère II 4B
wütend sein être en colère II 4B
    wütend furieux/furieuse III 4B

Y

ein Yassa un yassa I 7A

Z

eine Zahl un nombre I 3E
etw. zählen compter qc III 1B
    auf jdn. zählen compter sur qn III 1B
ein Zahn une dent II 2A, 4
eine Zeichnung un dessin I 7C, 1; II 1E

etw. zeigen montrer qc I 4E
eine Zeile une ligne II 6A, 1
die Zeit le temps I 6B
    Zeit haben avoir le temps I 6B
    die Zeit vergessen oublier l'heure *(f.)* III 2C
eine Zeitschrift un magazine II 5B
eine Zeitung un journal/des journaux III 3B
ein Zeitungsartikel un article I 4E
ein Zelt une tente II 1
zelten faire du camping II 1
zerplatzen s'écrouler III 3A
das Zeugnis le bulletin de notes III 2B
den Hut ziehen enlever son chapeau III 3C
ein Ziel une destination II 5A
ziemlich assez *(+ Adj.)* III 6B
ein (Schlaf-)Zimmer une chambre I 2E
eine Zitrone un citron I 7E
der Zitronensaft le jus de citron I 7B
zu/zu viel trop I 6B
    Es ist zu spät. Il est trop tard. II 5C
zu *(+ Personen)* chez I 5E
    zu 30 Euro à 30 euros II 3E
    zu *(in Richtung von …)* vers III 3B
etw. zubereiten préparer qc I 3A
der Zucker le sucre II 4C, 2
zuerst d'abord I 2E; I 5A
zufrieden content/contente II 6C
    mit jdm./etw. zufrieden sein être content de qn/qc II 6C
ein Zug un train I 9
jdm. zuhören écouter qn II 4B, 4
zunächst d'abord I 2E; I 5A
zurechtkommen se débrouiller III 3A
etw. zurückbringen rapporter qc III 6B
jdm. etw. zurückgeben rendre qc à qn III 3B
zurückkehren rentrer I 5B; retourner II 4A; revenir III 3E
zurückkommen rentrer I 5B; revenir III 3E
jdn./etw. zurücklassen laisser qn/qc II 2C
zurückrufen rappeler III 5B, 4
zurzeit en ce moment II 3C, 3
zusammen ensemble I 9
zusammenbrechen craquer III 3B; s'écrouler III 3A
der/die/das zweite … le/la deuxième … II 5B, 5
eine Zwiebel un oignon I 7E
zwischen entre II 2B
    zwischen dir und mir entre toi et moi II 2C

En classe

Pour faire les exercices du livre

Hier findest du das wichtigste Vokabular der **Übungsanweisungen**.

A	à haute voix	laut
	à propos du texte	zum Text
	A vous.	Jetzt seid ihr dran.
	l'accord	die Angleichung
	Apprenez le poème par cœur.	Lernt das Gedicht auswendig.
	Avant/Après la lecture	Vor/Nach dem Lesen
B	le bon ordre	die richtige Reihenfolge
C	un cahier	ein Heft
	Calculez.	Rechnet.
	une carte	eine (Kartei-)Karte
	chaque partie	jeder Teil
	Cherchez des mots avec …	Sucht Wörter mit …
	Choisissez une situation.	Wählt eine Situation.
	Cochez.	Kreuzt an.
	Combinez …	Verbindet …
	le comparatif	der Komparativ
	Comparez …	Vergleicht …
	Complétez …	Vervollständigt …
	Complétez la grille dans votre cahier.	Vervollständigt die Tabelle in eurem Heft.
	Complétez les phrases avec l'information correcte.	Vervollständigt die Sätze mit der richtigen Information.
	conjuguer	konjugieren
	Continuez.	Macht weiter.
	Corrigez les phrases 1–6.	Korrigiert die Sätze 1–6.
D	un dé	ein Würfel
	Décrivez les dessins.	Beschreibt die Zeichnungen.
	un dessin	eine Zeichnung
	Devinez les nombres.	Erratet die Zahlen.
	un dialogue	ein Dialog/Gespräch
	le discours (in)direct	die (in)direkte Rede
E	Ecoutez.	Hört zu.
	Ecoutez et écrivez.	Hört zu und schreibt auf.
	Ecoutez le texte une première fois … une deuxième fois …	Hört den Text ein erstes Mal … ein zweites Mal …
	Ecrivez l'histoire dans votre cahier.	… die Geschichte in euer Heft.
	Ecrivez sur des cartes.	… auf Karten.
	un exemple	ein Beispiel
	Employez …	Gebraucht …
	enregistrer qc	etw. aufnehmen
F	Faites deux paquets.	Macht zwei Stapel.
	Faites des dialogues.	Macht Dialoge.
	Faites la liaison.	Macht die Bindung.
	Faites la liste de vos activités préférées.	Erstellt eine Liste mit euren Lieblingsbeschäftigungen.
	Faites une ou deux phrases pour chaque partie.	Bildet ein bis zwei Sätze zu jedem Abschnitt.
	faux	falsch
	un filet de mots	ein Wortnetz
	Formulez …	Formuliert …
G	en gras	fett gedruckt
I	Imaginez d'abord une suite.	Denkt euch zunächst eine Fortsetzung aus.
	l'impératif positif/négatif	der bejahte/verneinte Imperativ
	l'information (f.)	die Information
	l'intrus (m.)	der Eindringling

J	un jeu de cartes	ein Kartenspiel
	un jeu de dés	ein Würfelspiel
	Jouez à quatre.	Spielt zu viert.
	Jouez la scène.	Spielt die Szene.
L	une liaison	eine Bindung
	Lisez et traduisez.	Lest und übersetzt.
	Lisez les mots à haute voix et trouvez l'intrus.	Lest die Wörter laut vor. Welches Wort unterscheidet sich von den anderen?
M	Mettez les phrases dans le bon ordre.	Bringt die Sätze in die richtige Reihenfolge.
N	le nombre	die Zahl
P	entre parenthèses	in Klammern
	le passé	die Vergangenheit
	une phrase	ein Satz
	le premier plan	der Vordergrund
	le second plan	der Hintergrund
	le plus-que-parfait	das Plusquamperfekt
	Posez des questions et répondez.	Stellt Fragen und antwortet.
	Prenez des notes.	Macht euch Notizen.
	Présentez vos résultats.	Stellt eure Ergebnisse vor.
	le pronom (tonique)	das (betonte/unverbundene) Personalpronomen
Q	Quel titre va avec quelle partie du texte?	Welcher Titel passt zu welchem Textteil?
R	Racontez.	Erzählt.
	Racontez au passé composé.	Erzählt im *passé composé*.
	la règle	die Regel
	Relisez.	Lest noch einmal.
	Remplacez les mots soulignés.	Ersetzt die unterstrichenen Wörter.
	Résumez le texte avec les expressions suivantes.	Fasst den Text mit den folgenden Ausdrücken zusammen.
	en rythme	rhythmisch
	une rime	ein Reim
S	une situation	eine Situation
	un son	ein Laut/Klang
	souligner qc	etw. unterstreichen
	une partie soulignée	ein unterstrichener Teil
	une stratégie	eine Lerntechnik/Arbeitstechnik
	une suite	eine Fortsetzung
	sur place	an Ort und Stelle
T	un tableau	eine Tabelle
	le texte suivant	der folgende Text
	un titre	ein Titel
	Traduisez.	Übersetzt.
	Trouvez la règle.	Findet die Regel.
	Trouvez le message.	*hier:* Entziffert die Nachricht.
	Trouvez les mots qui vont ensemble.	Findet die Wörter, die zueinander gehören.
	Trouvez les mots qui riment.	Findet die Wörter, die sich reimen.
U	Utilisez …	Gebraucht …
V	un verbe pronominal	ein reflexives Verb
	Vrai ou faux?	Richtig oder falsch?

182 cent quatre-vingt-deux

En classe

D'autres expressions utiles en classe

• **Pour parler au professeur**
Je ne comprends pas le mot …/l'expression …/
 la phrase … à la ligne …
Qu'est-ce que cela veut dire?
Que veut dire le mot …/l'expression …/la phrase …?
Je ne sais pas.
Pardon? Comment?
Est-ce que vous pouvez répéter, s'il vous plaît?
Est-ce que vous pouvez expliquer … encore une fois,
 s'il vous plaît?
Est-ce que vous pouvez parler moins vite, s'il vous plaît?
Comment est-ce qu'on dit … en français?
Est-ce qu'on peut dire aussi …?
Comment est-ce qu'on prononce …?
Comment est-ce qu'on écrit …?
Est-ce que vous pouvez traduire …, s'il vous plaît?
Qu'est-ce qu'on a comme devoirs?
J'ai encore une question.
Je n'ai pas fait mes devoirs.
J'ai oublié mon cahier/mon livre/mes affaires de français
 à la maison.

• **Pour parler à ses camarades**
Nous en sommes à quelle leçon/à quel paragraphe?
On en est à quelle page/à quelle ligne?
C'est quelle leçon?
C'est à quelle page?
Est-ce que tu peux m'aider?
Est-ce que tu peux me donner …?
Est-ce que tu as … pour moi?
Comment est-ce qu'on fait cet exercice?
Quel rôle est-ce que tu prends?
Tu commences/continues/distribues les cartes?
Qui commence à jouer/à poser des questions?
C'est à toi maintenant.
Et puis, c'est à …

• **Pour corriger les fautes**
Il y a une faute.
Tu as fait une faute/une faute de grammaire/
 de prononciation/de vocabulaire/d'accord.

Corrigez (la faute).
Répète la phrase/le mot, s'il te plaît.
Répète encore une fois, s'il te plaît.
Fais la liaison, s'il te plaît.
Est-ce que c'est juste?
Non, c'est faux/ce n'est pas juste.
Révisez le vocabulaire de la leçon 9 B.
Comment est-ce qu'on écrit ce mot?
Ça s'écrit en/avec …

• **Le professeur parle aux élèves**
C'est bien./C'est super.
C'est juste./C'est faux.
Corrigez la faute.
Vous avez une idée?
Ecoute ton camarade de classe.

Weitere Redewendungen, die im Unterricht nützlich sind

Ich verstehe das Wort …/den Ausdruck … den Satz
 …in der Zeile … nicht.
Was heißt das?
Was heißt das Wort …/der Ausdruck …/der Satz …?
Ich weiß nicht.
Wie bitte?
Können Sie bitte wiederholen?
Können Sie bitte … noch einmal erklären?

Können Sie bitte langsamer sprechen?
Wie sagt man … auf Französisch?
Kann man auch … sagen?
Wie spricht man … aus?
Wie schreibt man …?
Können Sie bitte … übersetzen?
Was haben wir als Hausaufgabe auf?
Ich habe noch eine Frage.
Ich habe meine Hausaufgaben nicht gemacht.
Ich habe mein Heft/mein Buch/meine Französisch-
 sachen zu Hause vergessen.

Bei welcher Lektion/welchem Abschnitt sind wir?
Auf welcher Seite/Bei welcher Zeile sind wir?
Welche Lektion ist das?
Auf welcher Seite ist das?
Kannst du mir helfen?
Kannst du mir … geben?
Hast du … für mich?
Wie macht man diese Übung?
Welche Rolle übernimmst du?
Beginnst du/Machst du weiter/Teilst du die Karten aus?
Wer beginnt zu spielen/Fragen zu stellen?
Jetzt bist du dran.
Und dann ist … dran.

Da ist ein Fehler.
Du hast einen Fehler/einen Grammatikfehler/einen
 Aussprachefehler/einen Wortschatzfehler/einen
 Angleichungsfehler gemacht.
Verbessert (den Fehler).
Wiederhole bitte den Satz/das Wort.
Wiederhole bitte noch einmal.
Mach bitte die Bindung.
Ist das richtig?
Nein, das ist falsch/das ist nicht richtig.
Wiederholt das Vokabular der Lektion 9 B.
Wie schreibt man dieses Wort?
Das schreibt man in/mit …

Das ist gut/super.
Das ist richtig/falsch.
Verbessert den Fehler.
Habt ihr eine Idee?
Hör deinem Klassenkameraden zu.

cent quatre-vingt-trois **183**

Lösungen zu ⟨On fait des révisions.⟩

On fait des révisions. (Seite 28 – 30)

1 En français
Toi
1. Bonjour madame. Est-ce que je peux boire quelque chose?
2. Est-ce que je peux mettre la table? / vous aider?
3. Où sont les assiettes?
4. Je cherche les fourchettes et les couteaux.
5. Nous avons fait / On a fait une petite randonnée. / rando.
6. Nous avons été / On a été dans le Parc du Vercors.
7. Je n'aime pas trop la randonnée, mais j'ai trouvé ça bien.
8. Demain, on prépare / nous préparons une fête.
9. Nous allons fêter / On va fêter / faire la fête au collège vendredi soir.

Madame Bernard
1. Bien sûr. Il y a du jus de pomme dans le frigo.
2. Oui, s'il te plaît.
3. Elles sont sur la petite table derrière toi.
4. Tiens, les voilà … Qu'est-ce que vous avez fait aujourd'hui?
5. Où est-ce que vous êtes allés?
6. Est-ce que ça t'a plu?
7. Et qu'est-ce que vous allez faire demain?
8. Bien. Quand est-ce que vous allez faire la fête? Et où ça?
9. Vous allez bien vous amuser.

2 Cherchez l'intrus.
a)
1. un clavier/un scooter/une guitare/une batterie
2. une personne se lève/se douche/s'habille/prend le petit-déjeuner
3. un poulet/du fromage/du jus d'orange/de la charcuterie
4. un ordinateur/un portable/une télé/un sac à dos

b)
1. L'intrus, c'est le «scooter». Ce n'est pas un instrument de musique.
2. L'intrus, c'est «prend le petit-déjeuner». Ce n'est pas un verbe pronominal.
3. L'intrus, c'est «le jus d'orange». On ne le mange pas, on le boit.
4. L'intrus, c'est «le sac à dos». Ce n'est pas un appareil.

3 Toute la semaine des correspondants
1. toute la journée
2. tout l'après-midi
3. toutes les rues
4. toute l'heure
5. tous les exercices
6. tout le fromage
7. tous les corres

4 Après le concert
1. où 2. qui 3. qui 4. qu' 5. où 6. qu' 7. que 8. qui

5 Avec eux, ça marche super bien!
toi; moi; elle; vous/toi; lui; eux; toi; nous; elles; vous

6 Quand il faut choisir.
réfléchissent; choisir; choisit; réfléchi; finit; choisissons; applaudissent

7 Une journée comme les autres (Lösungsvorschlag)
Lundi, je **me suis levé**(e) à 6h30. D'abord, je **me suis douché**(e), puis je **me suis habillé**(e). (J'ai mis mon jean que j'adore et mon pull bleu.) Ensuite **j'ai préparé** mon sac pour aller au collège. (Le lundi, j'ai beaucoup d'heures, je ne dois rien oublier.) Maman m'a demandé de **m'occuper** de mon petit frère/ ma petite sœur, et à cause de ça j'ai presque raté le bus. Je **me suis dépêché**(e).

8 … pour faire des exercices
pour se doucher; pour boire un coca / un verre / un café; pour téléphoner; pour regarder un film; pour faire les courses.

9 Moritz chez les Lopez
1. Moritz va faire sa valise.
2. Moritz est en train de faire sa valise.
3. Moritz vient de faire sa valise.
4. Madame Lopez va faire les courses.
5. Madame Lopez est en train de faire les courses.
6. Madame Lopez vient de faire les courses.
7. Léonie et son papa / Monsieur Lopez vont faire la vaisselle.
8. Léonie et son papa sont en train de faire la vaisselle.
9. Léonie et son papa viennent de faire la vaisselle.

On fait des révisions. (Seite 49 – 51)

1 En français
Toi
1. Qu'est-ce que tu fais à Paris?
2. Wouah! C'est super! Et comment est-ce que tu as trouvé ce stage?
3. Est-ce que tu es à Paris depuis longtemps?
4. Est-ce que tu connais beaucoup de gens à Paris?
5. Est-ce que tu connais le restaurant *Marocco* où il y a tous les vendredis soirs du couscous gratuit?
6. Je ne sais pas. Mais nous nous retrouvons avec des amis à 19 heures. Est-ce que tu veux venir avec nous?

Marc
1. Je suis là pour faire un stage à *Radio Nova*.
2. J'ai rencontré une reporter de *Radio Nova* à Bruxelles où elle faisait un reportage. Je lui ai parlé et voilà!
3. Depuis trois jours.
4. Non. Je connais seulement Aline, la reporter de *Radio Nova*. Demain, je vais avec elle pour faire un reportage sur les restaurants pas chers de Paris.

184 cent quatre-vingt-quatre

Lösungen zu ⟨On fait des révisions.⟩

5. Non, je ne le connais pas. C'est dans quel quartier?
6. Ouais, je veux bien. C'est une bonne idée.

2 Une coiffure de star
1. Dans le couloir du métro, un jeune homme vend des **bracelets**. Il ne **gagne** pas beaucoup **d'argent** avec ce **boulot**. Il a le **cafard**. Mais un jour, pendant qu'il regarde les gens (qui passent) dans le métro, il a une **idée**.
2. Il **devient coiffeur** et commence à travailler dans le métro. Son **premier client** arrive. Mais il fait n'importe quoi. La **coiffure** est vraiment **bizarre**.
3. Le client est super content. Il **adore** sa nouvelle coiffure. Il la trouve même **géniale**. Il **dit merci** au coiffeur. Il trouve qu'il **a** beaucoup de **talent**.
4. Maintenant, le coiffeur travaille dans un **salon de coiffure**. Il a beaucoup de **succès**. Il est devenu une vraie **star de la mode**. Tous les clients veulent aller chez lui.

3 Au Sénégal, on était heureux!
nous étions; la vie n'était pas; nous nous occupions; je travaillais; nous nous levions; ma mère chantait; j'aimais; je passais; nous écoutions; nous aimions; tu étais; j'avais; je ne devais pas; mon père disait; vous n'étiez pas; vous faisiez; je te voyais; j'étais

4 Maman, raconte-moi ton histoire.
tu avais; tu es venue; nous étions; j'avais; vous êtes venus; nous n'avions pas; nous avons pris; tu es arrivée; tu as trouvé; je suis descendue; j'ai pleuré; tout était; ton oncle et ta tante vivaient; ils ont aidé; il a trouvé; tu te sentais; j'avais; j'ai rencontré; j'ai commencé

5 Quelle vacances!
apporte-le; dépêche-toi!; achète-nous; prends-moi; explique-lui; laisse-moi; débrouillez-vous

6 Laïla doit prendre une décision.
talent; stage ; ordres; conseil; cité/banlieue; choix; cité/banlieue; facile; chance

7 Tous différents!
a)
1c; 2d; 3a; 4b

b) (Lösungsvorschläge)
Julien Sorel est blond et un peu gros. A l'école, il n'est pas sérieux. Pendant les cours, il n'écoute pas les profs: il est toujours pensif. Il rêve de musique et il veut devenir une star.

Nicolas Sarco est petit. Il a les cheveux bruns. C'est un garçon agressif et méchant qui veut toujours gagner. Quand les autres gagnent, il ne respecte pas le résultat: il est jaloux.

Emma Bovaro est une jolie fille. Elle a des longs cheveux bruns. A l'école, elle est très sérieuse. Elle est intelligente et elle travaille beaucoup. Tous les garçons l'adorent mais les garçons ne l'intéressent pas.

Anne Ténardier est petite et mince. Elle a des cheveux blonds. Elle est malheureuse chez elle parce que son père crie pour n'importe quoi. Elle est courageuse (elle s'occupe de son frère et de sa sœur). Elle est très patiente (avec eux).

c) (Lösungsvorschläge)
1. Julien Sorel est une star de la musique. Ses fans l'adorent. Toutes ses chansons ont du succès. Il est très heureux parce qu'il aime chanter.
2. Nicolas Sarco est commissaire. Ses collègues le détestent parce qu'il est souvent agressif avec eux. Les voleurs ont peur de lui parce qu'il est toujours furieux quand il les interroge.
3. Emma Bovaro travaille dans une agence de pub. Elle travaille beaucoup et gagne beaucoup d'argent. Mais elle est malheureuse parce qu'elle n'a pas de copain.
4. Anne Ténardier travaille maintenant dans une banlieue de Paris. Elle s'occupe des jeunes filles qui ont des problèmes avec leurs familles. Ce travail lui plaît beaucoup. Dans la cité, tout le monde la connaît et la respecte.

On fait des révisions. (Seite 74 – 76)

1 En français
Toi
1. Comment est-ce que tu as trouvé ton stage?
2. Est-ce que tu étais un peu stressée pendant ton entretien?
3. Moi aussi, j'ai déjà fait un stage. J'ai travaillé dans une école.
4. J'ai aidé la prof. J'ai fait un projet avec des élèves.
5. On doit beaucoup travailler et passer un concours.
6. Le travail avec les enfants m'a (beaucoup) plu. La classe était très sympa.

Marie
1. Je suis allée au CDI et j'ai lu les fiches-métier.
2. Oui, un peu. Mais le directeur et l'équipe étaient super sympas.
3. Ah, bon! C'était comment ton travail?
4. Wouah! Alors, tu as envie de devenir professeur des écoles?
5. Oh … C'est dur, mais c'est intéressant. Est-ce que tu as aimé travailler avec les enfants?
6. Tu as eu de la chance, c'est bien.

2 Conduire et …?
a)
conduire et prendre de l'essence
faire du camping et monter une tente
donner un concert et être musicien
être professeur des écoles et enseigner le français

b) (Lösungsvorschläge)
avoir du travail et gagner de l'argent
faire un stage et écrire une lettre de motivation
présenter une pièce de théâtre et devenir actrice/acteur
prendre l'avion/le train/faire du stop et voyager

cent quatre-vingt-cinq **185**

Lösungen zu ⟨On fait des révisions.⟩

3 Julie dit que …
Armelle **demande si** le stage de Julie était bien. Julie **répond qu'**il n'était pas génial. Elle **dit qu'**elle n'a pas pu avoir de place dans une école. Elle (dit qu'elle) a trouvé une place dans une entreprise où elle a aidé les secrétaires. Mais **elle dit que** ça ne lui a pas plu. Armelle **demande pourquoi.** Julie **répond qu'**elle ne veut pas devenir secrétaire, elle a envie de travailler avec des enfants. Armelle **dit que** son stage s'est bien passé. (Elle dit que) les gens de la radio étaient très sympas.

4 Les questions d'Armelle
1. Non, je **ne** sais **pas (encore)** conduire.
2. Non, je **ne** suis **jamais** venu(e) en France.
3. Non, je **ne** connais **personne** en France.
4. Non, je **ne** connais **pas de** chanteur français.
5. Non, je **n'**ai **pas (encore)** fait de stage cette année.
6. Non, mon stage **ne** m'a **pas** plu.
7. Non, mes parents **ne** me donnent **pas d'**argent de poche. /**ne** me donnent **rien.**

5 Trop de café!
Non, merci, vous **savez**, je n'**en** bois plus depuis deux mois. – Non, nous ne **savions** pas. Tu n'**en** prends vraiment plus? – J'**en** prends au petit-déjeuner; au bureau, nous **en** buvons toute la journée, j'**en** bois après les repas. – Ils ne **savent** pas encore. – Et tout le monde **sait** qu'ils n'aiment pas les gens qui ne prennent pas de café!

6 Qui est le plus grand?
a) (Lösungsvorschläge)
Steve est **plus** grand **que** Johnny, mais Johnny est **moins** lourd **que** Steve.
Lauretta est **moins** lourde **qu'**Armelle, mais elle est **plus** petite **qu'**Armelle.
Lauretta et Armelle sont **moins** lourdes **que** Steve et Johnny et elles sont **plus** petites **qu'**eux.
…
b)
Lauretta est **la plus** petite.
Steve est **le plus** grand.
Lauretta est **la plus** courageuse.
Steve est **le plus** lourd.

7 Tu vas à l'école? (Lösungsvorschläge)
– Est-ce que tu **vas au** marché? – Oui, j'**y** vais. /Non, je n'**y** vais pas.
– Est-ce que tu **retournes au** cinéma demain? – Oui, j'**y** retourne. /Non, je n'**y** retourne pas.
– Est-ce que tu **sors du** café? – Oui, j'**en** sors. /Non, je n'**en** sors pas.
–Est-ce que tu **viens de** la boulangerie? – Oui, j'**en** viens. /Non, je n'**en** viens pas.

8 Ciao, je viens d'Italie.

Hi, je suis (Maggy). Je viens des Etats-Unis, j'habite à (New York). Pendant les vacances, je vais en France.
Bonjour, Gruezi, Buongiorno, je suis (Fabien). Je viens de Suisse, j'habite à (Lausanne). Pendant les vacances, je vais en Grande-Bretagne.

Goede middag, je suis (Femke). Je viens des Pays-Bas, j'habite à (Amsterdam). Pendant les vacances, je vais en Allemagne.
Jò napot, je suis (Janosch). Je viens de Hongrie, j'habite à (Budapest). Pendant les vacances, je vais en Espagne.

9 Bon voyage
vieille; conduit; conduisent; conduire; chacune; vieux; chacun; vieille.

10 En route, Lauretta raconte.
1. autoroute
2. aire; essence
3. distributeur
4. radio
5. conduis

Un jeu: La rando de «Tous ensemble»
(Lektion 1, Seite 16–17)

1. Mille six cent cinquante-deux / Mille huit cent cinquante-cinq
2. J'ai rencontré; nous avons rencontré; vous avez rencontré / Tu as pris; nous avons pris; ils ont pris
3. C'est à Saint-Malo. / C'est à Pont d'Arc. On fait du canoë.
4. C'est Richard et Patrice, ils font du vélo.
5. A Méribel, on peut faire du ski. / A Biarritz, on peut faire du surf et de la voile.
6. C'est Marine et Charlotte, elles font du shopping.
7. Zebda est un groupe de musique. / Le TGV, c'est un train qui est très rapide.
8. Contre quoi est-ce que Pierre a fait un projet? / A qui Théo pose des questions?
9. Ce sont des baskets. / C'est un anorak.
10. Zebda / Zebda et Kyo
11. C'est Lucie et son grand-père/papi.
12. J'ai dormi; vous avez dormi; ils ont dormi / Tu dois; elle doit; nous devons; ils doivent
13. J'achète des yaourts. / J'achète du fromage et de la farine.
14. L'homme à gauche est petit et gros. Il a les cheveux bruns. L'homme à droite est grand et mince. Il a les cheveux blonds. / La femme a des cheveux blonds, des yeux bleus et des lunettes. L'homme a des cheveux bruns, des yeux verts et un piercing.
15. C'est Louis Bernac sur son nouveau scooter.
16. Oui, bien sûr. Qu'est-ce que je peux faire pour toi?/ Une minute, j'arrive./J'arrive tout de suite, quel est le problème? / Pardon, mais je n'ai pas le temps./ Désolé(e), je ne peux (veux) pas vous/t'aider.
17. Du pain; de la confiture / Du chocolat; de l'eau; une pomme
18. Non, elles ne sont plus à la mode. / Non, je n'ai plus ce jean en 36.
19. C'est Lucie et Clément, ils écoutent le répondeur.
20. Il est fatigué. / Elle est en colère.
21. Cette fille est une petite peste. / Cette minijupe et cet anorak sont géniaux.
22. C'est Zebda.
23. Toute la soirée / Toute la journée; tous les copains
24. Voilà une casquette et un anorak. / Il porte un

Lösungen zu ⟨On fait des révisions.⟩

anorak, un pantalon, des chaussures et une casquette.

25. Fanny, Naïma et Théo font un exposé.
26. Sept cent cinquante / Mille trois cent quatre-vingt-dix-neuf
27. Du chocolat; une orange; de la confiture / Un yaourt; une orange; du pain.
28. Samedi, j'ai regardé la télé et j'ai fait du shopping. / Samedi, j'ai mis mon nouveau jean et je suis allé(e) au café.
29. Paris; Grenoble; Toulouse (Biarritz; Bordeaux; Calais; Donneville; Saint-Malo; Toulon) / La gare du Nord; la gare Montparnasse
30. C'est Thomas et Julien. Ils compostent leurs billets.
31. Non, il n'y a pas de pommes dans le frigo. / Non, je n'ai pas encore mangé.
32. C'est madame Le Gall. Elle est commissaire à Saint-Malo.

Übung 5, atelier C   (Lektion 4, Seite 46)

1. Audrey Tautou. Sie ist Schauspielerin. Ihr kennt sicher den Film *Le Fabuleux destin d'Amélie Poulain (Die fabelhafte Welt der Amélie)*, in dem sie die Hauptrolle spielt.
2. Emmanuel Petit. Er ist Fußballspieler und hat 1998 mit dem französischen Team die Weltmeisterschaft gewonnen.
3. Amélie Nothomb. Sie ist Schrifstellerin, kommt aus Belgien. Ihre Bücher wurden auch ins Deutsche übersetzt, z. B. *Stupeurs et tremblements (Mit Staunen und Zittern)*.
4. Corneille ist Sänger. Er kommt aus Kanada und hat viele Fans in Frankreich. Ihr habt vielleicht schon *Rêves de star* gehört.

Bildquellen

Andia (Cottin), Cesson-Sévigné: 9.3 – BMG France: 47.1 – Colonel Moutarde, Bayard Jeunesse, 2005: 61.3 – Florence Canette, Stuttgart: 61.2 – Corbis, Düsseldorf: U1.1 (Sygma/Annebicque); 16.1, 16.6 (Rabinowitz); 16.3 (De Waele/Isosport); 16.4 (Martin); 16.10 (Sygma/Lio); 46.1 (Weiner/ZUMA); 46.2 (Liewig/Tempsport); 46.3 (Tronnel); 46.4 (VIP Images/Fougere); 64.1 (Lisle); 64.2 (Holmes); 64.5, 64.7 (Folkks); 64.6 (Reuters); 64.8 (Cardinale); 69.1 (Stewart); 69.2(Peterson); 69.5 (Muntada); 71.1 (Jecan); 71.5 (Mooney); 71.6 (Franken) – Corel Corporation, Unterschleissheim: 69.3-4; 71.4 – Patrick Dembski, Stuttgart: U1.2, 7.1, 8.1-2, 9.7, 40.1, 41.1-3, 43.1-2, 45.1, 55.1, 56.1-2, 58.1, 58.3-4, 64.3 – Dieze, Montpellier: 71.3 – Editions de l'arbre: 8.7 – Editions Glénat, Issy-Les-Moulineaux: 27.1-8, 70.1-3 – © Les enfants de la terre: 52.3, 53.1 – f1 online digitale Bildagentur, Frankfurt: 9.1 – © Fondation Abbé Pierre: 52.1 – Anne-Sophie Guirlet-Klotz, Stuttgart: 60.1 – Pierre Javelle, Paris: 16.7-9, 16.12-13, 17.3-4, 33.1-4, 35.1-4, 37.1-2, 75.1-3 – Anne Löcherbach, Stuttgart: 75.4 – JM Lubrano: 47.2 – Marco Polo Agence Photographique (F. Bouillot), Paris: 8.4, 8.6, 9.2, 9.4, 10.1-4, 11.1, 12.1, 13.1-2, 17.1-2, 18.1, 19.1-2, 20.1, 21.1-2, 23.2-6, 64.4, 77.1 – Mauritius, Mittenwald: 9.5 (Kord); 9.6 (Photononstop) – Modular Agentur (Steinle), Stuttgart: 16.11, 17.5, 23.1, 58.2 – © OFAJ: 31.1 – © Onisep: 61.1 – Palais des Papes, Avignon: 71.2 – SCOPE, Paris: 16.2 (Guillard) – © Secours Populaire: 52.2 – Sipa Press, Paris: 8.3 (Simon); 16.5 (Dubrocas) – S.T.C Ville de Toulouse, Toulouse: 8.5 – STUDIO X (Christophel), Limours: 29.1 – Syros Jeunesse: 48.1 – ZEFA, Düsseldorf: U1.3

On dit-Pool

on dit

Hier findet ihr eine Zusammenstellung wichtiger Redemittel, die ihr bereits kennt.

1 Donner son avis → Leçon 1

So drückt ihr eure eigene Meinung aus:

A mon avis, … / Moi, je pense que … / Moi, je trouve que tu as raison parce que …

J'aime bien … / Je trouve cette idée géniale.	Je trouve ça nul. / Je n'aime pas …
Ça me plaît (beaucoup) parce que …	Ça ne me plaît pas du tout parce que …
Le projet m'a plu. / Vos idées m'ont plu.	Le projet ne m'a pas plu parce que …
Je suis d'accord avec toi / vous / Jean.	Je ne suis pas d'accord avec toi / vous / Jean.
Je suis de ton avis.	Je ne suis pas de ton avis.
Je suis pour … parce que …	Je suis contre … parce que …

2 A table! → Leçon 2

So bietet ihr eure Hilfe an:

Est-ce que je peux vous aider?
Je peux mettre la table?
Où sont les assiettes / verres/ couteaux /
fourchettes / cuillères?
On peut faire la cuisine / la vaisselle ensemble?

So nehmt ihr etwas an:

Oui, merci. / Je veux bien, merci.

So lehnt ihr etwas ab:

Non, merci. Je n'ai plus faim. / J'ai trop mangé.
Je ne mange pas de …. / Je n'aime pas ça.

So bittet ihr um etwas:

Est-ce que je peux avoir encore de la pizza /
de la quiche /…?
Tu me passes / donnes le sel, s'il te plaît?
Vous pouvez me donner le sucre, s'il vous plaît?

So lobt ihr das Essen:

Ça sent bon.
Mmm, c'est bon.
Le poulet, j'adore ça.
La pizza / La salade est vraiment bonne.

3 On fait du shopping. → Leçon 2

	Le vendeur / la vendeuse	Le client / la cliente
Kontakt aufnehmen	Bonjour, monsieur/mademoiselle. Vous désirez?	Je voudrais …/ Je cherche …/ Je ne sais pas encore, je regarde …
Informationen einholen	Quelle est votre taille ? Quelle est votre pointure? Vous voulez essayer?	Vous avez ce pull / ces chaussures en 36? Où sont les cabines, s'il vous plaît?
Eine Sache bewerten	C'est très beau! Cette couleur vous va bien. C'est la mode en ce moment! C'est exactement votre taille!	Cette couleur est géniale / super / moche. J'adore … / Je déteste cette couleur! Ça ne me va pas! C'est beaucoup trop petit/grand!
Nach dem Preis fragen	C'est les soldes en ce moment. Ce n'est vraiment pas cher!	Elles coûtent combien, ces chaussures? Ce n'est pas cher. / C'est trop cher!
Sich für / gegen den Kauf entscheiden	Vous prenez le pantalon et la jupe?	Je prends le pantalon. Où est la caisse? / Non merci, je ne prends rien!

188 cent quatre-vingt-huit

On dit-Pool

4 Tu peux m'aider? → *Leçons 2/6*

So bittet ihr um Hilfe:

– Vous pouvez m'aider, s'il vous plaît? / Tu peux m'aider, s'il te plaît?
– Est-ce que vous pouvez / tu peux faire quelque chose pour moi?

So antwortet ihr:

– Oui, bien sûr. Qu'est-ce que je peux faire pour vous / toi?
– Une minute, j'arrive.
– J'arrive tout de suite. Quel est le problème?

– Désolé(e)! Je ne peux (veux) pas vous / t'aider.
– Pardon, mais je n'ai pas le temps.

5 Au guichet → *Leçon 6*

Le voyageur

Bonjour, monsieur / madame, je voudrais un billet de train pour …, s'il vous plaît.
Un aller-retour en deuxième classe, s'il vous plaît.
J'ai une réduction. J'ai 14 ans.
Je voudrais arriver à (+ ville) vers … heures.

Est-ce qu'il y a encore des places non-fumeur?
Est-ce qu'il faut changer de train?

Très bien.
Merci, monsieur/madame. Au revoir.

La femme / L'homme au guichet

Un aller simple ou un aller-retour?

Vous voulez partir à quelle heure? / Vous voulez arriver à quelle heure?
Vous pouvez prendre le train / le TGV à … h.
Mais pour le TGV, il faut une réservation.
Oui. / Non.
Non, c'est direct. / Oui, vous devez changer à (+ ville). Vous allez arriver à (+ ville) à … h.
Alors, ça fait …€. Voilà votre billet.
Bon voyage.

cent quatre-vingt-neuf **189**

Stratégie-Pool

stratégie

Hier könnt ihr eine Zusammenstellung wichtiger Stratégies finden, die ihr bereits kennt.

1 Hörverstehen

Wenn ihr etwas auf Französisch hört, ist es ganz normal, dass ihr noch nicht alles versteht. Aber die folgenden Strategien helfen euch, die wichtigsten Informationen herauszuhören.

1. Einen ersten Eindruck gewinnen:

Tipp Achtet beim ersten Hören auf die Geräusche oder die Stimmen der Personen und ihren Tonfall! So könnt ihr schon eine Menge über die Situation herausfinden.

2. Bestimmte Informationen heraushören:

Tipp Konzentriert euch dann jeweils auf eine der folgenden Fragen und notiert die Schlüsselwörter.

Erstes Hören:	WO findet die Handlung statt?	*C'est où?*
Zweites Hören:	WANN findet die Handlung statt?	*C'est quand?/Il est quelle heure?*
Drittes Hören:	WER ist da?	*Qui est là?*
Viertes Hören:	WAS tun die Personen?	*Qu'est-ce qu'ils / elles font?*

2 Einen Text zusammenfassen → Leçons 1/5/6

Wenn ihr einen Text zusammenfasst, müsst ihr die wichtigsten Informationen herausfinden.

1. Notiert zunächst die **Schlüsselwörter** zu jedem Abschnitt:		**Tipp**
die **Zeit:**	*samedi matin*	Schlüsselwörter geben Auskunft über die **Zeit**, die **handelnden Personen**, die **Handlung** oder den **Ort**. Es können einzelne Wörter oder Teile von Sätzen sein.
die **handelnden Personen:**	*Amandine et Julie*	
die **Handlung:**	*faire du shopping*	
der **Ort:**	*en ville*	

2. Macht jetzt aus den Schlüsselwörtern ganze Sätze:

Samedi matin, Amandine et Julie font du shopping en ville.

Tipp

Das funktioniert am besten, wenn ihr die Lektion nicht vor Augen habt.

3. Verbindet eure Sätze mit Adverbien wie *d'abord, puis, là, tout à coup* … etc.:

*Samedi matin, Amandine et Julie font **d'abord** du shopping en ville. **Puis**, elles …*

Tipp

Denkt daran: Eine Zusammenfassung ist viel kürzer als der Lektionstext.

Stratégie-Pool

3 Erste Hilfe für das Gespräch → Leçon 2

Problem	Lösung
1. Ihr seid mitten im Satz stecken geblieben.	Keine Panik, es gibt sehr praktische Wörter und Sätze, die euch helfen können: *Comment dire? / Euh … je veux dire / Enfin … / Vous voyez / Tu vois …*
	Tipp Sätze im Kopf vorbereiten, einfache Sätze bilden, langsam sprechen.
2. Es fehlt euch ein wichtiges Wort.	Versucht, das Wort zu ersetzen, indem - ihr auf einen Oberbegriff zurückgreift *(c'est un vêtement)* - und das Wort umschreibt *(pour faire de la natation)* → *un maillot de bain!*
	Tipp Ihr könnt auch das Wort durch sein Gegenteil erklären: *Il n'est pas grand!* → *Il est petit!*
3. Euer/Eure Gesprächspartner/in spricht viel und schnell!	Wenn ihr etwas Wichtiges nicht versteht, dann fragt einfach nach! *Vous pouvez / tu peux parler moins vite? / Pardon, je n'ai pas bien compris.* *Est-ce que vous pouvez / tu peux répéter, s'il vous plaît / s'il te plaît?* *Vous pouvez / tu peux m'expliquer?* *Mais qu'est-ce que vous voulez / tu veux dire?*
	Tipp Beteiligt euch aktiv am Gespräch und zeigt euer Interesse! *Ah! Je vois. / Je comprends. / Ça alors! / C'est intéressant! / Quelle histoire!*

4 Décrire une personne → Leçon 4

So beschreibt ihr eine Person:

den Körperbau: *être petit(e) ≠ grand(e)*
gros / grosse ≠ mince

die Haarfarbe: *être blond(e) / brun(e)*
avoir les cheveux blonds / bruns / gris …

die Augenfarbe: *avoir les yeux bleus / verts / …*

besondere Merkmale: *avoir des lunettes / un piercing*

5 Ein Referat halten → Leçon 5

1. Nennt zuerst das Hauptthema eures Referates und zählt die Unterpunkte auf (Gliederung)
2. Erläutert jeden Unterpunkt. Nennt gute Beispiele und zeigt Bilder, Graphiken …
3. Fasst die Ergebnisse eures Referates am Schluss zusammen.

1. *Notre sujet, c'est … D'abord, on va vous parler de … / Puis, on va vous présenter … / Après ça, on va montrer que … / Enfin …*
2. *Voilà des exemples … / des photos sur … / un texte sur … / des statistiques sur …*
3. *En conclusion, on peut dire que nos résultats …*

Tipp Drückt euch in kurzen, klaren Sätzen aus und benutzt nur Wörter, die alle kennen.

cent quatre-vingt-onze **191**

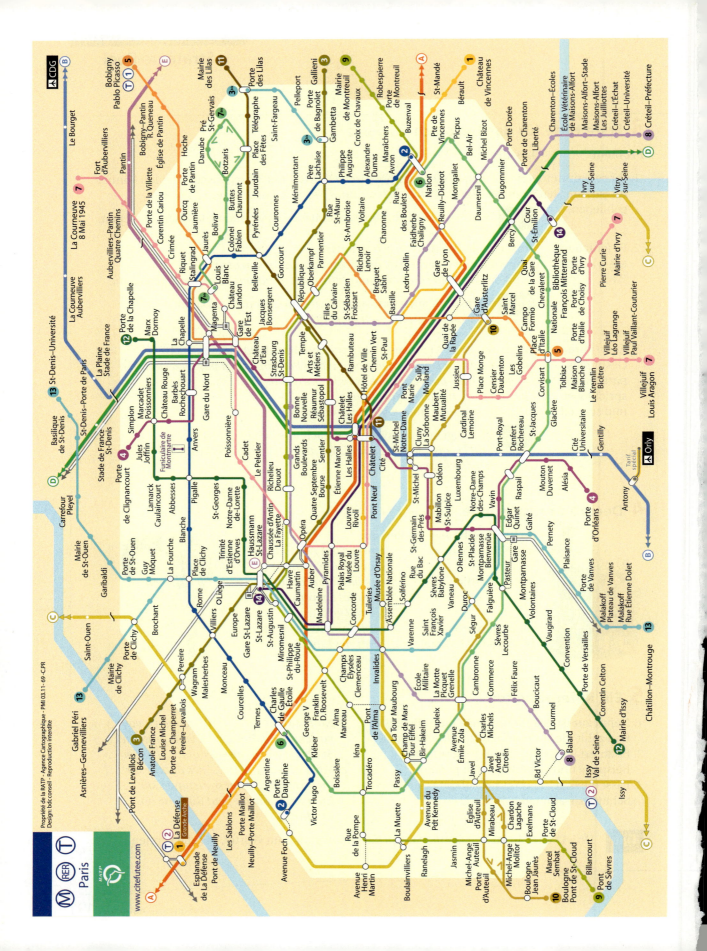

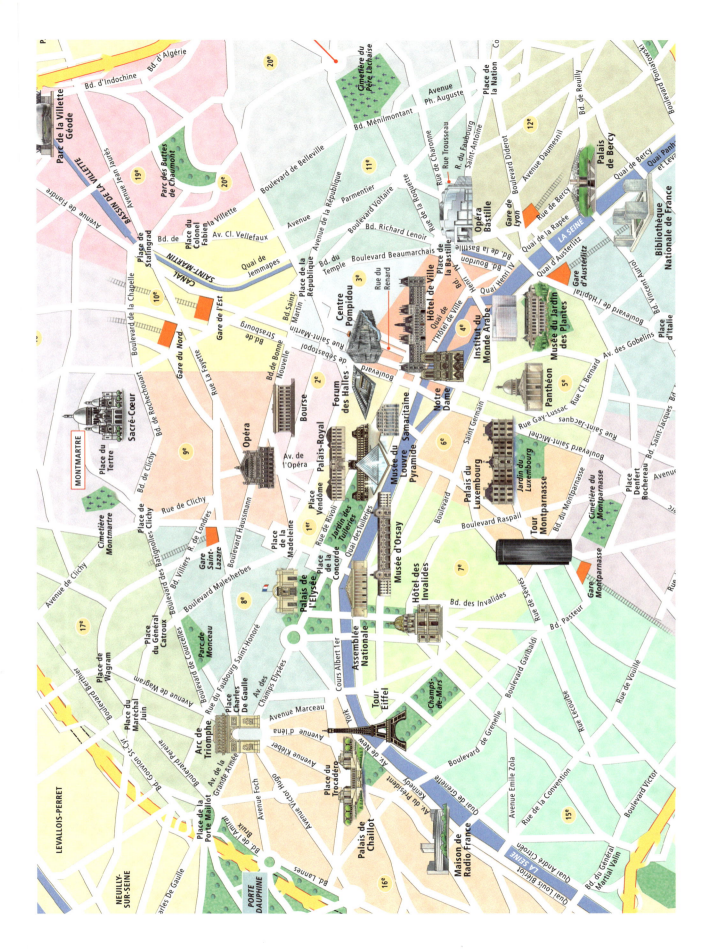